KB125444

머니S와 부콘TV의

재개발 현장탐방 노하우

MoneyS

머니S와 부콘TV의

재개발 현장탐방 스터디

초판 1쇄 발행 | 2024년 9월 2일

지은이 | 김노향, 김종화

프로듀싱 | 우수연
펴낸이 | 부콘TV
펴낸곳 | (주)하움출판사
디자인 | 부콘TV
일러스트 | 구루핀

부콘TV 전화 : 1644-1902, www.Bucon.tv
ISBN 979-11-94276-07-4(03320)

부콘TV | bucon.tv

부콘**TV**

부동산콘서트홀

LIVE

방청신청하기

재개발·재건축(정비사업)은 낡은 집을 새집으로 바꿔서 주민 삶의 질을 개선하는 프로젝트다. 이러한 공공성의 목적도 있지만 내 집 마련과 투자의 기회로 더욱 각광받고 있다. 특히 재개발은 높은 개발이익으로 해당 조합과 지역 주민들은 물론 건설업계에도 중요한 경제 이슈가 된다.

부동산 건설산업 분야를 담당하는 기자의 입장에서 재개발 취재는 가장 어렵고 보도 리스크가 크다고 생각한다. 많은 이해관계가 얽혀있는 만큼 기사의 내용이 사업에 긍정 영향을 미칠 때도 있지만 반대로 방해 요소가 되기도 한다.

그래서 조합과 시공사 등 사업자들의 취재 협조를 받기가 쉽지 않을 뿐더러 많은 컴플레인을 받기도 한다. 그럼에도 기사로 인해 독자의 호응과 반향을 이끌어내거나 정책의 허점을 파고들 수 있다는 점에서 큰 성취가 있었다.

도시정비계획은 신규 분양을 위한 사업 투자뿐 아니라 부동산 시장의 방향성을 이해하는

머니S 전체기사 보기

데도 도움이 될 것이다.

인터넷 세상에 투자 정보가 범람하는 시대다. 어떤 정보를 취득하고 버릴 것 인지와 어떻게 활용할 것인지는 투자자의 중요한 능력이다.

투자자들이 더 스마트한 시장의 참여자가 되어 재개발 사업이 더 많은 이들에게 행복한 성공 투자의 지평을 열어주길, 이 책을 읽는 이들에게 새로운 정보 취득의 기회이기를 기 원한다.

김노향
머니S 건설부동산부 부장

저자의 글

요즘 "재개발 시장은 미래가없다" 이런 문구를 각종 매체에서 어렵지 않게 볼 수 있다. 정말 재개발시장의 미래는 어두울까? 절대 그렇지 않다! 나는 부동산의 맹목적 찬양론자, 상승론자가 아니다. 단지 현재의 재개발·재건축시장 문제점이 무엇인지, 앞으로 어떻게 대응하며 나의 자산을 지키고 키워나갈지 해답을 알고 있을 뿐이다.

부동산을 포함한 주식, 코인 등 모든 투자의 공통된 점은 '테마'와 '이슈'가 있고, 재개발시장도 예외는 아니다. 과거의 뉴타운·르네상스부터 현재의 신속통합기획·모아타운까지 재개발에 조금이라도 관심 있는 사람이라면 한 번쯤 들어본 단어들이다.

하지만· 해당 사업이 정확히 어떤 사업인지 구체적으로 아는 투자자는 흔치않다. 이유는 매체와 유명인의 입에서 나오는 '호재와 이슈'가 먹이인지 떡밥인지 구분 지을 필요성조차 느끼지 못하고, 믿음의 투자가 문화처럼 되어가고 있기 때문이다. 이것은 출발시간 없는 비행기티켓을 예매하는 것과 별반 다르지 않으며, 양식장의 물고기가 되어가는 것이라 생각한다. 따라서 우리는 한 발 떨어져 최소한의 필요한 지식을 준비하고 직접 손품과 발품을 팔아야 한다.

김종화
부콘TV / 부동산콘서트홀 본부장

곳곳에 걸려있는 현수막 문구의 숨겨진 의미, 동네 분위기와 사업 실현의 가능성, 나아가 사업성까지 판단하고 쏟아지는 호재와 이슈 속에서 숨은 진주를 골라야 한다.

시간이 지남에 따라 정보의 양은 더욱 많아지고, 변화의 속도도 점점 빨라질 수밖에 없다. 이슈를 따라가기엔 가격은 이미 선반영 되어있고, 객관적 분석을 하기엔 인내심이 부족하다. 따라서 현재의 관심도는 떨어지지만, 곧 이슈가 될 수 있는 저평가 된 지역을 먼저 차지하고 시세의 천장이 활짝 열려있는 안정적 투자를 추구해야 한다.

이 과정들을 많은 사람과 함께하기 위해 부동산콘서트홀이 만들어졌다.

목적은 명확히 '돈'이다. 하지만 혼자 돈 벌기 위해 발버둥 치기에는 하고 싶은 것도, 해야할 것도 너무 많다. 그래서 파이 자체가 커지고 다양한 전문가와 부동산에 열정 넘치는 사람들이 함께 모여 소통하고 발전하여, 커진 파이를 공유하는 새로운 공간을 마련하였다! 좋은 사람들이 모이고 모여, 전국 단위의 부동산 콘서트가 열리는 날을 꿈꿔본다.

내 나이쯤 되어 친구들 모임에 나가 수다를 나누다 보면 화제는 늘 한곳으로 귀결된다.
바로 재테크 얘기며, 그중 단연코 부동산 얘기이다.

더 떨어지면 이젠 집 장만하겠다는 얘기, 퇴직 후 노후대책의 귀결점 또한 부동산 얘기,
주식으로 재미를 보던 친구들도 이제 빠르게 변화하는 산업 트렌드와 콘텐츠를 읽어내기
버겁다며 부동산 쪽으로 포트폴리오를 바꿔야 할 것 같다는 등의 얘기들. 그런 그들이 늘
내게 던지는 질문이 있다.
부동산 가격 더 내려갈까, 이제 오를까? 지금 부동산 투자해도 되는 거야? 어디 가서 뭘
사야 하는 거야? 신은 그걸 알 수 있을까? 부동산 정책 고위 책임자라면 그걸 알 수 있을
까? 유튜브의 교회 오빠처럼 착하게 생긴 전문가라면 정답을 나에게 말해줄까?

그도 아니면서 선택과 결정을 해야 한다면 좀 더 객관적인 정보 분석과 직·간접 경험을 통
하여 결론을 내리는 것이 맞을 것이다.
그런데 우리는 너무나 많은 정보와 정보를 가장한 홍보 속에 살고 있다. 어떤 것이 유익한

우수연
부콘TV / 부동산콘서트홀 대표

정보인지 홍보인지를 가려낼 혜안이 먼저 요구되는 시대이다. 이 많은 정보의 혼란 속에서 단순한 학습으로 그 혜안을 갖기란 또한 어려움이 크다.

줄탁동시! (앞에서 끌어주고 뒤에서 밀어주는) 부동산 콘서트홀!

부린이들과 아직도(?) 부동산이 고픈이들과 실력 있고 엄선된 여러 분야의 부동산 전문가들이 즐겁게+직접+기꺼이 만나 홍보나 가공이 아닌 날것의 정보를 공유하며, 함께 토론하고 분석하여 그들의 부동산 식견을 성장시켜줄 집단지성 궁극의 놀이터가 되길 바라는 마음에서 마련하였다.

이에 첫 프로그램으로, 우리나라 최고 재개발·재건축 0세대 전문가 전영진 대표, 재개발 현장분석 전문가 김종화 본부장, (재개발)현장을 발로 뛰어다니며 습득한 좋은 정보를 한 권의 책으로 담아준 (재개발)현장탐방팀에 너무나 감사한 마음과 함께, 현장분석 식견의 큰 성장에 대하여 깊은 존경의 마음을 보낸다.

"현장에 답이 있다"
투자교육의 지평 여는 재개발연구회

전영진 재개발연구회 자문위원

경기 불황과 고금리가 지속되는 상황에도 수요자들의 부동산 투자 열기가 식지 않고 있다. 특히 재개발·재건축(정비사업)에 대한 투자 관심이 나날이 커지고 있다. 정비사업은 물론 부동산 재테크 전략과 노하우를 투자자들과 나누고 직접 현장을 뛰어 소통하는 전영진 재개발연구회 대표를 지난 5월2일 만났다.

전 대표는 "수요자들이 낯설어하고 진입 장벽이 높은 부동산 투자를 다가가기가 쉽게 포장하고 현장 탐방과 매주 실시간 라이브 콘서트를 통해 궁금증을 해소하는 시간을 갖고 있다"고 소개했다.

그는 "정보의 홍수시대에 살아가고 이들에게 실제 가치있는 정보는 오히려 잘 알려지지 않는 경우가 많다"면서 "부동산 초보자들은 유튜브 속의 물고기가 돼 낚이는 것을 피해야 한다"고 강조했다.

전 대표는 부동산을 넘어 재테크·경제교육이 취약한 현실을 지적하고 이를 해결할 수 있는 방안으로 민간에서 이뤄지는 다양한 형태의 콘텐츠 공유가 보다 체계화돼야 한다는 비전을 밝혔다.

전영진 재개발연구회 자문위원 / 사진 = 신유진 기자

"재개발 투자, 고수익 기대할 수 있지만 위험"

그는 "다양한 정보를 섭렵함과 동시에 정확한 정보의 선별과 가치있는 활용이 무엇보다 중요하다"고 강조했다. 재개발연구회는 매주 부동산 콘서트라는 교육사업을 진행하며 전문가와 투자자, 일선 현장의 공인중개사들을 연결하는 자리를 마련하고 있다.

정비사업에 투자하는 이들은 많아졌지만 위험성에 대해선 생각보다 알려지지 않은 게 현실이다. 주식투자 등과 다르게 많은 자본이 투입되지만 투자 실패시 더 큰 위험이 있는 재개발은 특히 아파트를 분양받을 수 없는 소위 '물딱지'를 간과하는 사례가 적지 않다.

아파트를 분양받을 수 있는 권리의 기준인 '권리산정기준일'은 '도시 및 주거환경정비법' 과'빈집 및 소규모주택 정비에 관한 특례법'에서 달리 규정한다. 지역·사업별로도 날짜 기준이 다르기 때문에 매우 복잡한 구조. 여기에 청산 대상이냐 합산이냐도 따져야 한다.전 대표는 "현장의 공인중개사들도 바뀐 법 조항이나 제도들을 몰라서 난처한 경우를 자주보게 된다"며 "회원 중에 중개사 비중이 가장 큰 이유도 전문가의 도움이 필요할 때 자문을 구할 곳이 적기 때문"이라고 설명했다.

전영진 대표는 매주 실시간 라이브 콘서트를 진행하고 있다. 부동산 예비 투자자들인 회원들과 온라인-오프라인을 통해 소통하고 있다. / 사진 제공 = 재개발연구회

이어 실제 재개발·재건축이 가능한지도 반드시 따져야 한다. 일선 현장에선 '재개발 가능지역'이라는 표현을 이용해 신축 빌라를 포장해 투자자를 현혹하기도 하고 개발 가능성은 있지만 몇십 년 후인 경우도 많기 때문이다.

전 대표는 쉽고 간략한 '투자팁'을 소개했다. 가장 쉬운 답은 "현장에 있다"는 것이다. 그는 "정비사업은 주민들이 주도하는 사업으로 법령과 구역 지정요건이 고려해야 하는 1순위라면 주민들의 의지는 분석 0순위"라고 말했다.

현장 탐방의 중요성에 대해 전 대표는 "지도 앞에 앉아서 공부하는 것보다 현장 답사를 통해 훨씬 많은 숨은 정보를 얻을 수 있다"며 "나만 알고 싶은 맛집은 보이지 않는 골목에 숨어있다"고 강조했다.

이어 "지자체로선 주민들의 개발 의지에 따라 지원을 결정할 수도, 아무리 노후도가 심각한 지역이라도 개발이 불가할 수도 있다"고 설명했다. 그는 "재개발이 살아있는 생물처럼 수시로 제도가 바뀐다"고 부연했다.

재개발연구회는 임원 회의를 거쳐 탐방 장소를 지정한다. 정해진 틀에서 탐방지를 찾기보

전영진 대표와 회원들이 재개발 투자지를 현장 탐방하는 모습. / 사진 제공 = 재개발연구회

다 일반인들이 눈여겨보지 않는 지역 가운에 향후 1~2년 내 화두가 될 것이라고 기대하는 곳을 선점하는 것이 목표다. 이미 개발계획이 발표됐거나 뉴스에 등장한 경우 확인을 위해 현장탐방을 하는 경우도 있다.

전 대표는 마지막으로 투자자들이 가장 궁금해하는 적은 자본으로 투자할 수 있는 곳에 대해 언급했다. 그는 "특별한 이슈가 없는 저평가 지역을 찾아서 분양 대상 요건을 충족하는 물건에 투자하는 것이 핵심 전략"이라고 조언했다. 이어 "유튜브에 소개된 지역들은 한 단계 가격 상승이 이뤄진 경우가 대부분일 것"이라며 "저평가 지역은 소문도 프리미엄도 없는 만큼 소액 투자의 기회가 열려 있다"고 강조했다.

자료 : MoneyS, 2024.5.10. 신유진 기자(yujinS@mt.co.kr)

프롤로그

재개발 공부와 투자에 매진 중인 수많은 사람들을 만나다보면, 정해진 공식처럼 마지막 질문은 하나같이 정해져있다.

"그래서, 어디 사면 돼요?"

100% 정답을 아는 사람이 존재한다면 발바닥에 땀나게 돌아다니며 사진 찍고 메모하며 현장탐방을 다닐 필요가 있을까. 하지만 놀랍게도 100% 정확도의 족집게 답변은 존재한다.

"10년 안에 ○○지역이 많이 오를 가능성이 커요."

재개발은 마라톤과 같고 구간마다 불어오는 몇 차례 거래의 바람을 읽어 수익을 실현하거나 결승선까지 완주하여 신축아파트를 받아내는 꽤나 어렵고도 보람 있는 시장이다. 레인메이커(Rain maker)라는 단어를 들어보았는가! 과거 아메리카대륙 인디언 주술사를 칭하는 말인데, 그들이 기우제를 지내면 반드시 비가 온다고 하여 지어진 이름이다. 당연히 그것은 주술 같은 미지의 마법이 아니다. 비가 올 때까지 기우제를 지내니 당연히 비가 올 수밖에. 어쩌면 주술사의 끈기와 원주민들의 맹신이 진정한 마법일지도 모른다.

닭이 먼저냐? 달걀이 먼저냐?

재개발은 긴 시간이 필요하기에, 시간과 자금을 허비하지 않기 위한 현장분석의 노하우를 발휘해야 한다. 그리고 우리는 가장 훌륭한 투자방법을 이미 알고 있다. 바로 재개발의 본질을 기준으로 삼는 것이다. 즉, 어떤 지역의 명확한 개발 명분과 가능성, 그리고 추후 결과물과 정부정책까지 구체적으로 패키지화해서 생각해야 한다. 단순히 현재의 물건 가치나 이슈가 아니다. 노후된 지역이라고 무조건 재개발이 되는 것도 아니다. 지역 특징과 법령의 교집합을 찾아 분석하고, 현장으로 뛰쳐나가 '개발 가능성'과 '사업성'에 중점을 두고 사업지를 '발굴'해야 한다.

정보의 홍수 속에서 쏟아지는 이슈와 지역 '브랜드'를 맹신하며 '언젠가'라는 무의미한 분석의 결과물에 대한 책임은 온전히 스스로의 몫일 뿐이다. 광고를 보고 '재개발 빌라'를 주문했는데 상자 속엔 '빌라'만 있고 '재개발'이 없다면 누구의 책임이며, 무슨 의미가 있는 것인가. 애초에 "이슈 지역인가?" "전문가 추천 매물인가?"를 열심히 '분석'하고 있는지 각자 돌아볼 필요가 있다. 과연 닭이 먼저냐, 달걀이 먼저냐 따질 필요가 있을까? 무엇이 먼저인지가 무슨 의미인가? 우리에겐 맛있는 치킨이 실제로 있는지가 중요하다!

한 발 앞서기 위해선 반드시!

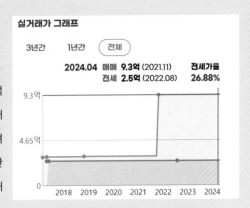

그림은 부동산콘서트홀 운영진의 모 지역 투자 사례 중 하나이며 2억대 매수, 9억 초 반에 매도하였다. 수익 자체보단 매매가의 극단적 변화를 보기 위한 자료이며 개발 호재의 '전'과 '후' 시세 변화를 직관적으로 알수 있다. 이처럼 필연적으로 개발이 될 수밖에 없는 지역은 선점하고 기다리면 알아서 이슈가 생기고 수익도 따라온다.

우리는 한 발 앞서서 이슈를 이용하는 사람이 되어야 하고, 뒤따라서 이슈에 편승하는 사람들에게 수익 실현의 경험을 넘겨주면 된다.

만약 살기 좋은 곳이라면 입주까지 묵묵히 기다려도 된다. 하지만 재개발 공부는 너무나 어렵고, 투자 물건의 유혹은 끊이질 않기 때문에 실력 있는 투자자로 성장하기 위해서는 많은 난관에 봉착 할 것이다. 이를 돕고자 부동산콘서트홀은 경제지 머니S, 재개발연구회와 함께 이 책을 출간하였다. 이 책에서는 잠깐만 들어도 복잡스러운 재개발 법령과 데이터를 최대한 걷어내고 실전 적용이 가능한 '물건탐색 요령'과 '재개발 필수지식'을 '최대한 쉽게' 설명하여 담아냈으며, 현실을 반영한 기사를 첨부하여 독자의 이해를 돕는 것에 집중하였다.

목 차

재개발시장,
앞으로
어떻게 될까?

**전망은 각양각색,
공통된 기준은?** 재개발은 개인(투자자) 관점에서 보면 노후된 지역에 보유한 부동산이 개발되어 신축아파트를 받는 사업이다.

따라서 재개발은 필연적으로 아파트 시장과 함께 움직일 수밖에 없는데, 우리나라 아파트시장은 굉장히 복합적 요소들에 의해 움직인다. 수요와 공급이라는 큰 개념 속에는 금리 · 소득 · 건축비와 같은 금전적 요소뿐 아니라 저출산 · 임대차시장 · 교통호재 · 전쟁 · FOMC 등 대내외적 요소에 더해 정부의 각종 정책까지 고려해야 하기 때문에, 요즘 같은 대혼란의 시기에는 시장 예측이 더욱 어렵다. 하지만 범위를 우리나라 전체에서 서울로 좁히고, 아파트시장 가격상승요인은 곧 재개발시장의 상승 압력과 같다는 관점으로 분석하면 꽤나 논리적 전망이 가능하다.

미래의 아파트시장 양극화는 부정할 수 없는 사실이자 현재 진행형이며, 이 양극

24

화는 모두가 원하는 '누가 봐도 좋은' 지역을 기준으로 강력하게 수렴한다. 우리는 '수도 서울'을 너무나도 당연하게 생각하는데, 의외로 대한민국 헌법에는 '대한민국 수도는 서울'이란 정의는 없다.

다만, 서울은 오랜 기간 수도로서 너무나 당연시 여겨져 왔기 때문에, 마치 관습처럼 취급된다 하여 '관습헌법'을 적용한다. 말하자면, 대한민국의 수도가 서울인 이유는 국민의 정서가 만들어낸 결과물이고 이는 곧 부동산의 기준이 된다. 즉, 각종 정부정책과 대내외적 요인이 아무리 작용하더라도 '국민의 정서'가 바뀌지 않는 한 대한민국 국민의 내집마련과 투자의 최종 목적지는 서울일 수밖에 없다. 따라서 서울 재개발의 현주소와 미래를 예상해보면, 앞으로의 재개발시장 정책과 흐름을 점쳐볼 수 있을 것이다.

**수요과 공급의 비대칭,
숨어있는 숫자**

서울은 내한민국 국민이면 누구나 내집마련의 꿈을 이루고자 하는 도시이고, 서울 아파트 공급에 항상 관심을 가진다. 많은 사람들이 주택공급량에 대해 오해를 많이 하는 부분이 있는데, 어떤 자료에서 '재개발·재건축아파트 10,000세대 공급예정'이라고 하면 온전히 '빈집' 10,000세대가 공급된다고 생각한다.

하지만 숫자의 내부를 들여다보면 실제 공급량에는 허수가 존재하는데, 일단 개발지역의 기존 노후주택만큼의 '멸실물량'이 상계되어 있지 않다. 건물 5채를 허물고 10채를 신축하면 실제로는 5채가 늘어나는데, 우리가 보는 '주택공급량'은 신축된 10채가 온전한 공급량처럼 보여지기 때문이다.

앞으로 다룰 내용이지만, 재개발에서는 보유물건이 '주택'이 아니어도 조합원이

아파트를 받는 방법이 있기 때문에 상계되는 물량은 더욱 늘어날 수밖에 없다. 또한 신축세대 중 조합원분양가는 일반분양가보다 훨씬 저렴하기 때문에 조합원이 실입주하거나 임차인을 맞춰 시장에 바로 내놓지 않는 경우가 많고, 내놓더라도 일반분양가보다 높은 금액에 프리미엄을 얹어 내놓기 마련이다. 따라서 '일반분양가'로 시장에 공급되는 물량은 조합원물량을 뺀 일반분양 물량만으로 보는 것이 현실적인 공급량이라 볼 수 있고, 재개발현장이 많은 지역일수록 공급량과 실제 공급량의 괴리는 커질 수밖에 없다.

이런 현실과는 반대로, 사람들은 "내집마련 in 서울"을 꿈꾼다. 서울 내에서도 한강변과 역세권, 역세권 중에서도 더블·트리플 역세권을 희망한다. 양질의 일자리가 스카이라인 아래로 빼곡히 들어차 있고, 모든 교통계획은 "서울까지 00분"으로 가치가 평가된다. 사진 속 빼곡한 콘크리트 사이엔 우리가 원하는 새아파트를 지을만한 비어있는 땅은 더 이상 없다. 얼마나 빈 땅이 없으면 오세훈 시장이 '건물을 허물어서'라도 서울에 '녹색공간'을 만들겠다 하고 있는 것일까!

MoneyS

"정비사업 규제완화는 국민들이 얼마나 원하는지가 핵심"

박상우 국토부 장관 "여야 이견 없어 총선 결과와도 무관"

박상우 국토부 장관이 17일 서울 영등포구FKI타워에서 열린 '용인 첨단시스템반도체 클러스터 국가산업단지' 성공적 조성을 위한 상생협력 협약식에 참석해 정비사업 규제 완화에 대해 입을 열었다. /사진=임한별 기자

4·10 총선 결과가 여소야대로 끝난 가운데 일각에서 현 정부의 정비사업 규제 완화에 제동이 걸릴 수 있다는 우려의 목소리가 나왔다. 이에 박상우 국토교통부 장관은 이번 총선 결과로 관련 규제 완화에 큰 영향을 미치지 않는다고 주장했다.

박 장관은 17일 서울 영등포구 여의도동FKI타워에서 열린 용인 첨단시스템반도체 국가산업단지 상생협약식 이후 취재진과 만나 "저희가 맡은 (규제 완화) 분야에는 특별히 여야 이견이 있을 게 없다"고 말했다.

재개발·재건축 등 정비사업 규정은 야당 의원 지역구에도 해당하는 만큼 여야를 막론하고 모두에게 공통된 사항이라는 이유로 풀이된다.

박 장관은 "총선 결과에 대한 해석이 여러 가지 있지만 이념적으로 풀어갈 문제가 아니다"라며 "국민들이 얼마나 불편해하는지, 얼마나 그것을 원하는지 차원의 문제라 서로 협의하면 원만히 진행될 수 있을 것"이라고 강조했다.

이밖에 주택임대차보호법 및 부동산거래신고법 개정안인 임대차 2법(계약갱신청구권·전월세상한제) 폐지·개선과 관련해서는 "용역이 진행 중인 만큼 미리 드릴 말이 없다"며 "용역 결과가 나오면 따로 입장을 정리해 발표하겠다"고 말을 아꼈다.

지난 2020년 7월 더불어민주당 주도로 국회를 통과한 임대차 2법은 세입자가 원하면 전·월세 계약을 연장해 최대 4년을 거주할 수 있게 보장하는 계약갱신청구권과 임대료 상승률 5% 이내로 제한하는 전·월상한제 등이 핵심이다.

다만 법 조항이 모호하게 해석되면서 집주인·세입자의 갈등이 증폭돼 소송까지 번지는 사례가 빈번했다. 일각에서는 임대차 2법이 전셋값 폭등을 유발해 전세 사기의 빌미가 됐다며 폐지를 요구했다. 이 같은 주장에 국토부는 관련 연구용역을 진행 중이다.

신유진 기자 (yujinS@mt.co.kr)

**큰 그림 예측과
내집마련 3가지 방법**

재개발은 정책의 영향을 크게 받는 사업이고, 서울시는 규제의 정비와 각종 정책(뉴타운,신통기획,모아타운 등)을 통해 건전한 개발사업이 원활하게 이루어지도록 노력한다. 따라서 정부정책으로 재개발시장의 흐름을 예견해 볼 수 있는데, 정부는 2024년의 시작과 함께 1·10대책으로 불리는 <국민 주거안정을 위한 주택공급 확대 및 건설경기 보완방안>을 발표했다.

도심 공급 확대	재건축 · 재개발	① 사업속도 : 패스트트랙 도입 ② 진입문턱 : 정비사업 추진 요건 완화 ③ 사업성 : 초기 자금지원, 재건축부담금 추가 합리화 ④ 중단 없는 사업 : 공사비 갈등 완화
	1기 신도시 재정비	① 신속하고 내실 있는 계획 수립 ② 노후계획도시 정비 사업여건 획기적 개선 ③ 공공의 역할은 충실히, 차질 없이 이행
	소규모정비 · 도심복합사업	① 진입문턱 : 사업 가능 지역 확대 ② 사업속도 : 절차 간소화 및 참여유인 제고 ③ 사업성 : 인센티브 및 자금지원 강화 ④ 광역 정비 : 미니 뉴타운 지원 확대
다양한 유형의 주택공급 확대	공급 여건 개선	① 도시 · 건축규제 완화 ② 세제 · 금융지원
	활용도 제고	① 구입 부담 경감 ② 등록임대 사업 여건 개선 ③ 기업형 장기임대 활성화 ④ 신축매입약정 확대
	전세사기 예방 및 피해지원	① 보증금 피해 경감 지원 ② 피해자 주거 지원 강화 ③ 종합 지원체계 강화 ④ 철저한 전세사기 예방
신도시 등 공공주택 공급	공공주택 공급 확대	① '24년 공공주택 14만호+α 공급 ② 공공주택 민간 참여 확대
	3기 신도시 등 공공택지	① 물량 확대 : 신규택지 2만호, 수도권 신도시 3만호 ② 신도시 조성속도 제고
건설경기 활력 회복	자금조달 및 유동성 지원	① PF대출 지원 ② 유동성 지원
	공공지원을 통한 민간 애로 해소	① 지방 사업여건 개선 ② 공공임대 참여지분 조기 매각
	사업장별 갈등 해소 지원	① 공적 조정위원회 ② 민간 사업장 공공 인수 ③ 정상화 펀드
	건설사업 관련 리스크 완화	① 공사 재개 지원 ② 수분양자 보호 ③ 협력업체 보호
	건설투자 활성화	① 재정 조기집행 ② 민자사업 확대

물론, 발표내용이 전부 계획대로 실행된다고 보긴 어렵다. 중요하게 봐야하는 것은 현재 상황에 대한 정부 분석의 결과물이고, 앞으로 정책이 어느 방향으로 흘러갈지 가늠할 수 있는 지표로서는 충분히 활용 가능하다. 누군가는 주택공급 활성화는 공급량이 증가하기 때문에 아파트값 하락요인이라고 생각할 수 있지만, 단순히 아파트공급으로만 볼 것이 아니다. 건설경기의 전반적인 활력을 불어넣자는 취지의 관점으로 해석할 필요가 있고, 그 말은 곧 부동산시장 활성화 가능성이 커진다.

재개발 · 재건축이 주민의 자유로운 선택권에 따라 본격화될 수 있도록 **❶속도**는 빠르게, **❷문턱**은 낮추고, **❸사업성**은 제고, **❹중단 없는** 사업 지원

* 3대 규제 합리화 : 분양가 상한제('22.6), 안전진단('23.1), 재건축부담금('23.12)

발표 내용에는 4가지 키워드에 맞춰 재개발·재건축 활성화를 위한 세부사항이 포함되어 있는데, 계획에 맞춰 도시 및 주거환경 정비법(도정법)과 빈집 및 소규모 주택 정비에 관한 특례법(소정법)이 하나씩 별개의 움직임을 보이고 있다. 또한 거래의 활성화를 위해 소형신축주택(빌라)의 대대적 규제완화도 포함되었다.

(개인) 향후 2년간 준공된 소형 신축 주택(60㎡ 이하, 수도권 6억 · 지방 3억 이하, 아파트는 제외)은 취득세 · 양도세 · 종부세 산정시 주택수 제외

대상 주택	▪ '24.1월~'25.12월 준공된 전용 60㎡이하, 수도권 6억원 · 지방3억원* 이하 다가구주택, 공동주택(아파트 제외), 도시형생활주택, 주거용 오피스텔을 '25.12월까지 최초 구입시 * (취득세) 취득가격 (양도세 · 종부세) 공시가격
주택수 제외 효과	▪ 신규 취득하는 해당 주택부터 세제 산정시 주택 수에서 제외하여, 기존 보유 주택 수에 해당하는 세율 적용(단, 취득세는 3년('24.1~'26.12) 동안 제외하고, 추후 연장 검토) * 다만, 1세대1주택자가 추가 구입시, 1세대1주택 특례(양도세 · 종부세) 미적용

수요층의 기대심리를 이겨낼만한 요인은 나타나기 쉽지않다. 다만, 부동산은 굉장히 무거운 시장이기 때문에 정부정책과 시장 반응의 시간차를 염두에 둘 필요가 있고, 실제 입법과 개정절차를 차분히 지켜보는 인내심도 필요하다.

결국, 앞으로 서울의 신축아파트를 얻는 방법은 재개발·재건축 이외에는 없다. 인구 변화, 자재비 상승, 공급량 변화는 물론 중요한 시장 판단요소 중 하나이다. 하지만 편리한 교통과 풍부한 일자리, 다양한 생활인프라를 누리고픈 국민의 '절대적 수요'에 의한 서울 신축아파트의 공급이 부족한 사실은 변하지 않는다. 그마저도 '기존 주민'의 몫을 뺀 '남는' 일반물량만으로 신축아파트 수요를 소화해야 하고, 청약의 문턱은 항상 높다. 따라서 우리에겐 3가지 선택지가 자연스레 남는다.

1) 자금을 축적해서 입지 좋은 아파트를 시세대로 구매하거나,
2) 개발 후 공급되는 일반분양아파트를 운 좋게 당첨되어 분양받거나,
3) 개발지역 '기존 주민'이 되어 저렴한 가격에 신축아파트를 얻는 방법이다.

이제부터 우리는 '세 번째' 방법 실현을 위해 필요한 내용들을 배워볼 것이다

MoneyS

재개발 현장 탐방 전 가장 먼저 확인할 것은?

[재개발현장 머니S클래스] 노후도와 건축물 용도 등 사업성의 기본

[편집자주] 재개발에 대한 이해도를 높이는 동시에 올바른 투자 정보를 제공하기 위해 '재개발연구회'가 제보와 현장 취재 등을 통해 만드는 코너입니다. 현장의 숨은 이야기를 전하고 해당 입지에 대한 투자 가치와 성공 가능성을 분석합니다

이미지 제공 : 재개발연구회

주택 공급 부족의 시그널은 재개발·재건축(정비사업) 지정 요건 완화 등 지원책으로 연결되고 있다. 최근 낙후된 동네마다 모아타운과 신속통합기획 등의 플랭카드가 자주 목격되는 이유다.

하지만 주민의 열의에 의해 재개발 등의 동의율을 달성하고 지자체의 의지로 구역지정이 돼도 철거를 거쳐 신규 아파트 공급까지 이어지는 것은 장기 계획이 필요하다.

최초 구역 경계를 정할 때는 정형화 부분을 공부상으로 검토해야 한다. 가로변의 상가 건물들이 재개발에 반대하는 경우가 많고 공사 진입로 확보 등과 같은 문제를 해결하지 못하는 상황도 발생하기 때문이다.

현장에서 지구단위 계획의 결정 만으로도 개발이 곧 이뤄지는 것으로 홍보하는 경우가 많지만 실제 추진과 세부 진행은 별개의 문제다. 개발 계획이 발표되어 부동산 거래 등이 꿈틀대는 현장은 이미 가격에 미래 가치가 선반영된 경우가 많다.

전영진 재개발연구회 자문위원은 "남들이 눈여겨 보지 않은 숨은 현장을 찾고 싶어 열심히 발품을 다니는 회원들을 종종 보지만 효율은 좋지 않다고 본다"면서 "정보의 홍수 속에 인터넷의 속도를 발이 따라가지 못하기 때문"이라고 조언했다.

따라서 발품이 필요한 현장을 책상에서 선별하는 작업이 필요하다. 전 위원은 "2004년 서울시가 재개발 기본계획을 수립한 당시 모든 현장을 다 가볼 생각이었으나 발표 현장만 300곳에 달했다"며 "지금은 일반 재개발·재건축뿐 아니라 여러 방식의 사업이 새로 만들어져 20년 전보다 훨씬 많은 현장이 꿈틀대고 있다"고 덧붙였다.

가장 먼저 검토해야 하는 조건은 구역 내 노후도다. 현장에 가서는 앞으로 신축 건물의 증가 가능성을 확인하고 노후도가 깨질 수 있다는 점도 주의해야 한다. 현장에가야 하는 가장 큰 이유다. 노후도는 재개발 지정을 위한 필수요건이기 때문이다.

블록별 건축물의 용도를 공부상으로 파악한 후에 현장에서 실제 건물의 사용과 차이를 확인해보는 것이 좋다. 주거 용도임에도 상권이 발달한 경우가 종종 있다. 이같은 현장은 주민 동의가 쉽지 않을 수 있다. 신규 아파트보다 상권발달에 따른 영업활동의 수익이 더 크기 때문이다.

그리고 개발이 진행될 때는 진입로 확보가 가능한지 확인해야 한다. 인터넷지도를 활용해 동선 계획을 세우고 현장에 방문하는 것이 효율적이다. 현재용적률(대지면적 대비 건축물 연면적 비율)과 건폐율(대지면적 대비 건축물바닥면적 비율)체계, 각종 정책 인센티브 규정 등을 적용해 신규 아파트 건립규모도 검토할 수 있다. 기존 조합원 수도 사업성에 영향을 미친다.

[도움] 글/자료조사 : 재개발연구회 전영진 자문위원
김노향 기자 (merry@mt.co.kr)

머니톡 콘서트
MONEY TALK CONCERT

다시보기

머니S는 종합경제전문 언론사로서, 머니투데이의 자회사이다. 머니S라는 이름에 걸맞게 다양한 분야의 경제전문가를 강사로 초빙하여 독자적인 세미나 '머니톡 콘서트'를 주기적으로 개최하며 매회 많은 참석자가 유익한 정보를 얻어가고 있다.

MoneyS

제18회
프로그램

'돈'이 보이는
정비사업 로

시간
13:30-13:50
13:50
14:00-15:15
15:15-15:30
15:30-16:50
16:50-17:00

MoneyS　　　　**ⓖ재개발 연구회**

2024년 3월에 개최된 제18회 머니톡 콘서트에서는 재개발연구회 전영진 자문위원과
이승훈 리얼비전 연구소장이 연사로 초청받아 성황리에 진행되었다.
부동산콘서트홀에서는 재개발연구회를 포함한 정기적인 무료세미나를 온/오프라인으
로 진행하며 전용 플랫폼인 부콘tv(www.bucon.tv)회원이라면 모든 무료세미나 온라
인 시청이 가능하다. 머니S와 미니콘서트도 기획 중이며 회원들에게 일정을 공유 할 예
정이다

MoneyS

톡콘서트
정

개발·재건축

내용	진행
참석자 입장	사회자
세미나 시작 안내	사회자
·모아타운 재개발·재건축 알아야 할 투자 노하우	전영진 컨설턴트
질의 응답	전영진 컨설턴트
산·한강변·역세권 핵심 지역 이슈와 동향	이승훈 컨설턴트
질의 응답	이승훈 컨설턴트

이것만 잘해도
90% 사고는
예방된다

정비사업구역 내 매도인 설명/고지 확인서

부동산 매매 계약 시 중개사무소에서는 매매 계약서와 중개대상확인설명서를 작성한다. 하지만 정비사업구역 내에서 거래할 경우 도정법에서 추가적인 의무사항이 명시되어 있는데, 이를 인지하고 준수하여 이루어지는 거래는 찾아보기 힘든 것이 사실이다.

도시 및 주거환경정비법

제122조(토지등소유자의 설명의무)
① 토지등소유자는 자신이 소유하는 정비구역 내 토지 또는 건축물에 대하여 매매 · 전세 · 임대차 또는 지상권 설정 등 부동산 거래를 위한 계약을 체결하는 경우 다음 각 호의 사항을 거래 상대방에게 설명 · 고지하고, 거래 계약서에 기재 후 서명 · 날인하여야 한다.

   1. 해당 정비사업의 추진단계
   2. 퇴거예정시기(건축물의 경우 철거예정시기를 포함한다)
   3. 제19조에 따른 행위제한
   4. 제39조에 따른 조합원의 자격
   5. 제70조제5항에 따른 계약기간
   6. 제77조에 따른 주택 등 건축물을 분양받을 권리의 산정 기준일
   7. 그 밖에 거래 상대방의 권리 · 의무에 중대한 영향을 미치는 사항으로서 대통령령으로 정하는 사항

② 제1항 각 호의 사항은 "공인중개사법" 제25조제1항제2호의 "법령의 규정에 의한 거래 또는 이용제한사항"으로 본다.

중개사도 거래하는 물건에 대해 최소한의 확인이 필요한 내용이라고 할 수 있고 투자자 입장에서도 해당 내용을 꼼꼼하게 확인하지 않고 매수한다면 추후 문제가 생길 여지가 있는 항목들이기 때문에 반드시 챙겨야 하는 내용이다.

도시 및 주거환경정비법 시행령

제92조(토지등소유자의 설명의무)

법 제122조제1항제7호에서 "대통령령으로 정하는 사항"이란 다음 각 호를 말한다.

1. 법 제72조제1항제2호에 따른 분양대상자별 분담금의 추산액
2. 법 제74조제1항제6호에 따른 정비사업비의 추산액(재건축사업의 경우에는 "재건축초과이익 환수에 관한 법률"에 따른 재건축부담금에 관한 사항을 포함한다) 및 그에 따른 조합원 분담규모 및 분담시기

매도인(토지등소유자)은 설명할 의무는 있지만 미이행에 의한 처벌규정이 별도로 존재하지 않아 불이익이 없다. 공인중개사사무소에서는 공인중개사법 "법령의 규정에 의한 거래 또는 이용 제한 사항"이라는 조항에 의해 매도자가 매수자에게 설명 의무를 다하는 것을 확인해주어야 할 의무가 있다.

공인중개사법

제25조(중개대상물의 확인 · 설명)

① 개업공인중개사는 중개를 의뢰받은 경우에는 중개가 완성되기 전에 다음 각호의 사항을 확인하여 이를 해당 중개대상물에 관한 권리를 취득하고자 하는중개의뢰인에게 성실 · 정확하게 설명하고, 토지대장 등본 또는 부동산종합증명서, 등기사항증명서 등 설명의 근거자료를 제시하여야 한다

1. 해당 중개대상물의 상태 · 입지 및 권리관계
2. 법령의 규정에 의한 거래 또는 이용제한사항
3. 그 밖에 대통령령으로 정하는 사항

이 이무는 중개사법에서 별도로 규정하고 있는 것으로, 위반 시 500만원 이하의 과태료가 부과된다. 말하자면 매도인은 설명/고지의 의무가 있지만 이것을 실행하지 않는다고 해서 매도인에게는 처벌이 없는 반면, 매도인의 의무를 확인하지 않은 중개사에게는 과태료 처분이 있는 것이다. 하지만 아쉽게도 국가에서 제시하는 어떠한 법정 양식도 존재하지 않아서 양성화되기 쉽지 않은 현실이기 때문에, 재개발연구회 사이트(https://www.gurupin.net) 공지/자료실에 실제로 정비구역 내 물건들을 중개할 경우 활용 가능한 퀄리티 높은 양식이 오픈파일로 게재되어있다.

물건분석을 위한 체크리스트로 활용하기에도 좋은 자료이고, 혹시 모를 법적 분쟁이 발생했을 때 해당 문서가 꼼꼼히 작성되어있다면 강력한 증빙자료로 활용될 수 있으니 꼭 저장해두고 활용하도록 하자.

**정비사업용 매도인
설명고지/확인서 다운로드 받기**

정비사업구역 안 매도인 설명·고지 확인서

본 확인서는「도시 및 주거환경정비법(이하"도시정비법")」제122조 제1항 및「빈집 및 소규모주택정비에 관한 특례법(이하"소규모정비법")」제56조 제1항에 따라 토지등소유자에게 주어진 설명의무에 대한 확인서로서 토지등소유자는 자신이 소유한 정비구역 내 토지 또는 건축물에 대하여 **매매·전세·임대차 또는 지상권 설정 등 부동산 거래를 위한 계약을 체결하는 경우** 다음 각 호의 사항을 거래 상대방에게 설명·고지하고, 거래 계약서에 기재 후 서명·날인하여야 합니다. (재개발, 재건축, 신속통합기획, 역세권 재개발, 모아타운, 가로주택정비사업, 소규모재개발, 소규모재건축 등 모두 해당)

- 다 음 -

1. 해당 정비사업의 추진단계 2. 퇴거예정시기(건축물의 경우 철거예정시기를 포함한다) 3. 제19조에 따른 행위제한 4. 제39조에 따른 조합원의 자격 5. 제70조제5항에 따른 계약기간 6. 제77조에 따른 주택 등 건축물을 분양받을 권리의 산정 기준일 7. 그 밖에 거래 상대방의 권리·의무에 중대한 영향을 미치는 사항으로서 대통령령으로 정하는 사항.

또한「도시정비법」제122조제1항에 따라 위 제1항 각 호의 사항은「공인중개사법」제25조제1항제2호의 "법령의 규정에 의한 거래 또는 이용제한사항"으로 보며 같은 법 제122조제2항에 따른 공인중개사법 제25조제1항제2호 "법령의 규정에 의한 거래 또는 이용제한사항"입니다.

1

설명·고지 확인 상세

종전자산	종전자산의 표시는 향후 관리처분인가 시 합산되는 해당 사업구역 내 모든 소유 부동산을 기재하여야 하며, 매매 잔금이 조합설립인가 이후인 경우에는 해당 구역내 동일한 세대별 주민등록표 상에 등재되어 있지 아니한 배우자 및 미혼인 19세 미만의 직계비속(이혼 및 19세 이상 자녀의 분가, 세대별 주민등록을 달리하고, 실거주지를 분가한 경우는 예외)의 소유 종전 자산도 함께 기재 하여야 합니다. 단 비고 란에 본건 매매계약과 함께 매각되는지 여부를 표시해 주시기 바랍니다. (※ 감정평가 이전 단계인 경우 평가액은 공란)					
지번	토지				건축물		비고 (매각 여부등)
	사유지		점유 국공유지		면적(㎡) 기존무허가포함	평가액	
	면적(㎡)	평가액(원)	면적(㎡)	평가액(원)			

2

1. 정비사업추진단계	기본계획 수립(전/후) ☐ 추진위원회승인 ☐ 정비구역지정 ☐ 조합설립인가 ☐ 사업시행인가 ☐
	분양신청기간(전/중/후) ☐ 관리처분인가(전/중/후) ☐ 이주/철거(전/중/후) ☐
	이주비 지급(중/완료) ☐ 이전고시 ☐

2. 퇴거예정시기	년 월 일	매매계약서상 잔금일(명도일)과 동일 ☐
2-1. 철거예정시기	년 월 일	현 추진단계상 철거예정시기 예상불가 ☐

3

3. 시장·군수의 (변경)허가사항 (법 제19조 및 시행령 제15조)

※ 도시정비법상 정비구역지정, 소규모정비법상 사업시행인가 이후인 지역이면 모두 공란.
　단 특별히 시장 군수의 허가를 받은 경우에 한해 우측 체크

1) 건축물의 건축 등: 「건축법」 제2조제1항제2호에 따른 건축물(가설건축물을 포함한다)의 건축, 용도변경	
2) 공작물의 설치: 인공을 가하여 제작한 시설물(「건축법」 제2조제1항제2호에 따른 건축물을 제외한다)의 설치	
3) 토지의 형질변경: 절토·성토·정지·포장 등의 방법으로 토지의 형상을 변경하는 행위, 토지의 굴착 또는 공유수면의 매립	
4) 토석의 채취: 흙·모래·자갈·바위 등의 토석을 채취하는 행위. 다만, 토지의 형질변경을 목적으로 하는 것은 제3호에 따른다.	
5) 토지분할	
6) 물건을 쌓아놓는 행위 : 이동이 쉽지 아니한 물건을 1월 이상 쌓아놓는 행위	
7) 죽목의 벌채 및 식재	

4. 조합원의 자격(법 제39조 및 시행령 제37조)

① 제25조에 따른 정비사업의 조합원(사업시행자가 신탁업자인 경우에는 위탁자를 말한다. 이하 이 조에서 같다)은 토지등소유자(재건축사업의 경우에는 재건축사업에 동의한 자만 해당한다)로 하되, 다음 각 호의 어느 하나에 해당하는 때에는 그 여러 명을 대표하는 1명을 조합원으로 본다. 다만, 「지방자치분권 및 지역균형발전에 관한 특별법」제23조에 따른 공공기관지방이전 및 혁신도시 활성화를 위한 시책 등에 따라 이전하는 공공기관이 소유한 토지 또는 건축물을 양수한 경우 양수한 자(공유의 경우 대표자 1명을 말한다)를 조합원으로 본다.

1. 토지 또는 건축물의 소유권과 지상권이 여러 명의 공유에 속하는 때	
※ 지역별 조례에 따른 분양대상 가능 공유 면적 여부와는 무관(조례에 표시된 분양대상 공유 가능 면적_____㎡ 기준일____년__월__일)	
2. 여러 명의 토지등소유자가 1세대에 속하는 때, 이 경우 동일한 세대별 주민등록표 상에 등재되어 있지 아니한 배우자 및 미혼인 19세 미만의 직계비속은 1세대로 보며, 1세대로 구성된 여러 명의 토지등소유자가 조합설립인가 후 세대를 분리하여 동일한 세대에 속하지 아니하는 때에도 이혼 및 19세 이상 자녀의 분가(세대별 주민등록을 달리하고, 실거주지를 분가한 경우로 한정한다)를 제외하고는 1세대로 본다.	
3. 조합설립인가(조합설립인가 전에 제27조제1항제3호에 따라 신탁업자를 사업시행자로 지정한 경우에는 사업시행자의 지정을 말한다. 이하 이 조에서 같다)로 후 1명의 토지등소유자로부터 토지 또는 건축물의 소유권이나 지상권을 양수하여 여러 명이 소유하게 된 때	

② 「주택법」 제63조제1항에 따른 투기과열지구(이하 "투기과열지구"라 한다)로 지정된 지역에서 재건축사업을 시행하는 경우에는 조합설립인가 후, 재개발사업을 시행하는 경우에는 제74조에 따른 관리처분계획의 인가 후 해당 정비사업의 건축물 또는 토지를 양수(매매·증여, 그 밖의 권리의 변동을 수반하는 일체의 행위를 포함하되, 상속·이혼으로 인한 양도·양수의 경우는 제외한다. 이하 이 조에서 같다)한 자는 제1항에도 불구하고 조합원이 될 수 없다. 다만, 양도인이 다음 각 호의 어느 하나에 해당하는 경우 그 양도인으로부터 그 건축물 또는 토지를 양수한 자는 그러하지 아니하다.

이하 예외 규정에 해당 여부	
1. 세대원(세대주가 포함된 세대의 구성원을 말한다. 이하 이 조에서 같다)의 근무상 또는 생업상의 사정이나 질병치료(「의료법」 제3조에 따른 의료기관의 장이 1년 이상의 치료나 요양이 필요하다고 인정하는 경우로 한정한다)·취학·결혼으로 세대원이 모두 해당 사업구역에 위치하지 아니한 특별시·광역시·특별자치시·특별자치도·시 또는 군으로 이전하는 경우	
2. 상속으로 취득한 주택으로 세대원 모두 이전하는 경우	
3. 세대원 모두 해외로 이주하거나 세대원 모두 2년 이상 해외에 체류하려는 경우	
4-1-1. 1세대(제1항제2호에 따라 1세대에 속하는 때를 말한다) 1주택자로서 양도하는 주택에 대한 소유기간 10년 및 거주기간(「주민등록법」 제7조에 따른 주민등록표를 기준으로 하며, 소유자가 거주하지 아니하고 소유자의 배우자나 직계존비속이 해당 주택에 거주한 경우에는 그 기간을 합산한다) 5년 이상인 경우	
5-2-1. 조합설립인가일부터 3년 이상 사업시행인가 신청이 없는 재건축사업의 건축물을 3년 이상 계속하여 소유하고 있는 자(소유기간을 산정할 때 소유자가 피상속인으로부터 상속받아 소유권을 취득한 경우에는 피상속인의 소유기간을 합산한다. 이하 제5-2-2호 및 제5-2-3호에서 같다)가 사업시행인가 신청 전에 양도하는 경우	
5-2-2. 사업시행계획인가일부터 3년 이내에 착공하지 못한 재건축사업의 토지 또는 건축물을 3년 이상 계속하여 소유하고 있는 자가 착공 전에 양도하는 경우	
5-2-3. 착공일부터 3년 이상 준공되지 아니한 재개발사업, 재건축사업의 토지 또는 건축물을 3년 이상 계속하여 소유하고 있는 경우	
5-2-4. 법률 제7056호 도시및주거환경정비법 일부개정법률 부칙 제2항에 따른 토지등소유자로부터 상속·이혼으로 인하여 토지 또는 건축물을 소유한 자	
5-2-5. 국가·지방자치단체 및 금융기관(「주택법 시행령」 제71조제1호 각 목의 금융기관을 말한다)에 대한 채무를 이행하지 못하여 재개발사업, 재건축사업의 토지 또는 건축물이 경매 또는 공매되는 경우	
5-2-6. 「주택법」 제63조제1항에 따른 투기과열지구(이하 '투기과열지구'라 한다)로 지정되기 전에 건축물 또는 토지를 양도하기 위한 계약(계약금 지급 내역 등으로 계약일을 확인할 수 있는 경우로 한정한다)을 체결하고, 투기과열지구로 지정된 날부터 60일 이내에「부동산 거래신고 등에 관한 법률」제3조에 따라 부동산 거래의 신고를 한 경우	

③ 사업시행자는 제2항 각호외의 부분 본문의 규정에 의하여 조합설립인가후 당해 정비사업의 건축물 또는 토지를 양수한 자로서 조합원의 자격을 취득할 수 없는 자에 대하여는 도시정비법 제47조의 규정을 준용하여 현금으로 청산하여야 한다.

5. 관리처분계획인가 후 배제되는 법규(법 제70조제5항)		(확인)
※임대차계약에 해당하는 사항으로 임차인의 권리에 대하여 배제되는 내용을 임차인에게 고지.		√
제74조에 따라 관리처분계획의 인가를 받은 경우 지상권·전세권설정계약 또는 임대차계약의 계약기간은「민법」제280조·제281조 및 제312조제2항,「주택임대차보호법」제4조제1항,「상가건물 임대차보호법」제9조제1항을 적용하지 아니한다.		☐

6. 주택등 건축물을 분양받을 권리의 산정 기준일(법 제77조)		(해당)
① 정비사업을 통하여 분양받을 건축물이 다음 각 호의 어느 하나에 해당하는 경우에는 제16조제2항에 따른 고시가 있은 날 또는 시·도지사가 투기를 억제하기 위하여 기본계획 수립 후 정비구역 지정·고시 전에 따로 정하는 날(이하 이 조에서 "기준일"이라 한다)의 다음 날을 기준으로 건축물을 분양받을 권리를 산정한다.		√
1. 1필지의 토지가 여러 개의 필지로 분할되는 경우		☐
2. 단독주택 또는 다가구주택이 다세대주택으로 전환되는 경우		☐
3. 하나의 대지 범위에 속하는 동일인 소유의 토지와 주택 등 건축물을 토지와 주택 등 건축물로 각각 분리하여 소유하는 경우		☐
4. 나대지에 건축물을 새로 건축하거나 기존 건축물을 철거하고 다세대주택, 그 밖의 공동주택을 건축하여 토지등소유자의 수가 증가하는 경우		☐
② 시·도지사는 제1항에 따라 기준일을 따로 정하는 경우에는 기준일·지정사유·건축물을 분양받을 권리의 산정 기준 등을 해당 지방자치단체의 공보에 고시하여야 한다.		

본 물건 사업구역의 고시된 권리산정기준일		년 월 일	
(서울시 기준) 2010년 7월 15일 이전 구조례 적용지역 여부	여☐ 부☐	합산 기준일	년 월 일

7

7. 거래 상대방의 권리·의무에 중대한 영향을 미치는 사항(시행령 제92조)	(확인)
	√
① 법 제72조제1항제2호에 따른 분양대상자별 분담금의 추산액 : (　　　　　　원) ※ 사업시행인가 고시 이후 고지된 내용에 따름.	☐
② 법 제74조제1항제6호에 따른 정비사업비의 추산액(재건축사업의 경우에는「재건축초과이익 환수에 관한 법률」에 따른 재건축부담금에 관한 사항을 포함한다): (　　　　　　원) ※ 사업시행인가 고시 이후 고지된 관리처분 계획의 내용에 따름.	☐
③ 제2항에 따른 조합원 분담규모: (　　　원), 분담시기 : (　년　월　일) ※ 사업시행인가 고시 이후 고지된 관리처분 계획의 내용에 따름.	☐

도시정비법 제122조, 소규모정비법 제56조에 따라 소유자(매도자) 및 개업공인중개사로부터 위의 내용에 대하여 설명·고지를 듣고, 소유자 및 개업공인중개사가 작성·교부하는 본 설명·고지확인서를 수령합니다.

8

　　　　　　　　　　　　　　　　　　　　　　　　　　　　　년　월　일

매도인 (임대인)	주　　　소		성　명		서명·날인
	생 년 월 일		전화번호		
매수인 (임차인)	주　　　소		성　명		서명·날인
	생 년 월 일		전화번호		
개업 공인중개사	등 록 번 호		성　명		서명 및 날인
	사무소명칭		소속공인		서명 및 날인
	사무소소재지		전화번호		
개업 공인중개사	등 록 번 호		성　명		서명 및 날인
	사무소명칭		소속공인		서명 및 날인
	사무소소재지		전화번호		

해설영상 보러가기
▶ www.bucon.tv

1

※ 본 확인서의 저작권은 재개발 투자 및 중개사고 예방을 위한 교육을 진행 중인 「재개발 연구회」(www.gurupin.net)에 있습니다.
(1차 저작 : 전영진(자윤서브) : 2차 수정 첨가 저작 : 김은경(정화원))
※ 본 확인서의 사용 및 배포는 저작권의 표시와 함께 누구나 가능합니다.
※ 본 계약과 「재개발 연구회」는 무관하며 본 계약 관련 상담은 해당 공인중개사에게 해주시기 바랍니다.

정비사업구역 안 매도인 설명·고지 확인서

본 확인서는 「도시 및 주거환경정비법(이하"도시정비법")」 제122조 제1항 및 「빈집 및 소규모주택정비에 관한 특례법(이하"소규모정비법")」 제56조 제1항에 따라 토지등소유자에게 주어진 설명의무에 대한 확인서로서 토지등소유자는 자신이 소유한 정비구역 내 토지 또는 건축물에 대하여 매매·전세·임대차 또는 지상권 설정 등 부동산 거래를 위한 계약을 체결하는 경우 다음 각 호의 사항을 거래 상대방에게 설명·고지하고, 거래 계약서에 기재 후 서명·날인하여야 합니다. (재개발, 재건축, 신속통합기획, 역세권 재개발, 모아타운, 가로주택정비사업, 소규모재개발, 소규모재건축 등 모두 해당)

- 다 음 -

1. 해당 정비사업의 추진단계 2. 퇴거예정시기(건축물의 경우 철거예정시기를 포함한다) 3. 제19조에 따른 행위제한 4. 제39조에 따른 조합원의 자격 5. 제70조제5항에 따른 계약기간 6. 제77조에 따른 주택 등 건축물을 분양받을 권리의 산정 기준일 7. 그 밖에 거래 상대방의 권리·의무에 중대한 영향을 미치는 사항으로서 대통령령으로 정하는 사항.

또한 「도시정비법」 제122조제1항에 따라 위 제1항 각 호의 사항은 「공인중개사법 제25조제1항제2호의 "법령의 규정에 의한 거래 또는 이용제한사항"으로 같은 법 제122조제2항에 따른 공인중개사법 제25조제1항제2호 "법령의 규정에 의한 거래 또는 이용제한사항"입니다.

일반적인 재개발 / 신속통합기획 / 역세권재개발 등 도정법에 의한 정비사업과 모아타운 / 가로주택정비사업 등 소정법에 의한 사업은 정비구역 내 물건 거래 시 각 법령에 해당되는 주요사항들을 '매도인'이 설명 고지해야 하는 의무가 있으며 중개사는 이를 확인해야하는 의무가 있다. 꼭 확인설명서 목적이 아니더라도 현장탐방 시 체크리스트로 활용하는 것을 적극 추천한다.

설명·고지 확인 상세

| 종전자산 | 종전자산의 표시는 향후 관리처분인가 시 합산되는 해당 사업구역 내 모든 소유 부동산을 기재하여야 하며, 매매 잔금이 조합설립인가 이후인 경우에는 해당 구역내 동일한 세대별 주민등록표 상에 등재되어 있지 아니한 배우자 및 미혼인 19세 미만의 직계비속(이혼 및 19세 이상 자녀의 분가, 세대별 주민등록을 달리하고, 실거주지를 분가한 경우는 예외)의 소유 종전 자산도 함께 기재 하여야 합니다. 단 비고 란에 본건 매매계약과 함께 매각하는지 여부를 표시해 주시기 바랍니다. (※ 감정평가 이전 단계인 경우 평가액은 공란) | | | | | |

지번	토지				건축물		비고 (매각 여부등)
	사유지		점유 국공유지		면적(㎡) 기존무허가포함	평가액	
	면적(㎡)	평가액(원)	면적(㎡)	평가액(원)			

2

일반적인 부동산 매매 계약서에서와는 달리 정비사업에서는 다물권자, 다물권 세대 규정이 있으며 사고발생 시 매수자는 굉장히 큰 금전손실을 볼 수 있는 요소이므로 민감하게 따져봐야 하는 사항이다. 사고를 피하기 위해서는 거래하고자 하는 목적물 이외에도 매도인이 해당 정비구역 내에 보유하고있는 모든 물건에 대한 정보를 적어야 하며, 가족(동일세대)이 보유한 부동산 중 거래물건과 동일한 정비구역 내에 포함된 물건이 있다면 해당 물건도 포함하여 적어야 한다. 이렇게 총 면적과 거래하는 해당 면적을 둘 다 적어야 하는 이유는 다물권자와 다물권세대 물건은 조합설립인가일을 기준으로 '하나의 분양대상'으로 간주하는 합산규정에 적용되어 온전한 아파트를 받을 수 있는 권리가 사라지는 상황을 예방하기 위해서이다. 합산되는 경우 매도자가 가지고 있는 물건들이 모두 합산되어 하나의 아파트를 공동지분 형식으로 받게 되기 때문이다.

이 합산규정은 신축 건물에서도 예외는 아니다. 만약 준공 후 미분양된 신축건물을 건축주가 법인으로 등기를 완료 했다고 가정해보자. 이 미분양 물건들을 조합설립인가일 전에 매수(등기 이후 거래이므로 분양의 개념이 아닌 매매의 개념이 적용된다) 하는 경우라면 합산규정을 다행히도 피해갈 수 있다. 하지만 조합설립인가일 이후 미분양 물건을 매수한다면 앞서 설명한 '합산'규정이 적용되어 [법인명의] 하나의 권리로 묶이게 된다. 매수자는 재개발 프리미엄을 고려하여 매수하겠지만, 실제로는 온전한 아파트1채의 권리가 없는 물건을 매수하게 되는 상황이 되는것이다. 즉, 법인이 곧 '다물권자'가 되는 상황으로 이해할 수 있다.

물건별 면적 뿐 아니라 토지와 건물이 모두 개인소유인지 혹은 점유 국공유지인지 확인하고 해당 내용도 기입하는 것이 필요하다. 사업의 진행정도에 따라 확인가능한 토지와 건축물의 감정평가액을 적도록 하고, 점유 국공유지의 경우 뒷장에서 다뤄질 내용인 '불하계약' 등 추가확인이 필요한 요소들이 있으니 꼼꼼히 확인해야 한다. 불하계약의 경우 점유자가 정당한 점용료를 사용하고 있었을 경우 아파트를 받을 수 있는 권리가 있기때문에 종종 거래되는 경우가 있으니 특히 중개사의 경우 해당내용들을 잘 숙지해두면 좋을 것이다. 국유지 관련 내용은 책의 중반부에서 다루어 질 예정이다.

3

1. 정비사업추진단계	기본계획 수립(전/후) ☐ 추진위원회승인 ☐ 정비구역지정 ☐ 조합설립인가 ☐ 사업시행인가 ☐ 분양신청기간(전/중/후) ☐ 관리처분인가(전/중/후) ☐ 이주/철거(전/중/후) ☐ 이주비 지급(중/완료) ☐ 이전고시 ☐	
2. 퇴거예정시기	년 월 일	매매계약서상 잔금일(명도일)과 동일 ☐
2-1. 철거예정시기	년 월 일	현 추진단계상 철거예정시기 예상불가 ☐

정비 사업을 추진하고 있는 현재의 상황을 적어 놓는 칸으로 정비사업 추진 단계
와 퇴거 예정시기, 철거 예정 일자를 써놓는다. 매수물건의 가격을 판단하는 기
준으로 삼을 수 있고, 향후 개발진행이 얼마나 걸릴 것인지 대략적 유추가 가능
하다. 구역지정, 조합설립인가, 관리처분인가 등 굵직한 기준날짜들을 명확이 확
인하고 이주비 여부 등 매수금액에 영향을 주는 요소들을 파악한다. 참고로 지자
체에서 발표하는 각종 공고들에 대한 사항 중 '열람공고'와 '결정고시'의 차이를
알아 둘 필요가 있다. 열람공고는 주민의견 청취 등을 위해 지자체에서 관련내용
을 일정기간을 정해두고 공지하는 사항이고, 최종적으로 결정된 사항은 '결정
고시'로 공지되므로 두가지를 구분하여 사업의 진행단계를 판단하는 요소로 참
고하면 된다.

4

3. 시장·군수의 (변경)허가사항 (법 제19조 및 시행령 제15조) ※ 도시정비법상 정비구역지정, 소규모정비법상 사업시행인가 이후인 지역이면 모두 공란. 　단 특별히 시장 군수의 허가를 받은 경우에 한해 우측 체크	
1) 건축물의 건축 등: 「건축법」 제2조제1항제2호에 따른 건축물(가설건축물을 포함한다)의 건축, 용도변경	
2) 공작물의 설치: 인공을 가하여 제작한 시설물(「건축법」 제2조제1항제2호에 따른 건축물을 제외한다)의 설치	
3) 토지의 형질변경: 절토·성토·정지·포장 등의 방법으로 토지의 형상을 변경하는 행위, 토지의 굴착 또는 공유수면의 매립	
4) 토석의 채취: 흙·모래·자갈·바위 등의 토석을 채취하는 행위. 다만, 토지의 형질변경을 목적으로 하는 것은 제3호에 따른다.	
5) 토지분할	
6) 물건을 쌓아놓는 행위: 이동이 쉽지 아니한 물건을 1월 이상 쌓아놓는 행위	
7) 죽목의 벌채 및 식재	

정비구역 지정이 되면 아예 금지되거나 허가를 받아야만 시행이 가능한 행위들
이 있다. 법령과 조례에서 기본적으로 정하는 요소들 뿐 아니라 사업별 특성에
따라 지자체장의 재량으로 운영지침이나 지구단위계획상 각종 행위제한(건축행
위, 용도변경, 필지분할, 건축물 용도한정 등)을 명시하고 있기때문에, 해당 내용
을 확인하고 거래대상 물건이 위반사항에 해당되거나 매수 후 가능한 행위가 있
는지 반드시 확인해야 한다. 특히, '분양자격'에 관련 된 행위들의 경우에는 자칫

꼼꼼히 확인하지 않고 거래했다가는 관리처분인가 시점에 분양자격이 없는 사실을 깨닫게 되는 경우도 종종 발생하니 주의하자. 체크리스트에 있는 행위가 만약 거래시점에 '진행중'인 경우에는 이미 허가를 받았거나 허가 예외조항(재해복구, 안전상의 문제 등)이면 '허가'가 아닌 '신고' 후 계속 진행 할 수 있으니 관련 내용도 함께 검토하면 된다.

정비구역 지정 뿐 아니라 1)기본계획 공람 중이거나 2)정비예정구역 또는 3)정비계획 수립 중인 지역도 지자체장의 재량으로 3년간 행위제한을 할 수 있다. 따라서 꼭 정비구역지정이 된 지역이 아니더라도 위 3가지 사항에 포함되는 지역이라면 역시나 체크리스트의 내용을 확인해야 한다. 핵심취지는 거래하는 물건이 행위제한 사항들에 대해 정상적인 '허가' 또는 '신고'가 이루어졌는지 확인하자는 것이다.

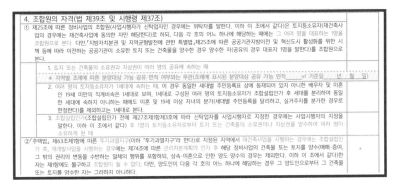

4. 조합원의 자격 (법 제39조 및 시행령 제37조)

'2번' 항목과 이어지는 다물권자 / 다물권세대 관련 내용과 투기과열지구 내 물건을 확인하는 내용이다. 조합설립인가일을 기준으로 다물권자 / 다물권세대 물건의 합산여부를 기준삼기 때문에 해당 내용은 '조합설립인가일' 이후 계약하는 물건의 경우 해당내용들을 특히 더 꼼꼼히 체크해야 한다. 조례에서 정하는 분양대상 토지면적은 지역마다 상이하며, 서울시를 기준으로 하면 90m² 이상의 토지라면 아파트를 받을 수 있다. 이는 공유지분으로 취득한 경우라 하더라도 해당 면적의 권리가 인정되면 분양대상으로서 아파트를 받을 수 있다.

투기과열지구의 경우 단순히 투기과열지구에 포함된 지역이라고 해서 무조건 분양자격에 영향을 끼치는 것은 아니기 때문에 명확하게 분양자격을 제한하는 경우가 어떤 경우인지 알고 거래해야한다.

법에서는 재개발의 조합원 자격은 개인 의사와는 관계없이 '강제가입제'를 적용하여 자동적으로 조합원이 되는 반면 재건축의 경우 '임의가입제'를 적용하므로 재건축사업에 동의한 자만 조합원으로 인정받는다. 이 둘의 구체적인 차이점은 뒤의 챕터에서 다루기로 하고, 이로인해 투기과열지구에서의 분양자격 제한은 '도정법'에 의한 정비사업에만 국한된다. 법에서 서술하는 투기과열지구의 조합원자격 제한사항은 맥락상 물건거래 자체를 금지하는 규정이 아니며, 거래하더라도 조합원 자격을 제한하고 이에 수반되는 '분양자격'에 제한이 생기기때문에, 정상적인 거래 후 먼 훗날 날벼락처럼 아파트를 받지 못하는 현실을 깨닫게 될 수 있다. 매도자 / 매수자 모두의 부동산 거래현황(지역, 시기)을 꼼꼼히 따져보고 '도정법'에 의한 정비사업 물건인지 '소정법'에 의한 정비사업 물건인지 구분해서 볼 필요가 있다. 관련내용은 뒤에 나올 챕터에서 해설영상과 함께 자세히 다룰 예정이다.

'5번' 투기과열지구의 조합원 자격제한 내용과 이어지는 사항이며, 예외적으로 양도인(매도자)의 컨디션에 따라 조합원자격을 이상없이 승계받아 분양자격이 주어지는 조항들이 있다. 만약 체크리스트의 항목 중 어느 하나에 해당하는 물건인 경우라면 정상적인 조합원자격을 승계받게 된다.

5. 관리처분계획인가 후 배제되는 법규(법 제70조제5항)	(확인)
※임대차계약에 해당하는 사항으로 임차인의 권리에 대하여 배제되는 내용을 임차인에게 고지.	✓
제74조에 따라 관리처분계획의 인가를 받은 경우 지상권·전세권설정계약 또는 임대차계약의 계약기간은 「민법」 제280조·제281조 및 제312조제2항, 「주택임대차보호법」 제4조제1항, 「상가건물 임대차보호법」 제9조제1항을 적용하지 아니한다.	☐

6. 주택등 건축물을 분양받을 권리의 산정 기준일(법 제77조)	(해당)
① 정비사업을 통하여 분양받을 건축물이 다음 각 호의 어느 하나에 해당하는 경우에는 제16조제2항에 따른 고시가 있은 날 또는 시·도지사가 투기를 억제하기 위하여 기본계획 수립 후 정비구역 지정·고시 전에 따로 정하는 날(이하 이 조에서 "기준일"이라 한다)의 다음 날을 기준으로 건축물을 분양받을 권리를 산정한다.	✓
1. 1필지의 토지가 여러 개의 필지로 분할되는 경우	☐
2. 단독주택 또는 다가구주택이 다세대주택으로 전환되는 경우	☐
3. 하나의 대지 범위에 속하는 동일인 소유의 토지와 주택 등 건축물을 토지와 주택 등 건축물로 각각 분리하여 소유하는 경우	☐
4. 나대지에 건축물을 새로 건축하거나 기존 건축물을 철거하고 다세대주택, 그 밖의 공동주택을 건축하여 토지등소유자의 수가 증가하는 경우	☐
② 시·도지사는 제1항에 따라 기준일을 따로 정하는 경우에는 기준일·지정사유·건축물을 분양받을 권리의 산정 기준 등을 해당 지방자치단체의 공보에 고시하여야 한다.	

본 물건 사업구역의 고시된 권리산정기준일	년 월 일
(서울시 기준) 2010년 7월 15일 이전 구조례 적용지역 여부	여☐ 부☐ 합산 기준일 년 월 일

7

대상물건의 사업단계가 관리처분계획 인가 이후의 물건이라면 임차인(주택,상가) 또는 지상권자가 있더라도 민법/주택임대차보호법/상가건물 임대차보호법의 보호대상에서 배제된다. 따라서 부동산의 임대차 내용을 확인하고 거래시점에 부동산의 실사용자와 어떠한 내용의 협의가 이루어져 있는지 제반내용을 함께 확인할 필요가 있다. 또한 재개발 투자 시 가장 중요하게 봐야하는 부분이 권리산정기준일이다. 체크리스트의 4가지 사항이 권리산정기준일 이후 이루어지면 분양대상에서 제외되어 현금청산 대상이 되니 꼼꼼히 체크하도록 하자.

7. 거래 상대방의 권리·의무에 중대한 영향을 미치는 사항(시행령 제92조)	(확인) ✓
① 법 제72조제1항제2호에 따른 분양대상별 분담금의 추산액 : (원) ※ 사업시행인가 고시 이후 고지된 내용에 따름.	☐
② 법 제74조제1항제6호에 따른 정비사업비의 추산액(재건축사업의 경우에는 「재건축초과이익 환수에 관한 법률」에 따른 재건축부담금에 관한 사항을 포함한다) : (원) ※ 사업시행인가 고시 이후 고지된 관리처분 계획의 내용에 따름.	☐
③ 제2항에 따른 조합원 분담규모 : (원), 분담시기 : (년 월 일) ※ 사업시행인가 고시 이후 고지된 관리처분 계획의 내용에 따름.	☐

도시정비법 제122조, 소규모정비법 제56조에 따라 소유자(매도자) 및 개업공인중개사로부터 위의 내용에 대하여 설명·고지를 듣고 소유자 및 개업공인중개사가 작성·교부하는 본 설명·고지확인서를 수령합니다.

8

절대적인 매매가격 자체도 중요하지만, 정비사업 특성상 추가분담금 등 조합원이 부담하는 비용들이 존재한다. 매매가격과 더불어 제반 비용들도 함께 확인하여 추후 부담해야하는 비용과 시기를 반드시 확인해야 한다.

금딱지와 물딱지
: 아파트 받는 조건

대의적 관점에서 재개발의 목적은 공공의 이익을 위해 누후화된 지역을 정비하는 사업이라고 할 수 있지만, 개인에게 재개발은 완료된 신축아파트를 받는 것이 목적이다. 그렇기 때문에 아파트를 받을 수 있는지의 여부를 잘 판단하는 것이 재개발 투자의 핵심이며, 이를 판단할 때에는 단순히 토지등소유자인지의 여부가 아니라 여러 다른 조건들에 부합하는지 함께 확인해야 하며, 별 의미 없이 사용하고 듣던 각종 재개발 용어들에 대한 의미를 정확하게 알아야만 한다. 입지 좋은 신축아파트를 받을 수 있는 금딱지와 현금청산 대상인 물딱지의 기준을 점검하기 위해 지금부터 차근차근 알아가 보자

대부분 모르는
재개발과 재건축의 구분

재개발투자를 하려면 우선 재개발과 재건축을 확실하게 구분하는 시각이 필요하다. 대개의 사람들은 재개발과 재건축을 단어의 의미에서 느껴지는 차이로 두 사업방식을 구분지어 생각하는 경우가 많지만, 조금만 들여다 보면 재개발과 재건축은 같은구역에 공존하는 것이 굉장히 어색한 형태라는 것을 알 수 있다.

왼쪽의 현수막은 재개발 연구회의 모 지역 현장탐방 중 촬영한 사진이다. 뭔가 이상함을 느낀다면 법령을 조금이라도 읽어본 훌륭한 투자자라고 생각한다. 이 상함을 느끼지 못했어도 괜찮다. 뒤의 내용을 읽고 나서 예시의 현수막 문구를 다시 본다면 "무슨 사업을 하겠다는 말이지?"라는 생각이 바로 들 것이다

도정법 2조 2항 '나'

재개발사업: 정비기반시설이 열악하고 노후 · 불량건축물이 밀집한 지역에서 주거환경을 개선하거나 상업지역 · 공업지역 등에서 도시기능의 회복 및 상권활성화 등을 위하여 도시환경을 개선하기 위한 사업

도정법 2조 2항 '다'

재건축사업: 정비기반시설은 양호하나 노후 · 불량건축물에 해당하는 공동주택이밀집한 지역에서 주거환경을 개선하기 위한 사업

노후화된 지역은 노후된 정비기반시설(수도배관, 전기, 난방, 정화조, 도로 등)로인해 삶의 질이 낮아지고 인근 지역 주거환경과 도시환경(안전,치안 등)에 좋지 않은 영향을 끼치게 된다. 또한 시대의 흐름에 따라 변화된 도시환경에 맞춰 노후된 지역을 현재의 도시환경에 맞는 개발의 필요성이 생긴다. 이러한 경우 '공익'의 목적을 추구하며 정비기반시설을 사업계획에 '포함하여' 추진하는 것이 바로 재개발사업이다. 이와는 다르게 정비기반시설이 양호하여 사업계획에 '포함하지 않고' '공익'의 목적보다는 '사익'의 목적에 충실한 사업이 재건축사업이다. 재개발은 지역의 노후도 기준을 폭넓게 적용하고, 재건축은 건축물의 '안전진단'을 적용하는것을 생각해보면 이러한 맥락을 이해하는데 도움이 된다. 이제 앞의 현수막 사진을 보면 카페의 메뉴판에 "뜨거운 아이스아메리카노"가 적혀 있는 것처럼 보일 것이다.

토지등소유자란? 도정법에서는 재개발·재건축이 '토지 등 소유자'를 같은 단어로 표현하고 있지만, 정의는 다르게 규정하고 있다. 재개발에서는 '토지 또는 건축물의 소유자 또는 그 지상권자'를 의미하고, 재건축에서는 '건축물 및 그 부속토지의 소유자'를 의미한다. 재개발의 경우 토지 등 소유자의 4분의3 동의와 토지면적의 2분의1 이상의 토지 등 소유자 동의, 재건축의 경우 단지 전체의 구분소유자의 4분의3 이상 토지면적4분의3의 동의와 각 동별 구분소유자 과반의 동의(5인 이하 시 제외)를 해야 조합 설립이 가능한데 '토지등소유자'의 정의 차이가 미묘하게 녹아있다.

토지 등 소유자	
재개발	재건축
토지 등 소유자	토지 및 소유자 건물과 토지 소유 → 건물과 부속토지 소유

토지등소유자, 그리고 조합원 재개발은 구역 단위로 진행하는 '공익' 목적의 사업이기 때문에, 원활한 사업진행을 위해 조합설립인가가 완료되면 사업구역 내 토지등소유자는 일단 모두 조합원으로 인정되어 조합원 탈퇴 의사표현을 해야만 조합원에서 제외된다(강제 가입제). 반면, 재건축은 토지등소유자 중 사업에 동참하겠다는 의사를 표현하는 자만이 조합원이 된다(임의가입제). 여기서 사업에 동의하지 않는 경우는 '미동의자'라고 하는데, 미동의자 자산은 재개발에서 '수용권'이라는 강력한 공공의 권력이 뒷받침 되어 조합의 자산으로 귀속되며, 비교적 사익을 추구하는 재건축이라 하더라도 건축물 이용자 '다수'의 안전과 편의를 추구한다는 취지에서 '매도청구권'이 주어진다. 미

동의자와 혼동될 수 있는 '현금청산자'는 개발에 동의하였으나 분양대상에 포함되지 않아 아파트를 받는 '현물청산'대신 현금으로 청산받는자를 의미한다.

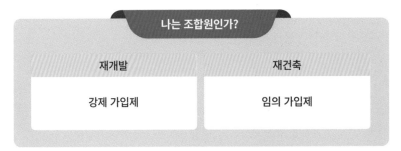

나는 조합원인가?	
재개발	재건축
강제 가입제	임의 가입제

조합원이 된다는 것은?

이 중 조합이 정비사업을 시행하는 구조가 흔히 말하는 '조합방식'의 사업구조이며, 조합의 구성원이 '조합원'이다. 토지등소유자가 조합원이 된다는 의미는, 토지등소유자가 시행주체의 일원으로서 우리 동네를 개발하기 위한 구성원이 된다는 뜻이다. 따라서 청약통장으로 아파트 청약에 당첨되는(일반분양) 것과 조합원이 되어 아파트를 받는(조합원분양) 것은 새 아파트를 얻는 관

도시 및 주거환경 정비법
제25조(재개발사업, 재건축사업의 시행자)
　1. 조합이 시행하거나 조합이 조합원의 과반수의 동의를 받아 시장·군수등, 토지주택공사등, 건설업자, 등록사업자 또는 대통령령으로 정하는 요건을 갖춘 자와 공동으로 시행하는 방법
　2. 토지등소유자가 20인 미만인 경우에는 토지등소유자가 시행하거나 토지등소유자가 토지등소유자의 과반수의 동의를 받아 시장·군수등, 토지주택공사등, 건설업자, 등록사업자 또는 대통령령으로 정하는 요건을 갖춘 자와 공동으로 시행하는 방법
　◉ 재건축사업은 조합이 시행하거나 조합이 조합원의 과반수의 동의를 받아 시장·군수등, 토지주택공사등, 건설업자 또는 등록사업자와 공동으로 시행할 수 있다.

점에선 같을 수 있지만, 조합원은 아파트를 직접 짓는 '시행자'의 입장이고 일반 분양자는 '소비자'의 입장으로 명백한 차이가 있다. 즉, 재개발·재건축사업의 성패에 따른 책임과 추가비용(추가분담금) 뿐 아니라 보상(아파트, 추가환급금 등)도 오롯이 조합원의 몫인 것이다.

여기서 조합원에 대한 보상의 형태는 현금청산 / 현물청산으로 나뉜다. '아파트는 곧 프리미엄' 으로 인식되는 우리나라의 보편적 정서상 현금청산은 현물청산(아파트) 대비 손해를 보는 경우가 대다수이기 때문에 부정적 의미로 통용되고, 현물청산은 아파트 프리미엄 수익을 얻게되는 긍정적 의미로 통용되는데, 바로 이 현물청산 아파트에 따라붙은 프리미엄 투자가 곧 재개발/재건축 투자의 기본 개념인 것이다.

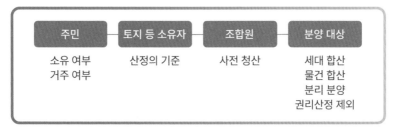

분양대상이 될 수 있는 명확한 조건들

재개발사업의 조합원이 된다고 해서 무조건 아파트 분양 대상이 되는 것은 아니다. 재개발 사업의 특성상 사업기간이 십수년씩 진행되는 경우가 많고, 긴 기간 동안 경기변화의 파동과 정책변화, 법 개정, 손바뀜 등이 일어나기 때문에 따져봐야 할 요소들을 각 지역/사업종류마다 하나씩 따져봐야 하니 꽤나 복잡한 분야인 게 사실이다. 하지만 복잡한 내용은 미뤄두고, 법령에서 규정하는 5가지 조건중 신경 쓰지 않아도 되는 2가지(투자와 거의 무관한)를 제외하고 다음의 3가지만 기억해 두면 된다. 재개발 물건 중 다음의 3가지 사항 이외에는 아파트를 받을 수 없다. 앞서 함께 짚어봤던 몇 가지 용어들과 재개발의 개념을 어렴풋이 떠올리며 차근차근 알아보자. 개념만 잘 잡아놓으면 재개발투자의 길이 조금씩 보일 것이다!

서울시 도시 및 주거환경정비 조례
제36조(재개발사업의 분양대상 등)
(생략) 공동주택의 분양대상자는 관리처분계획기준일 현재 다음 각 호의 어느 하나에 해당하는 토지등소유자로 한다.
1. 종전의 건축물 중 주택(주거용으로 사용하고 있는 특정무허가건축물 중 조합의 정관등에서 정한 건축물을 포함한다)을 소유한 자
2. 분양신청자가 소유하고 있는 종전토지의 총면적이 90제곱미터 이상인 자
3. 분양신청자가 소유하고 있는 권리가액이 분양용 최소규모 공동주택 1가구의 추산액 이상인 자. 다만, 분양신청자가 동일한 세대인 경우의 권리가액은 세대원 전원의 가액을 합하여 산정할 수 있다.

■ 주택

주택이기만 하면 된다. 여기서 대지지분 없는 오로지 '주택'만 소유해도 아파트 분양대상이며 최소 국민평형 이상의 신축아파트를 받을 수 있다. 단, 같은 평수의 아파트 분양을 희망하는 사람들이 많아지게 된다면 권리가액이 높은 순으로 배정하게 된다. 권리가액은 뒷 챕터의 '비례율' 파트에서 자세히 다루기로 하자.

- 다세대 / 다가구 주택

다세대주택은 다가구주택에 비해 초기 투자금이 비교적 적게 들어가는 것이 장점이다. 대지지분이 너무 작거나 노후된 다세대주택은 추후 국민평형 이상의 대형평형 배정 경합 시 권리가액 순위에서 불리하게 작용할 수 있고, 매매가격의 단가가 낮더라도 컨디션에 따라 그만큼 '전세'가격도 낮아지기 때문에 단순 매매 가격보다는 '실투자금'을 기준으로 생각할 필요가 있다. 반면 다가구주택은 평형 배정 경합 시 큰 대지지분으로 인해 압도적인 유리함이 있지만, 세입자 보증금 반환 등 자본계획을 잘 짜야하고 단위가 큰 만큼 다세대주택보단 처분에 시간이 필요하다. 특히, 다세대주택보다 불리한 관리처분을 받을 가능성이 높은데 '수의 논리' 파트에서 자세히 다룰 예정이다. 이러한 이유로 대다수의 재개발 지역에서

는 다세대주택 매물이 거의 소화된 후 다가구주택 투자수요가 뒤늦게 따라오는 특성이 있고, 이는 개발지역의 분위기를 파악하는 지표로도 참고할 수 있다.

- 무허가건축물

주택의 대지지분이 0인 경우를 땅 위에 얹혀 놓은 것 같다고 하여 재개발에서는 일명 현장에선 '뚜껑'이라고 표현한다. 이 중에서 남의 사유지에 주거용으로 사용하고 있는 무허가건축물을 무허가주택이라고 하는데, 원칙상 무허가건축물은 아파트를 받을 수 없지만 특수한 경우는 가능하다.

기존 무허가 건축물	특정 무허가 건축물	신발생 무허가 건축물
1981년 12월 31일 이전 무허가 건축물	1989년 1월 24일 이전 무허가 건축물	1989년 1월 24일 이후 무허가 건축물
분양 자격을 무조건 인정받았다가 2011년 5월 26일 서울시 도시 및 주거환경 정비법 조례 개정으로 특정 무허가 건축물로 변경. 2010년 7월 15일 이후에 최초로 기본계획이 수립, 2011년 5월 25일 이전 정비계획 공람 공고를 한 재개발 구역이면 분양 자격 인정	2010년 7월 15일 이후 최초로 기본계획이 수립, 2011년 5월 26일 이후 정비계획 공람 공고를 한 재개발 구역이면 조합이 정관에 따라 분양 자격 인정	아파트 입주권을 받을 수 없고 현금 청산해야 한다.

쉽게 찾아낼 수 있는 물건은 아니지만 저렴하게 매수가 가능해서 높은 수익률을 낼 수 있다. 반면에 개발을 전제로 가치가 발휘되므로 개발이 무산되는 경우에는 자산가치가 0에 수렴하는 리스크도 존재하며, 해당 물건이 포함된 조합의 정관에서 해당 물건을 분양 대상으로 정하고 있는지 확인할 필요도 있다.

- 국공유지 점유(국유지)

국공유지 위의 건축물을 점유중인 물건도 뚜껑에 해당 된다. 국공유지를 사용하고 있는 점유자가 점유면적에 대한 점용료를 지불하고 있는 경우 점유자는 아파트를 받을 수 있으며, 국유지 뚜껑의 대지면적의 계산법은 조금 특이하다. 향후 권리가액 인정을 위한 불하 가능 대지의 범위는 쉽게 말해 비가 떨어지면 그어지는 경계면적으로 정한다. 즉, 처마 끝에 비가 떨어지는 경계선까지로 정하고 있으며 만약 울타리가 쳐져 있는 경우엔 울타리 면적까지 점유 면적으로 인정해주고 있다. 국공유지는 통상 실제 점유면적을 인정해주고 있지만 울타리를 과도하게 점유하고 있는 경우에는 조례에 따라 지역마다 다르게 규정한다. 따라서 무조건 넓은 울타리 면적을 점유하고 있다해서 좋은 것은 아니다. 서울을 예로 들면 200m²까지만 조례로서 권리인정을 하고 있기 때문에 더 넓은 땅이라고 하더라도 점용료는 전체 면적에 대해 지불하지만 권리인정은 200m²까지만 해주기 때문에 계산기를 잘 두드려 손익계산을 잘 해야 한다. 점유자는 국가에게 우선적으로 점유하고 있는 물건을 매수할 수 있는 기회가 주어지는데 이때 국가는 점유자에게 의무적으로 매도해야 하며, 이 때 국가와 점유자가 체결하는 계약은 일반 매매계약이 아닌 불하 계약으로 진행된다.

구분	계약금	중도금	잔금
매매 계약	불확실 채권	이행강제 채권	동시이행 물건변동
불하 계약	물건변동	근저당	근저당

일반 매매계약과 불하 계약의 명확한 차이점이 존재한다. 불하계약은 계약금 지불과 동시에 소유권이 점유자에게 이전되고 중도금/잔금 대신 저금리의 장기 근저당권이 설정되며 보통 사업시행인가 시점에 진행한다. 국유재산법 시행령에서는 국공유지 점유권의 개인간 거래가 가능한 것으로 되어있는데, 불하 계약의 특성을 고려하여 투자수익성을 잘 계산하면 수익성 좋은 투자가 가능하다.

- 미사용승인 건축물

건물은 완공 후 '사용승인'을 통해 합법적이고 안전한 건축물이라는 인정받게 된다. 사용승인을 받지 못한 건물을 미사용승인 건축물이라고 하는데, 미사용승인 건축물은 보통 시공/구조상 문제가 있는 경우에 해당된다. 미사용승인 건축물은 건축물대장과 등기부등본이 존재하지 않기 때문에 원칙상 아파트를 받을 수 있는 권리가 존재하지 않으며, 법령에서도 특별히 규정하고 있는 사항이 없다. 그러나 특정 조건을 충족하면 아파트를 주는 '무허가건축물' 보다 위법성이 약하고, 관할청으로부터 '철거'명령 등 강력한 조치를 받지 않는 경우에는 분양받을 수 있는 권리를 준다는 최신 판례가 존재한다. 권리산정기준일과 판례의 취지, 건축허가와 실제 완공상태 등을 잘 고려해보면 투자가치 있는 물건을 찾아내는 것도 가능한 분야이다.

■ 90m² 토지

서울시에서는 내가 가지고 있는 토지가 90m² 이상이면 아파트를 받을 수 있다. 한 필지 혹은 인접한 토지의 면적만을 말하는 것이 아니라 사업구역 내에 보유하고 있는 모든 토지면적의 합을 말하며, 지목 구분 없이 오로지 토지면 상관없다. 여기서 다소 혼란을 야기할 수 있는 부분은 현재 삭제된 30m² 조항이다.

과거에는 2003.12.30. 이전에 분할된 1필지의 토지(지목이 도로이면서 도로로 이용되고 있는 토지 제외) 가 30m² 이상이면서 사업시행인가부터 공사완료 고시일까지 무주택자에 한해서는 아파트를 받을 수 있는 조항이 있었지만 2010.7.15. 삭제되었다.

만약 해당 조항이 삭제 훨씬 전부터 '2003.12.30. 이전 분할된 조건에 맞는 토지' 를 현재까지 보유하고 있었다면 아파트를 당연히 받을 수 있을까? 질문에 대한 답은 다음의 내용에서 알아보자. 조금 어려울 수 있지만, 명확히 이해한다면

권리분석 수준을 한 단계 끌어올릴 수 있다! 핵심은 보유한 물건이 조항 삭제 시점인 2010.7.15. 이전에 '정비기본계획이 있었는가'이다. 아무리 오래전부터 보유한 물건이라 하더라도, 법의 적용 대상이었는지 따져보는 것이 관건인 것이다. 이해를 돕기 위해 과장된 예시를 들어보겠다.

[개발예정지 대상법]
2010.07.15. ['김씨'성을 가진 자에게 '번호표'를 준다] 조항 삭제

위의 가상의 삭제된 법령이 있다고 가정해보자. 조항이 유효한 2010.7.15. 이전까지 '김씨'성을 가진 주민들은 모두 '번호표'를 받았을까? 그렇지 않다. 해당 조항 자체가 '개발예정지'를 대상으로만 적용되는 '개발예정지 대상법'에 포함된 조항이기 때문에 '김씨'성의 조건보다 앞선 조건은 조항 삭제 전부터 '개발예정지' 였어야 법의 적용을 받는다.

즉, 1)유효한 '기간' 동안 2)유효한 '대상'에 포함되어 3)유효한 '조건'을 갖춰야한다는 뜻이다. 아무리 '김씨'라 하더라도, 조항 삭제 전까지 개발예정지 대상이아니었다면 '번호표'를 받지 못한다.

따라서, 2003.12.30 이전 분할된 조건에 맞는 토지'(='김씨'성)를 현재까지 보유하고 있다면, 해당 지역에 서울시 도정조례(=개발예정지 대상법)의 적용을 받는 '정비기본계획'(=개발예정지)인지 먼저 확인이 필요하다.

서울시 이외에도 시/도 별 분양자격이 주어지는 토지의 최소면적을 각자 다르게 규정하고 있기 때문에, 지역마다 조례에서 규정하는 토지의 면적을 확인해서 분양자격을 따져 볼 필요가 있다.

■ 권리가액이 최소 분양평형의 최소 분양가 이상

주택도 아니고 토지면적이 90m² 미만이어도 아파트를 받을 수 있는 최후의 카드가 있다. **[내가 소유한 물건의 권리가액이 분양용 최소 규모 공동주택 1가구의 추산액 이상이면]** 아파트를 받을 수 있다. 예를들어 내가 가진 자산이 '상가'일 경우 '주택'도 아니고 '90m² 이상의 토지'도 아니지만, 권리가액이 추후 지어질 아파트의 최소평형 분양가보다 높으면 아파트를 받을 수 있다. 권리가액은 서울시 조례에서 **[관리처분계획일 기준으로 보유한 토지 등의 총 가액에서 분양대상조건에 해당되지 않는 토지 등을 제외한 가액]**으로 명확하게 정의하고 있는데, 내가 보유한 재개발구역 내 모든 부동산자산의 감정평가액을 더한 총 금액에서 '현금청산'이 되는 자산들의 감정평가액을 뺀 금액이 바로 권리가액인 것이다. 대중적으로 잘못 알려진 정보 중 하나가 이 권리가액에 대한 부분인데, 많은 사람들이 권리가액의 계산방식을 [감정평가액*비례율]로 알고 있다. 하지만 이는 잘못된 정보이며, 비례율은 권리가액 산정에 아예 포함되지 않는 요소이다.

- 만약 [권리가액 = 감정평가액*비례율] 이라면?
만약 권리가액이 [감정평가액*비례율]공식으로 정해지는 값이라면 발생하게되는 현실적 문제점이 있다.

"김씨"라는 가상의인물이 가진 물건을 세가지 사례로 구분해보자
1번 : 감정평가액 10억, 비례율 110%, 최소규모 공동주택 추산액 10억
2번 : 감정평가액 10억, 비례율 100%, 최소규모 공동주택 추산액 10억
3번 : 감정평가액 10억, 비례율 90%, 최소규모 공동주택 추산액 10억

감정평가액과 종후자산(신축아파트)의 조건은 동일하게두고 '비례율 조건만 변경한 3가지의 상황을 보면, "김씨"가 갖고있는 부동산의 가치는 변동이 없지만 비례율에 따라 권리가액이 1번은 11억 / 2번은 10억 / 3번은 9억으로 바뀌게 되

는 상황이 발생한다. 이렇게 되면 같은 자산이어도 비례율 책정에 따라 자산가치가 부족한 사람에게 분양자격이 생길 수도, 혹은 그 반대의 상황이 발생할 수도 있다. '비례율'은 뒷 챕터에서 자세히 다루지만, 간단히 요약해보면 아래와 같다.

[(일반분양가 총액+조합원분양가 총액-비용) / 종전자산 총액]

일반분양 총액은 시장상황과 인근아파트 시세에 따라 정하므로 고정금액으로 가정하고, 비용도 정량화된 기준이 있으므로 고정금액으로 보자. 그러면 남게되는 변수는 '조합원분양가 총액'과 '종전자산 총액(정비구역 내 감정평가 총액)'인데, 여기에 단순 산술적 개념을 적용해보면 조합원 분양가를 올리면 '분자'가 커지므로 비례율이 높아지고 종전자산 총액을 높이면 '분모'가 커지므로 비례율은 낮아진다. 즉, 권리가액이 [감정평가액*비례율] 이라면 보유중인 자산 그 자체가 분양대상의 기준이 되는 것이 아니고 '조합원분양가'와 '감정평가금액'의 변동에 따라 바뀌는 비례율을 의도적으로 조정하면 권리가액이 바뀌게 되어 이를 악용하는 상황이 발생할 수 있다.

기억하자! 권리가액은 자산 중 '현금청산'되는 자산을 뺀 감정평가액 총액을 말하고, 권리가액*비례율은 '분양기준가액'이다. 이 분양기준가액은 조합원의 추가분담금 혹은 환급금의 계산에 이용되는 것이고, 순수 '권리가액'이 분양대상인지 여부를 판단하는데 사용된다.

■ 판단의 기준

아파트 배정자격의 판단의 기준은 건축물 대장을 기본으로 하며, 사용승인일을 기준으로 삼는다. 만약 물건을 공유로 소유하고 있는 경우에는 등기부등본을 기준으로 하는데. 등기부등본에 기재되어 있는 공유자들의 면적을 환산하여 아파트 배정자격을 판단하고 날짜는 접수일자를 기준 삼는다. 단, 상속 등 특수상황의 경우는 접수일자가 아닌 원인일을 기준으로 인정한 판례가 있다.

MoneyS

재개발 투자 권리산정일, 등기기준일까 대장기준일까

[재개발현장 머니S클래스] 재개발 투자Q&A

[편집자주] 재개발에 대한 이해도를 높이는 동시에 올바른 투자 정보를 제공하기 위해 '재개발연구회'가 제보와 현장 취재 등을 통해 만드는 코너입니다. 현장의 숨은 이야기를 전하고 해당 입지에 대한 투자 가치와 성공 가능성을 분석합니다

서울 시내 전경 / 사진=이미지투데이

재개발연구회 현장탐방단 회원들과 재개발 이슈가 있는 현장을 다니며 여러 정보를 다뤄왔다. 최근에는 서울 합정역 인근에 부동산콘서트홀을 열어 방청객들과 실시간 라이브 세미나를 진행했다. 현장에 가서 눈으로 확인하는 탐방도 중요하지만 앞서 재개발 투자에서 반드시 알아야 하는 기본 지식도 필요하기 때문이다. 부동산콘서트홀을 찾아온 회원들의 질문은 기대보다 다양했다. 어떤 지역이 유망한 투자처인지 등에 대한 다소 막연하게 느껴지는 질문들도 있었지만 '권리

'산정기준일'과 '물딱지'(개발 구역의 철거민 등에게 아파트 특별 입주권이 없는 물건)등 아파트 배정 자격에 대한 질문도 있었다. 몇가지를 다뤄 일반인들의 재개발 투자에 대한 이해를 돕고자 한다.

Q 권리산정 기준일 전 신축으로 지어진 물건을 이후에 매수해도 물딱지가 되지 않는 것인가?

A 권리산정기준일을 정하는 이유는 신축 쪼개기와 같은 분양 대상자수 증가를 막기 위함이다. 거래를 막기 위한 목적은 아니다. 권리산정 기준일 이후의 금지 규정에 해당하는 대상 물건의 권리를 제한하는 규정으로 거래를 막거나 하는 것이 아니어서 물딱지인지 모르고 거래되는 경우가 종종 있다.

Q 권리산정 기준일 전인지 후인지 건축물대장과 등기부등본 가운데 무엇을 봐야 할까?

A 다소 분쟁의 소지 또는 해석의 변경 여지는 있지만 서울시 신속통합기획 재개발의 경우 권리산정 기준일의 물건 생성 인정 기준을 등기부 완성 여부로 판단한다. 모아타운은 해당 건축물의 착공 시점으로 판단하고 있다. 이전의 정상 물건은 권리산정 기준일 이후에 거래해도 문제가 없다. 반대로 권리산정 기준일 이후 신축 쪼개기와 같은 금지 물건은거래에 문제가 없어 이상없게 느껴질수 있으나 아파트 배정에서 제외되니 유의해야 한다.

Q 다물권자 규정에서 조합설립인가 이후 매수하면 하나의 조합원으로 묶이는데 인가 전 다물권자의 물건을 사면 이상이 없는 걸까?

A 문제가 없다. 다물권자 또는 다물권 세대 규정은 조합설립 인가일을 기준으로 구분한다. 바꿔서 말하면 조합설립인가 이전의 물건은 다물권자 또는 다물권 세대로부터 매입해도 각각의 분양자격에 문제가 없다.

[도움] 글/자료조사 : 재개발연구회 전영진 자문위원, 부동산콘서트홀
김노향 기자 (merry@mt.co.kr)

MoneyS

산업   유통   부동산   증권   전국

MoneyS

재개발 감정평가금액 올려 분양 평수 늘릴 수 있을까

[재개발현장 머니S클래스] 소형 평형→대형 평형 늘리는 방법

[편집자주] 재개발에 대한 이해도를 높이는 동시에 올바른 투자 정보를 제공하기 위해 '재개발연구회'가 제보와 현장 취재 등을 통해 만드는 코너입니다. 현장의 숨은 이야기를 전하고 해당 입지에 대한 투자 가치와 성공 가능성을 분석합니다

서울 강북구의 한 재개발 사업구역. 사진은 기사 내용과 관련 없음 /사진=김노향 기자

재개발이 진행되면 많은 토지등소유자의 관심은 감정평가액이다. 향후 조합원이 되어 배정받게 될 아파트의 분양가에서 감정평가액에 비례율을 곱한 금액을 차감해 추가분담금으로 내게 된다.

비례율은 정비사업(재개발·재건축)의 종후자산평가액 총액에서 비용을 뺀 후 종전자산평가액으로 나눈 값이다. 종후자산평가액은 쉽게 말해 분양수익이다. 비용에는 공사비를 포함한 각종 비용이 포함된다. 종전자산평가액은 조합원이 보

유한 감정평가액의 합계를 뜻한다.

즉 조합원이 가진 땅의 가치 대비 정비사업 분양수익을 통해 얻을 수 있는 이익 지표인 셈이다. 재개발연구회 회원들의 문답을 통해 해당 내용을 살펴본다.

조합원 관리처분 내역서를 받았는데 감정평가액이 낮아서 순위가 밀리고 소형 평형에 배정됐습니다. 감정평가액을 올리는 방법은 없을까요? 다른 조합원의 지분을 매입해서 감정평가액을 높이면 대형 평형을 배정받을 수 있을까요?

정비사업에서 조합원의 권리가액은 일반적으로 '감정평가액×비례율'의 개념으로 통한다. 하지만 이는 잘못된 것으로 투자자들을 혼란스럽게 만든다.

감정평가액에 비례율을 곱한 값을 분양기준가액이라고 한다. 관리처분 내역서상 존재하는 권리가액의 법적 정의는 감정평가액의 합으로만 규정한다. 질문자의 의도와 같이 감정평가액 합을 높여 이익을 독점하는 행위를 차단하고자 물건의 종류에 따라 일정 시점 이후에는 합산 배제 요건을 정해 권리가액의 합이 증가되지 않게 하고 있다.

권리가액은 감정평가액의 합이지만 합산에서 배제하는 감정평가액은 제외한 후의 값이다. 최근 이슈화가 된 권리산정 기준일 후의 신축 빌라는 권리가액이 '0'이 되는데 이 역시 감정평가액은 존재하지만 합산하지 않는다. 토지와 건축물의 면적도 '0'으로 산정돼 현금 청산된다.

물건 종류와 기준 시기를 따져 다른 토지등소유자의 물건을 매입시 합산할 수 있다. 반대로 합산배제 규정에 적용되지 않는 물건을 시기에 맞게 다른 토지등소유자로부터 일부 매입해 감정평가액을 높이는 방법이 가능하다.

[도움] 글/자료조사 : 재개발연구회 전영진 자문위원
김노향 기자 (merry@mt.co.kr

Money S

전국

증권

부동산

산업   유통

아파트가 사라진다! 재개발 투자 시 주의사항 3가지

재개발 투자가 어려운 이유 중 하나는 어디하나 믿을만한 답을 속시원하게 얻을 곳을 찾기 어렵다는 것이다. 게다가 재개발 사업에선 토지등소유자에게 아파트를 주지 않는 일종의 '관문'같은 규정들이 존재하는데, 조합원 자격 자체를 제한하기도 하고, 조합원이지만 분양 대상에선 제외시키기도 하며. 직·간접적 거래를 제한하거나 뜬금없이 분양신청을 제한하기도 한다. 이러한 사항들은 단순히 계약금이나 중개수수료의 손해를 넘어, 제값 주고 산 아파트에 대한 권리가 생판 모르는 사람과 N분의1 또는 '무효' 처리 되는 황당한 상황을 만들 수 있다.

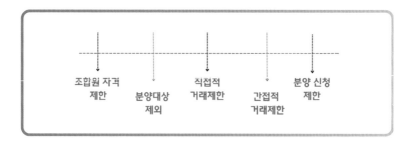

많아도 문제, 다물권자

1인이 동일한 정비구역 내에 물건을 다수 소유하고 있는 경우를 '다물권자'라고 칭한다. 당연히 불법은 아니지만, 재개발이 진행되면서 관련규정을 모른다면 큰 문제가 발생할 수 있다. 약간의 비약이 있지만 이해하기 쉽게 단순화 해서 표현하면, 권리산정기준일이 '물건'만의 권리를 확정하는 날짜라면 조합설립인가일은 조합원 '1인'의 권리와 의무를 확정하는 날짜이다. 기본적으로 1인의 조합원에게는 1개의 분양자격만 주어지므로, 다물권자는 조합설립인가 이후에는 가지고 있는 모든 자산이 '합산'되어 1개의 분양자격으로 묶이게 된다. 따라서 내가 조합설립인가 이후에 매수한 물건이 만약 다물권자의 물건이라면, 그 물건은 '합산'된 상태이므로 온전한 1개의 권리가 아닌 '다물권자'가 보유한 여러 개 물건 중 '지분'만큼의 권리만 가지게 된다. 이때 지분의 기준은 감정평가액이며 다물권자가 보유한 모든 물건의 감정평가액을 기준으로 매수한 물건이 차지하는 감정평가액의 비율만큼을 최종적인 지분으로 갖게된다.

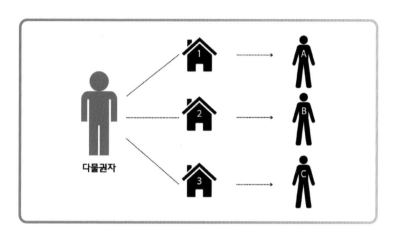

도시 및 주거환경정비법
제39조(조합원의 자격 등)
① (생략) 다음 각 호의 어느 하나에 해당하는 때에는 그 여러 명을 대표하는 1명을 조합원으로 본다.(생략)
1. 토지 또는 건축물의 소유권과 지상권이 여러 명의 공유에 속하는 때
2. 여러 명의 토지등소유자가 1세대에 속하는 때. 이 경우 동일한 세대별 주민등록표 상에 등재되어 있지 아니한 배우자 및 미혼인 19세 미만의 직계비속은 1세대로 보며, 1세대로 구성된 여러 명의 토지등소유자가 조합설립인가 후 세대를 분리하여 동일한 세대에 속하지 아니하는 때에도 이혼 및 19세 이상 자녀의 분가(세대별 주민등록을 달리하고, 실거주지를 분가한 경우로 한정한다)를 제외하고는 1세대로 본다.
3. 조합설립인가(조합설립인가 전에 제27조제1항제3호에 따라 신탁업자를 사업시행자로 지정한 경우에는 사업시행자의 지정을 말한다. 이하 이 조에서 같다) 후 1명의 토지등소유자로부터 토지 또는 건축물의 소유권이나 지상권을 양수하여 여러 명이 소유하게 된 때

만약 다물권자 규정에 해당되어 합산된 물건을 매수한 사람에게 또 다른 3자가 물건을 매수(손바뀜)하더라도 상황은 변하지 않기 때문에, 손바뀜이 여러 번 있었던 물건일수록 물건의 합산 여부를 파악하기는 어려워진다. 다물권자 물건이라 하더라, 조합설립인가 전에 매수하는 것이라면 해당 규정으로 '합산'되지 않기 때문에 아래의 3가지는 꼭 확인해야 한다.

1)매수시점 해당 지역의 조합설립인가 여부
2)매도인의 부동산 보유현황
3)조합설립인가 시점의 부동산 소유자

1)번과 3)번은 고시나 서류상으로 확인이 가능하지만 2)번의 경우는 매도인이 고의로 밝히지 않는 경우에는 사실상 확인 할 방법이 마땅치 않다. 조합에 문의하더라도 개인정보라는 이유로 공개하지 않을 확률이 높고, 관할청에서도 별반 다르지 않다. 따라서 조합설립인가 이후 재개발구역의 물건을 매수 할 때에는 앞선 챕터에서 다뤘던 정비사업구역 내 확인설명서 양식을 작성하여 추후 분쟁 시 근거자료로 활용하도록 준비해야 하고, 확실한 상황이 아니라면 조합설립인가 이후의 물건은 되도록 피하는 것도 좋은 방법일 수 있다. 장난스러울 수 있지만, 혹시 돈이 많다면 합산 대상인 다물권자의 물건을 '전부' 사버리면 온전한 아파트 1채의 권리를 가질 수 있다.

이런 사고도 조심하세요!
재개발지역에 신축업자가 다세대주택 준공 후 등기까지 완료한 상황. 이후 '조합설립인가'가 진행되었고, 이후 A씨가 해당 건물의 '미분양세대' 분양을 받은 경우 표면상은 '분양'이지만 실제로는 등기상 '신축업자'에게 매수를 한 것이므로 다물권자 규정과 동일하게 적용되어 합산된다. 다물권자의 여부나 주의사항 등을 조합에서 일일이 알려줄 의무는 없으며, 구청에서는 이러한 정보를 문의하는 사람들에게 조합에서 알려주도록 권고하고 있지만 개인정보는 민감한 부분이기 때문에 꺼리는 경우가 많다.

Q 다물권자 규정에서 조합설립인가일 이후에 물건을 매수하게 되면 하나의 조합원으로 묶이게 되는데 조합설립인가일 전에 다물권자 물건 중 하나를 매수하는 것은 이상이 없는 건가요?

A 네, 전혀 문제가 없습니다.
다물권자 또는 다물권 세대 규정은 조합설립인가일을 기준으로 구분합니다. 바꿔서 얘기하면 조합설립인가 이전의 물건은 다물권자 또는 다물권 세대로부터 매입하셔도 각각의 분양자격에 문제가 없습니다.

하나씩 있어도 문제, 다물권세대

동일 정비구역 내에 있는 물건들을 세대의 구성원이 각각 소유하고 있는 경우를 '다물권세대' 라고 한다. 다물권세대도 다물권자와 마찬가지로 조합설립인가일을 기준으로 권리가 합산된다. 즉, 세대의 구성원을 각자의 개인으로 보지 않고 '세대' 자체를 1인의 조합원으로 보는것이다(도정법 39조).

따라서 동일 정비구역 내에 조합설립인가일 이후 동일 세대원이 각각 가지고 있는 물건이 있다면 1개의 권리로 모두 합산된다. 다물권세대도 다물권자와 마찬가지로 조합설립인가일 이전 각각 매도하는 경우 합산되지 않고 1개의 권리를 인정받게 되는데, 이혼이나 분가를 하는 방식으로도 인정받을 수 있다.

Q 제 아들이 미성년자인데 결혼을 빨리하게 돼서 가족들과 함께 가깝게 살기 위해 ○○지역에 집 한 채를 마련해주었습니다. 근데 ○○지역이 재개발을 추진하면서 제 집 한 채와 아들 집 한 채가 묶여서 아파트 한채를 받는다고 하더군요. 저희 아들이 미성년자지만 결혼을 했는데 세대분리가 된 게 아닌가요?

A 네, 아드님이 결혼은 했지만 아직 미성년자기 때문에 세대 분리가 된 것이 아닙니다. 재개발 구역에서 각각의 분양권을 받기 위해서는 결혼여부와 상관없이 만 20세가 넘어야 하기 때문에 이번 사례는 아파트 한채를 받게 됩니다

다만 주의사항이 몇 가지 있는데, 자녀의 경우 20세 성인이 되어 세대 분리까지 완료해야 온전히 권리가 분리되고 배우자의 경우 이혼을 하지않는 한 세대 분리가 되지 않는다. 또한 복수의 정비구역이 통합되는 경우에도 다물권자, 다물권세대 규정에 적용받게 되는데, 구역끼리 거리가 멀거나 강 건너에 있어서 물리적으로 구분되어 있더라도 행정적으로 같은 정비구역에 포함된 사업대상지라면 합산되니 반드시 확인이 필요하다.

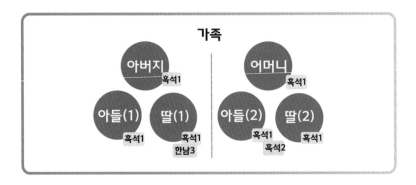

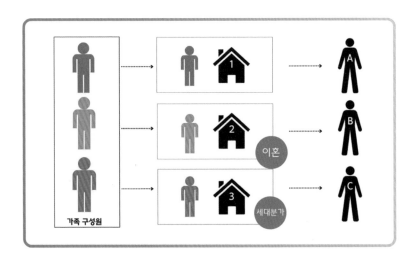

다물권세대 판례

가. 구 "도시 및 주거환경정비법"(2017. 2. 8. 법률 제14567호로 개정되기 전의 것, 이하 '구 도시정비법'이라고 한다) 제19조 제1항은 '정비사업(시장·군수 또는 주택공사 등이 시행하는 정비사업을 제외한다)의 조합원은 토지등소유자(주택재건축사업의 경우에는 주택재건축사업에 동의한 자만 해당한다)로 하되, 다음 각 호의 어느 하나에 해당하는 때에는 그 수인을 대표하는 1인을 조합원으로 본다'고 규정하면서, 제1호에서 "토지 또는 건축물의 소유권과 지상권이 수인의 공유에 속하는 때"를, 제2호에서 "수인의 토지등소유자가 1세대에 속하는 때(이 경우 동일한 세대별주민등록표 상에 등재되어 있지 아니한 배우자 및 미혼인 20세 미만의 직계비속은1세대로 보며, 1세대로 구성된 수인의 토지등소유자가 조합설립인가 후 세대를 분리하여 동일한 세대에 속하지 아니하는 때에도 이혼 및 20세 이상 자녀의 분가를 제외하고는 1세대로 본다)"를, 제3호에서 "조합설립인가 후 1인의 토지등소유자로부터 토지 또는 건축물의 소유권이나 지상권을 양수하여 수인이 소유하게 된 때"를 규정하고 있다.   구 도시정비법 제19조는 2009. 2. 6. 법률 제9444호로 개정되었다. 종래에는 "토지또는 건축물의 소유권과 지상권이 수인의 공유에 속하는 때"에만 조합원의 자격을제한하였으므로, 조합설립인가 후 세대분리나 토지 또는 건축물 소유권 등의 양수로 인해 조합원이 증가하여 정비사업의 사업성이 저하되는 등 기존 조합원의 재산권 보호에 미흡한 측면이 있었다. 이에 2009. 2. 6. 개정된 구 도시정비법 제19조는일정한 경우수인의 토지 등 소유자에게 1인의 조합원 지위만 부여함으로써 투기세력 유입에 의한정비사업의 사업성 저하를 방지하고 기존 조합원의 재산권을 보호하고 있다.이와 같은 구 도시정비법의 규정 내용과 취지, 체계 등을 종합하여 보면, 주택재건축사업 조합설립인가 후 1세대에 속하는 수인의 토지등소유자로부터 각각 정비구역안에 소재한 토지 또는 건축물 중 일부를 양수한 수인의 토지등소유자와 양도인들사이에서는 구 도시정비법 제19조 제1항 제2호, 제3호가 중첩 적용되어 원칙적으로 그 전원을 대표하는 1인을 조합원으로 보아야 한다.

나. 원심은, 그 판시와 같은 이유로 소외 1로부터 부동산을 양수한 원고들 및 소외 1의 처인 소외 2로부터 부동산을 양수한 소외 3 등과 사이에 구 도시정비법 제19조 제1항 제2호, 제3호가 중첩 적용되어 이들 전원을 대표하는 1인을 대표조합원으로 정해야 한다고 보기 어렵고, 구 도시정비법 제19조 제1항 제3호에 따라 원고들 사이에서 그 수인을 대표하는 1인을, 소외 3 등 사이에서 그 수인을 대표하는 1인을 각대표조합원으로 정하면 된다고 판단하였다.

다. 앞서 본 법리에 비추어 살펴보면, 이러한 원심의 판단에는 구 도시정비법 제19조 제1항 제2호, 제3호의 중첩 적용에 관한 법리를 오해하고 필요한 심리를 다하지 아니한 잘못이 있다. 그러나 아래에서 보는 바와 같이 원고들에 대한 분양신청통지 절차의 하자가 중대·명백하다는 이유로 이 사건 관리처분계획 중 원고들을 현금청산자로 정한 부분을 무효로 보는 이상, 위와 같은 잘못이 판결의 결과에 영향을 미쳤다고 할 수는 없다. 따라서 이 점을 지적하는 피고의 상고이유 주장은 받아들일 수 없다.

투기과열지구
5년 재당첨(?)금지

두정법과 소정법에서는 아무리 찾아봐도 '새낭섬금지' 라는 단어는 나오지 않는다. 이유는 간단한데, 엄밀히 말해서 조합원은 아파트에 '당첨'되는 것이 아니라 조합원으로서 분양신청 자격으로 '분양신청'을 하는 것이기 때문이다. 따라서 '재당첨금지'가 아닌 '분양신청제한'이라는 표현이 올바른 표현이다.

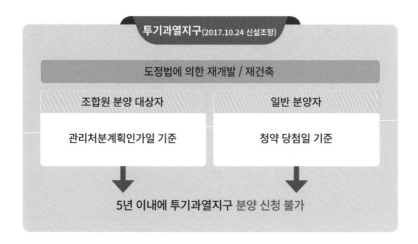

위의 신설조항은 도정법에만 추가되어 투기과열지구 내에서의 '분양신청'을 5년간 제한하고 있고, 소정법에는 해당되지 않은 조항이다. 예를 들어, 현재 투기과열지구 내 소정법에 해당되는 사업인 '가로주택정비사업' 물건의 분양대상자라면, 투기과열지구내 도정법상 재개발 물건을 매수 하더라도 '5년 분양신청 제한' 조건에는 해당되지 않는다.

분양신청제한

도정법상 재개발·재건축 아파트의 분양방법은 조합원분양과 일반분양으로 나뉘는데, 투기과열지구 내 '도정법'에 해당되는 정비사업의 일반분양 당첨자 또는 관리처분계획에 의해 분양대상자로 선정된 조합원은 투기과열지구 내 또 다른 정비사업에 일반분양이나 조합원분양 신청을 5년 동안 제한하는 규정이다. 만약 투기과열지구 내

'도정법'에 속하지 않는 사업의 일반분양자 혹은 '소정법'에 의한 개발사업(가로주택정비사업, 소규모재건축 등)의 관리처분계획에 따른 조합원 분양대상자인 경우에는 해당되는 내용 없이 분양신청에 제한을 받지 않는다.

도시 및 주거환경 정비법
제72조(분양공고 및 분양신청)
① ~ ⑤ 항 생략
⑥ 제3항부터 제5항까지의 규정에도 불구하고 투기과열지구의 정비사업에서 제74조에 따른 관리처분계획에 따라같은 조 제1항 제2호또는 제1항제4호가목의 분양대상자 및 그 세대에 속한 자는 분양대상자 선정일(조합원 분양분의 분양대상자는 최초 관리처분계획 인가일을 말한다)부터 5년 이내에는 투기과열지구에서 제3항부터 제5항까지의 규정에 따른 분양신청을 할 수 없다. 다만,상속, 결혼, 이혼으로 조합원 자격을 취득한 경우에는 분양신청을 할 수 있다

여기서 주의사항이 있는데, 분양신청을 할 수 없다는 의미가 분양신청의 '행위'를 금지하는 것이 아닌 분양신청을 하더라도 '의미'가 없다는 뜻으로 해석해야 한다. 즉, 유효기간이 지난 이벤트 쿠폰을 제출하는 것은 가능하지만 쿠폰의 효력이 없어 혜택을 받지 못하는 상황에 대입해서 이해하면 된다. 따라서 거래도 가능하고 분양신청까지 가능하지만, 분양신청의 효력이 없으므로 아파트를 받지 못하는 사실은 뒤늦게 알게 되는 경우가 종종 발생한다.

도시 및 주거환경정비법 [시행 2018. 2. 9.] [법률 제14567호, 2017. 2. 8., 전부개정] 에 따라관련 법령의 순번이 바뀌어(43조가 72조로 바뀌는 등) 직접 법령을 찾다보면 굉장히 헤멜 수 있다. 다음 페이지에 첨부된 부칙의 내용과 함께 예시의 5가지 사례를 QR코드 해설영상과 함께 투기과열지구 내 5년재당첨금지 규정을 자세히 알아보자.

사례로 해석해보기

무료해설영상 보러가기 ▶ www.bucon.tv

사례1) 여러 개 물건(A, B)을 가지고 있는 경우인데 그 물건들이 이법 시행
(2017년 10월 24일) 전 투기과열지구가 되었고 2018년 1월에 A가 관리처분
인가가 난 경우, B가 그 다음 연도인 2019년 1월에 분양신청을 할 수 있는지?

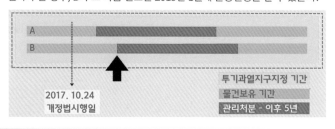

사례2) 여러 개 물건(A, B)을 가지고 있는 경우인데 그 물건들이 이법 시행
(2017년 10월 24일) 전 투기과열지구가 되었고 2016년 1월 1일 A가 이미 관
치러분을 받았는데 B가 2019년 1월에 분양신청을 할 수 있는지?

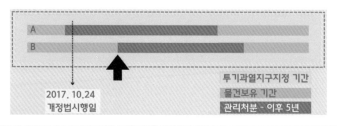

사례3) 물건(A)을 가지고 있는 경우, 그 물건이 이법 시행(2017년 10월 24일)
전 투기과열지구가 되었고 2016년 1월 1일에 A가 관리처분을 받았는데 이법
시행 이후 2018년 1월 1일 투기과열지구의 B를 매입했다면 2019년 1월 1일에
B를 분양신청을 할 수 있는지?

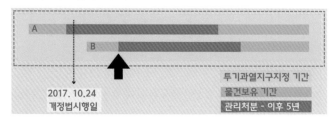

사례4) 물건(A)을 가지고 있는 경우, 그 물건이 이법 시행 이후(2018년 1월 1일)에 투기과열지구가 되었고 다시 이후 2019년 1월 1일 관리처분을 받았는데 이법 시행 이후 2019년 1월 1일 투기과열지구의 B를 매입했다면 2020년 1월 1일 분양신청을 할 수 있는지?

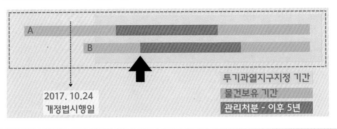

사례5) 물건(A)을 가지고 있는 경우, 그 물건이 이법 시행 이전(2016년 1월 1일) 투기과열지구가 되었고 다시 이후 2019년 1월 1일 관리처분을 받았는데 이법 시행 이후 2019년 1월 1일 투기과열지구가 아닌 지역의 B를 매입했다면 2020년 1월 1일 분양신청을 할 수 있는지?

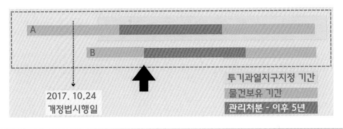

부칙 <법률 제14943호, 2017. 10. 24.>

제1조 ~ 제3조 생략

제4조(투기과열지구 내 분양신청 제한에 관한 경과조치)

이 법 시행 전에 투기과열지구의 토지등소유자는 제46조제3항의 개정규정에도 불구하고 종전의 규정을 적용한다. 다만, 다음 각 호의 어느 하나에 해당하는 경우에는 그러하지아니하다.

1. 토지등소유자와 그 세대에 속하는 자가 이 법 시행 후 투기과열지구의 정비사업구역에 소재한 토지 또는 건축물을 취득하여 해당 정비사업의 관리처분계획에 따라 제48조제1항제3호가목의 분양대상자로 선정된 경우

2. 토지등소유자와 그 세대에 속하는 자가 이 법 시행 후 투기과열지구의 정비사업의 관리처분계획에 따라 제48조제1항제3호나목의 분양대상자로 선정된 경우

별 다섯 개 밑줄 열 개!
권리산정기준일의
이해 A to Z

재개발투자 시 수익성이 가장 중요한 건 당연한 사실이다.

하지만 앞서 따져봐야 할 핵심포인트는 매수물건이 '안전한' 물건인지 확인하는 것이다. 매수한 물건이 현금청산 대상인 물딱지가 되거나 매수가보다 낮게 팔아야 하는 속쓰린 경험을 하지 않기 위해서는 아파트를 확실하게 받을 수 있는 권리여부를 꼼꼼히 따져봐야 한다. 이제부터 다룰 내용인 '권리산정기준일'은 물딱지를 피하기 위해 1순위로 확인해야 할 가장 중요한 사항이다.

일단, 권리산정기준일을 알아보기 전에 지분쪼개기에 대해 알아둘 필요가 있다. 지분쪼개기의 개념을 알아야 권리산정기준일을 이해할 수 있고, 재개발에서 권리산정기준일과 지분쪼개기는 떼려야 뗄 수 없는 관계이기 때문이다. 재개발 사업의 '태생' 자체가 발전이 멈춰 노후된 지역이 새아파트와 최신 편의시설, 쾌적한 생활여건을 가진 지역으로 탈바꿈하여 지역의 가치가 '수직상승' 되는 것이기 때문에 가치상승의 프리미엄을 수익화하기위한 머리좋은(?) 사람들의 손길이 당연히 닿을 수 밖에 없다. 그 손길이 바로 지분쪼개기이다.

아래의 그림은 당장 이해하기 어렵겠지만, 본 챕터를 다 읽고나면 그림의 의미를 명확하게 알게 될 것이다.

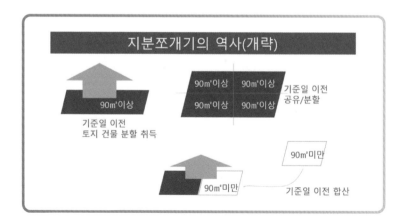

지분쪼개기　　　　　**유명한 빵집 사장님이** "케이크 구매 후 한 조각을 매장에 다시 가져오면 상품을 드립니다" 이벤트를 한다고 상상해보자(아마도 고객들의 재방문을 유도하기 위한 이벤트일 것이다). 사람들은 케이크를 맛있게 먹고 한 조각씩 포장지에 담아 다시 빵집에 방문하여 즐겁게 이벤트 상품을 받아 갈 것이다. 하지만 세상에는 남들과는 다르게 행동하는 사람이 꼭 있는데, 어디선가 나타난 '김씨'는 케이크 하나를 '10조각'으로 잘라 빵집에 찾아가 '상품10개'를 요구하였다. 당황한 빵집 사장님은 당연히 거절했지만 김씨는 이벤트 문구를 가리키며 당당한 목소리로 빵집 사장님에게 말했다.

"케이크 하나당 한조각이라 한 적 없고, 상품도 한 개만 준다고 한 적 없잖아요"

빵집 사장님은 황당했지만 김씨가 보통사람이 아닌 것 같기도 하고, 평소 단골이었던 점을 감안하여 본인의 이벤트 실수를 인정하고상품 10개를 모두 증정했다. 가상의 이야기이지만, 현실의 지분쪼개기와 개념적으론 같다. 빵집에 가져가는 한조각이 아파트를 받을 수 있는 '권리'이고, 이벤트상품이 '아파트 프리미엄'이라고 바꿔 대입하면 '김씨'는 같은돈을 주고 산 빵을 가지고 프리미엄을 하나씩만 받은 다른 사람들보다 '지분쪼개기'를 통해 9개의 프리미엄을 추가로 받은 흔치않은 소비자인 셈이다.

이처럼 한 조각(권리)으로 인정되는 명확한 기준이 없다면 케이크 조각이 나눠지는 대로 '무한정' 권리가 생성되어 큰 문제가 생기게 된다. 따라서 현실세계의 법에서는 앞서 다뤘던 분양대상조건(주택 / 90m²토지 / 권리가액)을 바로 한 조각(권리)의 최소기준으로 명확하게 정의하고 있는 것이다.

지분쪼개기의 기본개념은 결국 분양대상 조건을 충족하다 못해 과분한 어떤 물건을 법에서 정한 '분양대상조건을 충족하는 기본 단위로 쪼개서' 개발 후 지어질 새아파트를 받을 수 있는 **'권리'의 갯수를 물리적/법적으로 늘리는 것**이다.

신축쪼개기   투자자들은 법외 테두리 안에시 권리의 개수를 늘리기 위한 방법을 눈에 불을켜고 찾아냈다. 토지분할과 다가구 다세대 전환 등 여러 방식이 있지만 가장 대표적인 방식이 바로 '신축쪼개기'이다. 기존의 다가구주택이나 단독주택을 허물고 다세대주택을 신축하거나 빈 땅을 매입하여 다세대주택을 신축하는 방식인데, 1~2개뿐인 권리를 수십개의 권리로 늘릴 수 있고 재개발이슈를 통한 프리미엄을 생각하면 시행자 입장에선 사업성이 상당히 높다. 서울에서 공급되는 신축빌라의 많은 비중이 이 '신축쪼개기'라 해도 크게 틀린 말은 아닐것이다.

그런데 만약 재개발구역에 신축쪼개기가 무한정 들어오게 되면 필연적으로 발생하는 부작용이 있는데, 재개발 필수요건인 노후도가 점점 낮아지고 조합원 수가 신축되는 세대수 만큼 증가하게 된다. 재개발에선 유일한 외부자금 유입이 일반분양을 통한 수익이기 때문에 정해진 대지와 용적률 내에서 일반분양 수익을 극대화해야 한다. 이러한 구조에서 조합원의 수가 계속 늘어나는 것은 결국 조합원물량의 증가로 인한 일반분양물량의 감소로 이어지고, 이는 곧 사업성의 저하와 맞물려 재개발사업 자체가 무산될 수 있다.

이러한 관점에서 앞의 유명한 빵집 예시를 다시 한 번 생각해보면 사장님의 진정한 이벤트 실수는 다른 곳에 있었는데, 바로 **이벤트의 기한을 정해놓지 않은 것**이다. '끝나지 않는 영원한 이벤트' 로 인해 제2,제3의 김씨가 나타나 빵집 사장님은 폐업할 때 까지 무한정 상품을 지급하다가 쓰디쓴 폐업의 상황에 직면하게 될 수 밖에 없다.

이를 현실속 재개발 관점에서 해석해보면, 신축쪼개기를 포함한 각종 지분쪼개기를 통해 아파트를 받을 권리가 계속 생산되더라도 이를 통제할 수 있는 기준날짜가 없는 상황과 같다. 만약 쪼개기기를 통제할 수단이 없다면 재개발이 필요한 노후된 지역은 '재개발사업'이 아닌 '신축빌라'로 개발이 끝나버릴 것이다.

통제수단

결국 재개발사업의 본질인 국민의 주거환경개선이라는 공익적 목적을 달성하기 위해선 무분별한 신축쪼개기와 이로인해 발생하는 시장의 투기과열현상을 통제할 강력한 통제수단이 필요했다. 지구단위계획수립, 토지거래허가구역, 건축행위제한 등 기존의 제도적 장치들은 특별한 명분이 있어야만 지정할 수 있었고 '쪼개기' 자체가 딱히 불법행위도 아니었으며, 빌라의 신축행위를 명분없이 무작정 금지하는 것은 국가가 자유를 억압하는 폭정이라 비난받을 것이다. 그래서 생겨난 것이 바로 '권리산정기준일'이며, 권리산정기준일은 어떠한 행위제한이나 처벌 없이 자연스레 재개발지역의 쪼개기 행위를 멈추게 할 수 있는 만능 치트키이자 언제 터질지 모르는 시한폭탄같은 존재이다.

권리산정의 기준이 되는 날

권리산정기준일의 임무는 오직 하나다. 권리산정기준일 다음날부터는 아파트를 받을 수 있는 어떠한 권리도 추가생성될 수 없다. 말 그대로 권리산정의 기준이 되는 날짜다. 만약 권리산정기준일 이후에 어떠한 방식으로라도 새아파트를 받는 권리를 늘리는 행위가 있다면, 정해진 규칙에 따라 예외 없이 물딱지가 되어버린다.

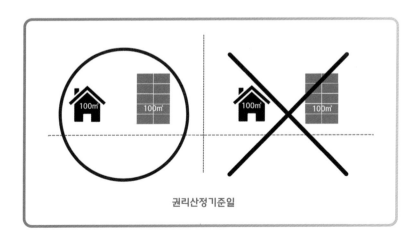

권리산정기준일

서울시 도시 및 주거환경정비 조례
제2조(정의)

"권리산정기준일"은 법 제77조에 따른 건축물의 분양받을 권리를 산정하기 위한 기준일로서 법 제16조제2항에 따른 고시가 있은 날 또는 시장이 투기를 억제하기 위하여 기본계획 수립 후 정비구역 지정·고시 전에 따로 정하는 날을 말한다.

도시 및 주거환경정비법
제77조(주택 등 건축물을 분양받을 권리의 산정 기준일)

① 정비사업을 통하여 분양받을 건축물이 다음 각 호의 어느 하나에 해당하는 경우에는 제16조제2항 전단에 따른 고시가 있은 날 또는 시·도지사가 투기를 억제하기 위하여 제6조제1항에 따른 기본계획 수립을 위한 주민공람의 공고일 후 정비구역 지정·고시 전에 따로 정하는 날(이하 이 조에서 "기준일"이라 한다)의 다음 날을 기준으로 건축물을 분양받을 권리를 산정한다

1. 1필지의 토지가 여러 개의 필지로 분할되는 경우
2. 「집합건물의 소유 및 관리에 관한 법률」에 따른 집합건물이 아닌 건축물이 같은 법에 따른 집합건물로 전환되는 경우
3. 하나의 대지 범위에 속하는 동일인 소유의 토지와 주택 등 건축물을 토지와 주택 등 건축물로 각각 분리하여 소유하는 경우
4. 나대지에 건축물을 새로 건축하거나 기존 건축물을 철거하고 다세대주택, 그 밖의 공동주택을 건축하여 토지등소유자의 수가 증가하는 경우
5. 「집합건물의 소유 및 관리에 관한 법률」 제2조제3호에 따른 전유부분의 분할로 토지등소유자의 수가 증가하는 경우

권리산정기준일을 벗어난 물건을 매수하면 토지등소유자이면서 조합원이 되는 것은 맞지만 현물청산(아파트)이 아닌 현금청산 대상자(물딱지)가 되는 것이다. 법에서는 물딱지에 대한 '거래'를 막는 규제는 별도로 하고있지 않기때문에 이를 모르는 투자자들이 물딱지를 매수하는 사례가 적지않을 것으로 생각된다.

권리의
합산과 배제

서울시 조례에서는 권리산정기준일 이후 쪼갠 권리들을 '합산'하여 하나의 권리로 묶어버리거나, 아파트를 받을 수 있는 권리에서 '배제'하여 현금청산 대상자로 분류하는 기준을 굉장히 구체적이고 명확하게 정해놓고 있다.

서울시 도시 및 주거환경정비 조례
제36조(재개발사업의 분양대상 등)
② 제1항에도 불구하고 다음 각 호의 어느 하나에 해당하는 경우에는 여러 명의 분양신청자를 1명의 분양대상자로 본다.
1. 단독주택 또는 다가구주택을 권리산정기준일 후 다세대주택으로 전환한 경우
2. 법 제39조제1항제2호에 따라 여러 명의 분양신청자가 1세대에 속하는 경우
3. 1주택 또는 1필지의 토지를 여러 명이 소유하고 있는 경우. 다만, 권리산정기준일 이전부터 공유로 소유한 토지의 지분이 제1항제2호 또는 권리가액이 제1항제3호에 해당하는 경우는 예외로 한다.
4. 1필지의 토지를 권리산정기준일 후 여러 개의 필지로 분할한 경우
5. 하나의 대지범위에 속하는 동일인 소유의 토지와 주택을 건축물 준공 이후 토지와 건축물로 각각 분리하여 소유하는 경우. 다만, 권리산정기준일 이전부터 소유한 토지의 면적이 90제곱미터 이상인 자는 예외로 한다.
6. 권리산정기준일 후 나대지에 건축물을 새로 건축하거나 기존 건축물을 철거하고 다세대주택, 그 밖에 공동주택을 건축하여 토지등소유자가 증가되는 경우

서울시 도시 및 주거환경정비 조례
제36조(재개발사업의 분양대상 등)
③ (생략) 권리가액을 산정함에 있어 다음 각 호의 어느 하나에 해당하는 토지는 포함하지 않는다.
1. 「건축법」 제2조제1항제1호에 따른 하나의 대지범위 안에 속하는 토지가 여러 필지인 경우 권리산정기준일 후에 그 토지의 일부를 취득하였거나 공유지분으로 취득한 토지
2. 하나의 건축물이 하나의 대지범위 안에 속하는 토지를 점유하고 있는 경우로서 권리산정기준일 후 그 건축물과 분리하여 취득한 토지
3. 1필지의 토지를 권리산정기준일 후 분할하여 취득하거나 공유로 취득한 토지

아파트 입주하려 재개발 투자했는데 1채 다 못받는다니?

[재개발현장 머니S클래스]] 역세권 재개발 추진구역 내 신축빌라 매수시 체크포인트

[편집자주] 재개발에 대한 이해도를 높이는 동시에 올바른 투자 정보를 제공하기 위해 '재개발연구회'가 제보와 현장 취재 등을 통해 만드는 코너입니다. 현장의 숨은 이야기를 전하고 해당 입지에 대한 투자 가치와 성공 가능성을 분석합니다

아파트 입주하려 재개발 투자했는데 1채 다 못받는다니? /그래픽=이미지투데이

재개발시 감정평가는 구옥보다 신축 빌라가 높게 나오는 편이다. 그리고 재개발이 진행되기 전까지 건물관리도 구옥보다 신축이 수월하다. 그래서 재개발에 투자할때 신축 빌라를 사려는 투자자들이 많다. 문제는 수요가 많다 보니 재개발 구역에 신축 빌라 공급도 늘어 노후도가 낮아지게 된다. 이 때문에 재개발 진행이 불가해지기도 한다. 반대로 노후도 요건을 만족하는 곳의 신축 빌라는 투자해도 된다는 의미가 된다. 확인해야 하는 부분은 노후도만이 아니다. 분양자

격 여부도 확인해야 한다는 것을 모르는 투자자들이 많다. 권리산정기준일 외에 '합산' 규정 등 복잡한 규정도 투자 시 주의가 필요하다. 재개발연구회 회원들의 질문을 통해 관련 규정을 살펴보자.

Q. 역세권 재개발 사업은 용적률 인센티브를 많이 받을 수 있는데 역세권 활성화 사업의 경우 신속통합기획, 모아타운처럼 권리산정기준일을 알 수 있는 내용이 없는 것 같다. 투자시 주의점은 무엇인가.

A. 역세권의 특성상 아파트보다 상가와 업무시설이 용도에 적합한 경우가 많다. 활성화된 상권은 주민의 개발 의지가 약해 재개발을 저해하는 요소가 된다. 번화가나 대학가 등의 역세권은 오래된 저층 건물로 이뤄진 경우가 많은데 이 같은 이유다.

이로 인해 지구단위계획, 기본계획, 재정비촉진지구 등이 오래 전 지정된 상태로 현재까지 이어진 지역이 많다. 개발시 아파트를 짓지 못하도록 하는 조항이 포함된 경우도 종종 있다. 이는 지구단위계획 결정도면을 확인해야 알 수 있다.

무엇보다 중요하게 봐야 하는 것은 서울특별시 '도시 및 주거환경 정비조례'(이하 '서울시 조례')에 권리산정기준일이 신설된 2010년 7월15일을 기준으로 '구조례'와 '신조례'의 적용이다.

2010년 7월15일 이전에 지구단위계획이나 정비기본계획이 수립된 지역이면 구조례를 적용한다. 이후에 지정된 지역은 신조례를 적용한다. 구조례가 적용되는 경우 조례의 제·개정 시점의 물건 상태에 따라 권리의 유무가 결정된다. 신조례가 적용되는 경우는 지정된 권리산정기준일마다 요구하는 물건의 상태를 보면 된다.

신조례의 경우 권리산정기준일을 확인하는 것이 간단하지만 구조례는 조례의

세·개성바나 날라시는 내붕늘이 있기 때문에 전문가들조차 어려워 하는 경우가 많다.

예를 들어 2010년 7월15일 이전에 지구단위계획으로 지정된 지역에 신축 빌라를 매수할 때 구조례를 적용해 합산 여부를 확인해야 한다. 이때 해당 빌라가 2008년 7월30일을 기준으로 이전에 건축허가를 신청한 빌라이면 세대마다 아파트 1채의 권리가 있다. 이후에 건축허가를 신청한 물건이면 빌라 전체가 1채의 아파트 권리로 합산된다.

하나의 구조례 예시만 봐도 따져봐야 할 기준이 많고, 더욱 조심해야 하는 사항이 있다. 오래 전 지정된 지구단위계획이나 기본계획이 '해제'되지 않은 상태에서 10~20년이 지난 시점에 신통이나, 역세권 재개발 등의 사업이 추진되는 경우다. 이때는 구조례를 적용한다. 현재의 권리산정기준일만 따지면 잘못된 해석으로 합산돼 아파트를 분양받지 못하는 상황에 놓일 수 있다.

[도움] 글/자료조사 : 부동산콘서트홀 김종화 본부장

Q 같은 지역에 권리산정기준일 날짜가 중복적용 되는 경우 어떻게 판단할까?

[모 지역에 정비기본계획이 수립되고 어느정도 시간이 지난 뒤 정비구역으로 지정되었다. 이후 어떠한 사유로 인해 정비구역이 해제되었고, 이로인해 신축쪼개기 건물이 많이 들어섰으며 이후 해당 지역은 재정 비촉진지구 대상지로 선정되었다] 이 경우 신축쪼개기 건물은 아파트를 받을수 있는 권리가 있을까?

A 권리가 없는 물딱지이다. 정비구역이 해제되었더라도 그 전에 지정된 정비기본계획은 살아있기 때문이다. 정비기본계획이 그대로 살아있는 상태로 신속통합기획 구역으로 새로이 지정 되었다면 먼저 적용된 날짜가 유효하다.

즉, 이 예시에서 도정법상 권리산정기준일과 신속통합기획의 권리산정기준일은 구분해서 봐야하며, 다른 경우라도 어떤 사업이 추진된다면 그 앞에 유효한 계획(권리산정기준일에 영향있는)이 있는지 확인해야 한다. 앞의 요소가 명확하게 '해지'되지 않는다면 그것은 효력이 있는 날짜인 것을 명심하자.

많은 투자자가 헷갈려하는 부분중의 하나인 재정비촉진지구 같은 경우에도 자칫 '특별법 우선의원칙'을 떠올려 권리산정기준일을 촉진지구 지정일로 생각할 수 있는데, 이 역시도 촉진지구 지정일 전에 권리산정기준일이 지정된 사항이 있는지 확인해야 한다. 권리산정기준일의 태생 자체가 '쪼개기'를 방지하기 위함이기때문에 앞단의 권리산정기준일을 절대로 무시하면 안되는 것이다.

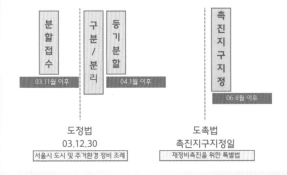

비슷한 예시로 기본계획이 수립되지 않은 지역이 재정비촉진지구로 지정되었다가 존치정비지역으로 변경 후 다시 재정비촉진지구로 변경된 경우가 있다면? 최초 재정비촉진지구로 지정된 날짜를 권리산정구역으로 본다. 만약 최초 재정비촉진지구 지정 이후 지자체장에 의해 '직권해지'이후 시간이 흘러 다시 재정비촉진지구로 지정이 된 경우라면 새로이지정된 날짜를 권리산정기준일로 본다.

MoneyS

재건축 상가 지분 쪼개기 투자해도 '물딱지'

[재개발현장 머니S클래스]]재개발 투자Q&A

[편집자주] 재개발에 대한 이해도를 높이는 동시에 올바른 투자 정보를 제공하기 위해 '재개발연구회'가 제보와 현장 취재 등을 통해 만드는 코너입니다. 현장의 숨은 이야기를 전하고 해당 입지에 대한 투자 가치와 성공 가능성을 분석합니다

정비사업(재개발·재건축) 조합원 매물에 투자 문턱이 높다 보니 상가 지분 쪼개기에 기획부동산들이 틈새를 노리고 활개를 치고 있다. /사진=이미지투데이

재건축 추진 아파트의 단지 내 상가 일부를 공유 또는 구분등기해 투자하는 행위가 사업에 방해가 되는 경우가 적지 않다. 청약 당첨의 확률은 점점 낮아지고 새 아파트를 살 수 있는 정비사업(재개발·재건축) 조합원 매물도 투자 문턱이 높다 보니 상가 지분 쪼개기에 기획부동산들이 틈새를 노리고 활개를 치고 있다. 모호한 법률 규정들도 문제다.

재개발연구회 현장탐방단 회원들은 지난 4일 부동산콘서트홀에 모여 정비사업 각종 이슈에 대한 정보를 공유했다. 재개발·재건축 지역의 지분 쪼개기 매입 가능여부는 가장 관심이 많은 주제였다. 그중 몇가지 질문과 답을 통해 독자들의 투자에 도움이 되고자 한다

Q 조합설립인가 후 합산된 다물권자의 물건을 1개 매입하는 경우 권리가 합산돼 해당 물건의 지분만큼 권리를 갖는데, 이때 지분 기준은 해당 세대원 수인가, 아니면 해당 세대원 물건 전체의 감정평가액인가?

A 합산할 모든 권리권자의 각자 권리가액(감정평가액 합계, 비례율을 반영하지 않은 금액을 기준으로 함)을 더해 분모로 놓고 각 권리가액을분자로 놓아 지분율을 결정한다. 예를 들어 합산 기준에 적용되는 신축쪼개기 물건을 매입했고 인정되는 권리가액의 합계가 A는 5억원, B는3억원, C는 2억원이라면 A의 향후 아파트 권리는 전체 10억원 대비 A의 권리가액 비율인 ½이 된다.

Q 재건축 상가 지분를 쪼개서 투자해도 될까

A 최근 법령이 개정돼 상가 쪼개기 유형을 권리산정에서 제외된다. 아파트 배정을 제외하는 규정이 2024년 1월30일부터 시행됐다. 합산 규정에도 해당하지 않아 여러 사람이 아파트 한 채를 공유로 취득하는 것이아닌 모두 현금청산 대상이다. 문제는 해당 법률이 시행되기 이전에 매입한 물건들의 경우다. 이전 규정이 적용된다고 잘못 아는 경우가 많지만 불소급의 원칙을 적용한다. 이미 진행되는 재건축 지역이 아닌 신규지역의 경우 모두 개정법이 적용돼 일명 '물딱지'가 된다.

[도움] 글/자료 조사 : 재개발연구회 전영진 자문위원 / 부동산콘서트홀 김종화 본부장
김노향 기자 (merry@mt.co.kr)

MoneyS

구조례와 신조례

충격적이게도, 지금까지 앞서 배워온 권리산정기준일과 분양대상규정은 모두 2010.7.16일 개정된 서울시 조례(이하 신조례)에 해당되는 내용이다. 신조례를 적용되지 않는 정비사업은 통상 '구조례' 라고 칭하고, 재개발의 권리산정기준일을 따질 때에는 반드시 신조례와 구조례로 구분해서 봐야한다. 지금부터 기술하는 내용은 구조례 관련 내용인데 구조례에서는 특정한 날짜를 기준으로 분양자격을 논한다.

A : 2003.12.30 도정법 시행에 따른 서울시 조례적용일(구조례 권리산정의 기준)
B : 2008.07.30 서울시조례 신축에 대한 분양대상기준 신설(신축쪼개기 금지)
C : 2009.02.06. 도정법 권리산정기준일 신설
D : 2010.07.16 서울시조례 권리산정기준일 신설(신/구조례 기준일)

정리하면 'A'는 토지분할(건축법상, 등기상) 및 공유취득과 다가구 전환주택 / 주택과 토지 분리취득의 기준이며, 'B'는 주거용 신축쪼개기, 'C'는 도정법상 권리산정기준일 신설, 'D' 이후부터는 서울시 신조례를 적용한다.

기준이 되는 것은?

구조례와 신조례를 구분하는 기준일자는 'D'이다. 'D' 이전에 기본계획이 수립되어 있는 지역 및 지구단위계획이 결정 · 고시된 지역은 모두 구조례의 적용을 받기때문에 A,B,C의 구체적인 법 조항과 경과조치 등을 명확하게 알아야한다. 구조례 적용지역은 취득과 쪼개기 시점, 등기일과 착공일 등 다양한 판단요소들이 각 시점마다 물건 종류별 다른 해석이 필요하고 내용이 굉장히 방대한 분야이다. 전문 공인중개사조차 많이 어려워하는 부분이므로 재개발을 처음 배우고자 하는 투자자에게는 너무 높은 벽이 될 수 있다. 따라서 재개발연구회에서 한눈에 알아보기 쉽게(?) 정리해놓은 표를 참고하고, 구조례에 해당되는 지역에 투자할 때에는 반드시 전문가의 자문을 구해야만 합산되는 물건을 피할 수 있고, 뒤늦게 관리처분인가 시 10억이 넘어가는 아파트가 사라지는 경험을 하지 않게된다.

사례	도시 및 주거환경정비법 기준일	도시 재정비 촉진을 위한 특별법 기준일	서울시 구 조례 기준일 (2010년 7월 15일 이전 지역 적용)		
			주택 재개발 정비사업	도시환경 정비사업	주택 재건축 정비사업
단독 또는 다가구주택을 건축물 준공 이후 다세대 주택으로 전환한 경우	기본계획수립 후 정비구역지정·고시 전에 따로 정하는 날	촉진지구지정 고시가 있는 날 또는 시·도지사가 따로 정하는 날	03.12.30	03.12.30	09.4.22
1인 소유의 여러 문건 중 일부를 양수 받은 경우	조합설립인가일	X	관리처분계획 기준일	관리처분계획 기준일	
하나의 세대인 경우 (세대를 달리하는 배우자와 그 세대원 포함) 원칙	조합설립인가일	X	관리처분계획 기준일	관리처분계획 기준일	09.8.7 이후 조합설립인가 얻은 지역
예 이혼	X	X	관리처분계획 기준일	관리처분계획 기준일	관리처분계획 기준일
예 20세 이상 세대분리	X	X	관리처분계획 기준일	관리처분계획 기준일	관리처분계획 기준일
주택만 공유인 경우	X	X	X	X	주택과 부속 토지 모두 공유소유 → 하나의 분양대상
토지만 공유인 경우	09.2.6	-	03.12.30	03.12.30 (개정일 06.1.1)	
한 필지를 여러 필지로 분할	기본계획수립 후 정비구역지정·고시 전에 따로 정하는 날	촉진지구지정 고시가 있는 날 또는 시·도지사가 따로 정하는 날	03.12.30	03.12.30	X
하나의 대지 범위 중 일부를 취득					X
주거용 신축			08.7.30 건축허가접수	08.7.30 건축허가접수	09.4.22
비주거용 신축	-	-	08.7.30 준공	08.7.30 준공	△
토지와 건물을 분리 취득 준공때부터	X	X	03.12.30 토지는 기준면적 이상일 때 가능	03.12.30 (개정일 06.1.1) 토지는 기준면적 이상일 때 가능	X
준공 이후 조례시행 이전	X	X	03.12.30 토지는 기준면적 이상일 때 가능	03.12.30 (개정일 06.1.1) 토지는 기준면적 이상일 때 가능	X

서울시 도시 및 주거환경정비 조례 부칙

제25조(사실상 주거용으로 사용되고 있는 건축물에 관한 경과조치)
서울특별시조례 제4657호 서울특별시 도시 및 주거환경 정비조례 일부개정조례 시행 전에 종전의 「서울특별시 도시 및 주거환경 정비조례」(서울특별시조례 제4657호로 개정되기 전의 것을 말한다) 제24조제1항제1호에 따른 "사실상 주거용으로 사용되고 있는 건축물"로서 서울특별시조례 제4657호 서울특별시 도시 및 주거환경 정비조례 일부개정조례 시행 전에 「도시 및 주거환경정비법」(법률 제9047호로 개정되기 전의 것을 말한다. 이하 이 조에서 같다) 제4조제1항에 따른 정비계획을 주민에게 공람한 지역의 분양신청자와 그 외 지역에서 「도시 및 주거환경정비법」 제4조제3항에 따른 정비구역 지정 고시일부터 「도시 및 주거환경정비법」 제46조제1항에 따른 분양신청 기간이 만료되는 날까지 세대원 전원이 주택을 소유하고 있지 아니한 분양신청자는 제36조제1항제1호의 개정규정에도 불구하고 종전의 「서울특별시 도시 및 주거환경 정비조례」(서울특별시조례 제4657호로 개정되기 전의 것을 말한다)에 따른다.

(생략)

제29조(권리산정기준일에 관한 적용례 및 경과조치)
① 제36조 및 제37조 개정규정은 서울특별시조례 제5007호 서울특별시 도시 및 주거환경 정비조례 일부개정조례 시행 이후 최초로 기본계획(정비예정구역에 신규로 편입지역 포함)을 수립하는 분부터 적용한다.
② 서울특별시조례 제5007호 서울특별시 도시 및 주거환경 정비조례 일부개정조례 시행 전에 기본계획이 수립되어 있는 지역 및 지구단위계획이 결정·고시된 지역은 종전의 「서울특별시 도시 및 주거환경 정비조례」(서울특별시조례 제5007호로 개정되기 전의 것을 말한다) 제27조 및 제28조에 따른다.
③ 분양대상 적용 시 제2항을 따르는 경우 2003년 12월 30일 전부터 공유지분으로 소유한 토지의 권리가액이 분양용 최소규모 공동주택 1가구의 추산액 이상인 자는 종전의 「서울특별시 도시 및 주거환경 정비조례」(서울특별시조례 제5007호로 개정되기 전의 것을 말한다) 제27조제2항제3호에 따른 분양대상자로 본다.

(생략)

■ 참고예시(1)

- 단독 또는 다가구주택을 건축물 준공 이후 다세대주택으로 전환한 경우

전환 다세대 또는 구분 다세대라고도 불리는데 다가구주택을 다세대주택으로
전환한 경우다. 이 경우 'D' 이전에 기본계획이 수립된 지역이면 구조례를 적용
한다. 'A'를 권리산정기준일로 적용하는데, 만약 'A' 이후에 전환되었다면 권리
는 모두 합산되어 1개의 권리가 된다.

■ 참고예시(2)

- 주거용 신축건물

주거용 신축건물은 구조례를 적용받는 경우 'B'날짜를 기준으로 이전에 건축허
가를 받은 건축물의 경우 세대마다 분양자격이 주어진다.

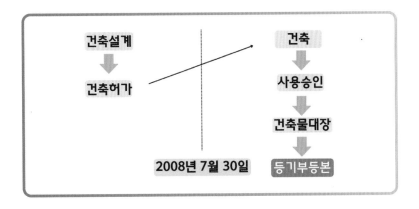

다가구 → 다세대 전환 별도 아파트 분양받을 수 있을까

**[재개발현장 머니S클래스] 재개발 다세대 분할 2003년 12월30일
이전이어야 하나**

[편집자주] 재개발에 대한 이해도를 높이는 동시에 올바른 투자 정보를 제공하기 위해 '재개발연구회'가 제보와 현장 취재 등을 통해 만드는 코너입니다. 현장의 숨은 이야기를 전하고 해당 입지에 대한 투자 가치와 성공 가능성을 분석합니다

2003년 뉴타운사업을 시작으로 재정비촉진사업을 거쳐 도시재생사업, 그리고 현재의 모아타운과 신속통합기획(신통기획), 역세권 장기전세 재개발, 역세권 활성화 재개발까지 재개발정비사업은 다양한 방식이 존재한다.

이에 따라 사업별로 다가구주택(단독주택)을 다세대주택으로 분할(구분)해 여러채의 아파트 배정을 요구하는 지분쪼개기가 시도되고 기준일도 다를 수밖에 없다. 다가구주택은 여러 가구가 거주할 수 있지만 소유주가 1명이고 다세대주택은 여러 명의자가 소유하고 있다.

일반 투자자들은 재개발 정비사업의 종류와 해당 규정들에 대해 쉽게 이해하기 힘든 경우가 많다. 반복되는 규정 개정 등으로 공인중개사 시험에서 해당 내용을 잘 다루지 않기도 한다. 구분 다세대 규정을 살펴보자.

서울 주택가 전경 /사진=이미지투데이

Q 재정비촉진지구로 지정 전에 다가구주택에서 다세대주택으로 분리(전환·구분)된 물건의 한 세대를 취득하려 한다. 취득 물건은 향후 재개발로 조합원이 되면 별도 아파트를 받을 수 있을까.

A 재정비촉진지구로 지정된 일자 전에 다가구를 다세대로 전환(구분)한 물건이라고 해서 모두 아파트를 분양받을 수 있는 것은 아니다. 재정비촉진지구로 지정돼도 해당 지역이 2010년 7월 15일 이전에 '도시 및 주거환경정비법'에 따라 정비기본계획 또는 지구단위 계획이 수립된경우 기준일이 2003년 12월30일이 된다.

이후 전환(구분)된 다세대는 여러 세대를 합산해 하나의 아파트만 배정해주는 공동분양 대상이 된다. 반대로 2010년 7월15일 이후라면 해당 재정비촉진지구 지정일 또는 권리산정기준일이 적용된다.

도정법(일반법)에 따른 재개발 규정과 '도시재정비 촉진을 위한 특별법'에 따른 재정비촉진지구, 두 개 법을 다 적용하는 지역이라면 특히 유의해야 한다.

개발사업의 진행에 따라 적용받는 여러 관련법과 조례, 특별법의 적용시기와 범위에 따라 희비가 교차할 수 있다. 재정비촉진구역이 지정된곳이라면 관련 지구 지정만으로 투자를 판단하지 않고 정비 기본계획이나 지구단위 계획 수립과 같은 다른 제한 요소를 확인해야 한다

[도움] 글/자료조사 : 부동산콘서트홀
김노향 기자 (merry@mt.co.kr)

MoneyS

산업　　　　유통　　　　부동산　　　　증권　　　　전국

정비사업마다
각기 다른 권리산정기준

현장마다 진행하는 사업의 종류와 적용
되는 기준날짜는 다르기 때문에, 그에
맞는 권리산정기준일도 모두 다르다. 신속통합기획(이하 신통기획)과 모아타운
은 서울시에서 진행하는 사업으로서 사업의 행정적 지원과 규정의 완화에 중점
을 두고 있다. 또한 신통기획은 '도정법' 적용을 받는 반면, 모아타운은 '소정법'
의 적용을 받기 때문에 뿌리부터 다른 사업이다.

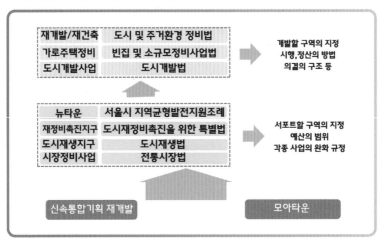

■ 신속통합기획(신통기획) 기준일

신통기획은 故)박원순 서울시장이 공공주도 방식으로 시작했지만 오세훈 시장
이 민간주도+공공지원 형태로 노선을 바꾸며 오세훈시장의 브랜드 상품화 되었
다. 정비계획수립 단계부터 서울시가 공공성과 사업성의 균형을 이룬 가이드라
인을 제시하여 구역지정까지의 시간을 2년 정도 단축하여 절차상 단계를 간소
화한 공공지원 계획이며 실질적 명칭은 '정비지원 계획'이다.

신속통합기획의 권리산정기준일은 2021년 9월 23일 (1차)와 2022년 1월 28
일 (2차)로 지정 되었다. 예정지는 1차, 2차 공모를 통해서 발표되었는데 1차는
종로 창신동23 일대, 용산 청파2구역, 성동 마장동 381일대 등 21곳이 선정되

구분	권리산정기준일	토지거래허가구역	적용법령	비고
신속통합기획	21.9.23 22.1.28 24.1.1 이후 선정시부터 구청장 추천일 또는 구청장의 별도 요청일	21.12.28 선정일 기준	도시 및 주거환경정비법	권리산정기준일 이전 건축물 준공 시 인정 (등기완료기준)
모야타운	22.1.20(1차) 22.6.23(2차) 22.10.27(3차) 공모 접수일 (24.3.21)	×	빈집 및 소규모주택정비에 관한 특례법	권리산정기준일 이전 건축물 착공 시 인정 기존 "대상지 선정 결과 발표 후 고시 가능한 날" 에서 "공모 접수일"로 변경

었고 2차는 창신9구역, 10구역 일대, 성동구 사근동 293일대 등 25곳이 선정되었다.

신속통합기획 예정지로 선정되면 해당구역은 서울시장에 의해 토지거래허가구역으로 자동 지정되고, 같은 날이 권리산정기준일이 된다. 토지거래허가구역은 무주택, 실거주 요건 등 비교적 까다로운 조건을 포함하지만, 분양 자격과는 별개이므로 실거주가 목적이라면 거래가 가능하다.

신통기획은 권리산정기준일을 기준으로 등기가 완료 된 건축물이어야 분양대상되며, 이후 등기가 난 건물은 모두 물딱지가 된다. 규정이 이렇다보니 신축쪼개기가 진행되는 도중에 등기가 나지 않은상태로 신통기획 후보지선정이 된다면 해당 신축빌라는 분양대상에서 제외되어 현금청산되는 물딱지가 되는데, 관련된 물건들이 곳곳에 많아 문제여지가 많은 상황이다. 때문에 신축빌라 수분양자들이 많은 구역은 신통기획 후보지로 지정되었다 하더라도 오히려 신통기획 후보지역을 '해제'를 하고자하는 분위기가 있는 지역들도 적잖이 찾아볼 수 있다.

MoneyS

건물 신축 도중 신통기획 지정… "현금청산행"

권리산정기준일 논란… 서울시 "사례별 방안 검토하겠다"

최근 일부 건축주들 사이 서울시 신속통합기획의 권리산정기준일을 둔 비판의 목소리가 높아지고 있다./사진=뉴스1

서울시가 빠른 정비사업 추진을 위해 도입한 신속통합기획(신통기획) 후보지 지정이 활발하게 이뤄지는 가운데 일부 건축주들의 반발이 제기되고 있다. 후보지로 지정되기 전으로 정해진 권리산정기준일 때문에 신축 또는 건축 중인 건물의 분양이 물 건너간 것은 물론 조합원 권리도 받지 못하는 '사각지대'로 빠지게 된다는 이유에서다.

5일 정비업계에 따르면 서울시 신통기획 권리산정기준일을 둘러싸고 내분이 벌어지는 조합이 늘고 있다. 권리산정기간 내 준공됐거나 착공에 들어간 일부 건물이 현금청산 대상자로 분류, 개발 혜택을 누리지 못하게 돼서다.

권리산정기준일은 정비구역지정고시일 또는 시·도지사가 투기를 억제하기 위해 기본계획 수립 후 정비구역지정고시 전에 따로 정하는 날의 다음날을 기준으로 건축물을 분양받을 권리를 산정하는 척도다. 무분별한 투기와 소유권·토지등소유자의 수를 확대해 조합원 입주권을 늘리려는 이른바 '지분쪼개기' 등을 방지하기 위해 마련됐다.

서울시는 2021년'6대 재개발 규제완화방안'을 발표, 구역 지정을 위한 후보지 공모일을 주택 분양권리가 결정되는 권리산정기준일로 고시했다. 이후 1~3차에 거쳐 신통기획 사업 대상지 후보지를 선정한 바 있다.

2021년 12월 28일 21개 구역이 발표된 1차 후보지의 경우 권리산정기준일(공모일)은 같은 9월23일이며, 21개 구역 이외 미선정 구역의 권리산정기준일은 2022년 1월 28일이다. 지난 2022년 12월 30일 25개 구역이 발표된 2차 후보지의 권리산정기준일은 2021년 12월 28일로 정해졌다.

문제는 신통기획 후보지 지정 이전에 권리산정기준일이 부여된 탓에 이미 건물을 짓고 있거나 아직 착공은 안 했지만 승인만 받은 상태인 건축주들 사이 현금청산 대상자가 생겨난다는 것이다. 노후 단독주택 등을 헐고 단지형연립 또는 단지형다세대 등 소규모 주택을 새로 짓는 경우가 잦은 도심지에서 이러한 갈등이 두드러진다.

실제로 한 건축주는 준공한 건물이 공사를 마치자마자 권리산정기준일에 걸려 현금청산 대상으로 분류됐다. 언제 철거가 될지 모르니 분양을 받으려는 수요자는 물론 임차인을 구하기도 거의 불가능한 상태다.

건축주들은 입을 모아 "무리한 권리산정기준일 고시로 인한 선의의 피해자가 발생하고 있다"며 "향후 공모 지역을 특정할 수 없음에도 공모 시기와 무관하게 일률적으로 권리산정기준일을 지정해 사업 불확실성이 커졌다"고 말했다. 이어 "이럴거면 신통기획 공모·공고 전 건축허가 제한을 했어야 한다"고 부연했다.

신통기획이 원활하게 진행되더라도 현금청산 시까지 최소 4~5년 간 사업자금이 동결된다. 이미 사용한 사업자금에 대한 감정가격도 불투명한 상황이다. 신통기획 신청 후 탈락된 지역에 대해서도 권리산정기준일(2022년 1월28일)을 유지함에 따라 소규모 주택 공급 대상지 자체가 축소됐다. 1차 신청 시 신청서를 제출한 102개소 중 21개소가, 2차 때는 75개소 중 25개소가 각각 선정됐다. 이 과정에서 서울170개소 이상이 소규모 주택을 공급할 수 없는 지역으로 묶였다.

이들은 서울시에 권리산정기준일 관련 규정을 고쳐달라고 요구하고 있다. 권리산정기준일 당시 이미 사용승인된 경우와 건축허가를 받고 착공신고를 완료해 신축 주택을 시공 중인 경우에도 분양권을 지급해야 한다는 주장이다. 서울시의 소규모 주택정비사업인 모아타운은 권리산정기준을 소유권등기일을 기준으로 하되, 건축허가 받아 착공된 사업장은 조합설립 전 소유권 이전하면 분양권을 인정하고 있다.

시는 구제 방안을 검토 중이지만 규제 개정까지는 불투명한 상황이다. 서울시 관계자는 "투기 여부에 따라 사례가 다르기 때문에 사례별로 분석하고 있다"며 "일률적인 방식보다는 사례별 구제 방안이 있는지 검토 중"이라고 말했다

정영희 기자 (chulsoofriend@mt.co.kr

MoneyS

"현금청산 대상 기준 완화"… 신통기획 피해자 구제 나선다

서울시, 권리산정기준일 이전 '사용승인' → '착공신고'로 변경… 개별 건축물별 여건 종합 검토

서울시가 신통기획 구역 내 건물 소유주와 건축주 등에게 권리산정기준일 조정 신청을 받는다는 안내문을 보냈다. 사진은 지난 4월 서울 중구 서울시청 서소문2청사 인근에서 신속통합기획 피해 회복 촉구 집회가 열렸던 모습. /사진=뉴시스

오세훈 서울시장의 대표 주택 정책인 신속통합기획(신통기획) 추진 과정에서 재산상 손해를 입었다는 민원이 잇따르자 서울시가 피해자 구제 방안을 마련했다.

23일 서울시에 따르면 최근 신통기획 구역 내 건물 소유주와 건축주 등에게 권리산정기준일 조정 신청을 받는다는 안내문을 발송했다.

주택 등 건축물 분양받을 권리의 산정 기준일 다음 날까지 '사용승인'을 받지 못한 다세대 등 신축 공동주택 소유자는 재개발 분양권을 확보하지 못하면 현금청산 대상(도시 및 주거환경정비법 77조)이 된다.

서울시가 마련한 피해자 구제를 위한 조정 신청안에는 '착공 신고'를 완료한 경우에도 분양권을 받을 수 있다는 내용이 담겼다.

신통기획은 재개발·재건축(정비사업) 기간을 단축하는 오 시장의 역점 사업이다. 2021년 1차 후보지로 21곳과 2022년 2차 후보지로 25곳을 선정했다.

당시 시는 투기 방지를 위해 권리산정일을 구역 지정일이 아닌 공모일로 소급 적용했으나 신통기획 후보지 발표 전부터 토지를 매입해 주택을 짓고 있던 건물이 하루아침에 현금청산 대상이 돼 논란이 일었다.

'신속통합기획 권리산정 지정에 따른 피해자 모임'은 지난 4월 시청 앞에서 집회를 열고 "최소한 모아타운과 같이 권리산정기준일 이전에 착공 신고를 마친 경우 현금청산 대상자에서 배제해달라"고 호소한 바 있다.

시는 권리산정기준일 이전에 이미 착공 신고를 완료한 다세대 주택 등만 타당성이 인정되는 경우 분양권을 받을 수 있도록 구제 방안을 마련했다. 다만 일률적으로 적용하지 않고 피해 접수가 들어오면 자치구·전문가와 다각도로 판단해 본 뒤 구제 여부를 결정할 방침이다.

시 관계자는 "현금청산 대상을 권리산정일 기준 사용 승인에서 착공 신고로 완화해주되 해당 구역과 개별 건축물별 여건을 종합적으로 검토한 뒤 최종 구제 여부를 결정할 것"이라며 "우선 자치구가 타당성 검토 뒤 조정이 필요하다고 판단하면 서울시가 '정비사업 정책자문위원회' 자문을 거쳐 조정 여부를 결정할 계획"이라고 말했다.

김성아 기자 (tjddk99@mt.co.kr)

네이버 뉴스에서 머니S 기사를 구독하여
부동산 지식을 매일매일 쌓아보세요

◾ 모아타운 기준일

모아타운은 소규모단위로 노후 저층주거지 정비모델 '모아주택'을 블록 단위로 모아서 단지화하는 사업이다. 구역마다 개별적인 개발 시 발생하는 공법상, 미관상 단점들을 건축협정을 통해 공원이나 지하 주차장을 함께 공유하여 대단지 아파트처럼 개발하는 취지이다. 모아주택은 자율주택형, 소규모재개발형, 가로주택형, 소규모재건축형 등 소정법의 적용을 받는 사업이며 블록단위로 진행되기 때문에 경계에 있는 도로같은 정비기반시설은 개발되지 않고 존치되는 경우가 있다. 혹시나 모아타운 사업지 도로지분으로 아파트 프리미엄 투자를 할 계획이라면 해당 도로가 모아타운 내에서 어떤 모아주택 사업의 구역에 포함이 되어있는지 꼭 따져보도록 하자.

모아타운은 투기세력과 강남3구 주민들과의 갈등이 심각한 수준이었다. 이에 따라 서울시는 24.3.2. <모아타운 갈등방지 대책마련> 내용을 보도했는데, 그 중 권리산정기준일 변경사항이 있었다. 기존 '모아타운 선정 후 별도 고시가능한 날'에서 '모아타운 공모접수일'로 변경되었고, 보도일인 24.3.2. 이후 접수된 신규 공모 사업지는 접수일이 권리산정기준일이다. 모아타운은 권리산정기준일까지 착공신고가 접수된 건축물이 분양대상에 포함되어 새아파트를 받는다.

구분	권리산정기준일
신규 공모 사업지	시 접수일 또는 구 접수일 (자치구청장이 요청하는 경우)
기 공모 사업지	대상지 선정 결과 발표 이후 고시가 가능한 날

Q 모아타운 추진구역입니다. 저는 소유자는 아니고 세입자인데 요즘 재테크에 관심이 많아져서 공인중개사 사무소에 알아보니 좋은 도로 지분 물건이 있고 90m² 이상이라 분양권도 준다고 하는데 사도될지 궁금하여 질문드립니다

A 모아타운은 일반 재개발과는 다른 구조를 가지고 있습니다. 기존 재개발은 전면 철거 방식이 많아 기존 도로나 공공시설, 녹지 등이 재개발 지역에 포함되어 있으면 모두 철거하고 새로 배치하는 경우가 많았으나 모아타운은 기존 도로 등을 그대로 두고 진행(존치)하는 사업입니다.

그래서 적용하는 법령도 다른데, 재개발은 "도시정비법"에 의해 진행되고, 모아타운은 "소규모정비법"에 의한 관리지역의 지정으로 추진됩니다.
쉽게 말해 소규모로 사업을 진행하고 그 소규모 사업장을 여럿 모아서 큰 단위로 묶은 것이 모아 타운입니다. 이때 도시정비법에서는 재개발인 경우에 한해 도로지분도 일정 요건에 맞는 경우 조합원으로 인정하여 아파트 배정자격을 주기도 하나, 소규모정비사업의 도로지분은 모아타운 구역에 포함되어 있더라도 해당 모아타운 안의 소규모정비사업 안에 다시 포함되어야만 아파트 배정 여부를 따질 수 있습니다.

소규모정비사업은 가로정비사업, 소규모재개발, 소규모재건축 등의 사업을 말하는데, 사업이 여러 방식이다 보니 각각에 따라 아파트 배정가능 여부를 따져야 합니다.
우선 해당 도로지분이 모아타운 내에 어떤 사업의 구역 안에 포함되어 있는지부터 점검하시고 이후 해당 사업에 맞게 가능여부를 검토하는 것이 맞습니다.
모아타운 안에는 속해 있지만, 개별 소규모사업에 포함되어 있지 않다면 개발되지 않고 그대로 두게 되니 투자에 유의하셔야 합니다

재개발연구회에서 다양한 교육을 받아 보세요

피드 VOD예복습 라이브스쿨 공지/자료실 연간 정회원

Q 리스트로 보기

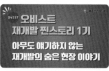

[오비스트 재개발 찐스토리] 라이브 8/13 7시부터 8시반까지 진행됩니다.

[목요수업라이브공지] 직접 추진하기 ② : 조합원 명부(토지 조서등) 엑셀로 만들기

[제15회 우대행 내 집 마련 콘서트] 재개발 재건축 지금 투자에도 될까요? 성공적인 갈아타기 투자 전략

Real 현장탐방
Story

MoneyS

투룸 가격 10년새 2억 → 7억··· 효창공원 재개발 성공할까

[재개발현장 머니S클래스] 효창공원앞역 역세권

[편집자주]재개발에 대한 이해도를 높이는 동시에 올바른 투자 정보를 제공하기 위해 '재개발연구회'가 제보와 현장 취재 등을 통해 만드는 코너입니다. 현장의 숨은 이야기를 전하고 해당 입지에 대한 투자 가치와 성공 가능성을 분석합니다

서울 용산구 원효로1가 역세권 정비구역 지정 /자료 제공=재개발연구회

재개발의 방식은 매우 다양하다. 최근 유행처럼 번진 서울특별시의 '신속통합기획' (이하 '신통기획') 재개발을 비롯해 모아타운, 역세권 시프트(장기전세), 역세권 활성화, 3080 도심공공주택 복합사업 등이 추진되고 있다. 과거로 돌아가

면 더욱 많아진다. 뉴타운, 도시재정비촉진사업, 균형발전촉진지구, 도시재생사업, 르네상스 등 조금씩 다르지만 중복되는 느낌의 여러 재개발 방식이 혼재해 있다. 이는 정치인들의 바뀜에 따른 정책 성과주의 영향이 크다고 볼 수 있다. 일반 투자자들은 단지 '입지'와 '재개발'이라는 큰 틀의 현황만을 보고 투자를 결정하는 경우가 적지않다. 현장의 숨은 이야기를 제대로 알지 못하면서 한강변이라는 이유로, 정책 비전만을 보고 덥석 재개발 구역의 신축빌라를 사는 경우을 종종 보게 된다. 홍보성 유튜브 영상 등에 현혹돼 환상을 갖게 되지만 구역마다 어떤 방식의 개발을 적용하느냐에 따라 적지 않은 리스크가 존재한다. '재개발현장 머니 S클래스'는 재개발현장의 숨은 이야기를 찾고 해당 입지에 대한 정확한 분석, 사업 성공 가능성 등을 재개발연구회의 도움을 받아 매주 싣는 코너이다. 기사 보도의 이면에 담긴 정보와 노하우, 기본 이론을 함께 담아 독자들의 궁금증을 풀어나갈 예정이다. 첫 번째 지역으로 서울 용산구 효창공원앞역 5번 출구 좌우로 둘러쌓인 효창역세권 재개발 추진구역 두 군데를 다녀왔다.

'공공이냐 민간이냐' 주민 대립

효창공원앞역 5번 출구에 인접한 블록과 맞은편 블록은 각각 재개발사업을 추진하고 있다. 5번 출구 쪽은 최초 일반 재개발구역으로 추진됐다가 좌절되는 아픔을 겪은 후 다시 2014~2015년 역세권 시프트사업을 추진했다. 투자 지분을 나누는 이른바 '신축 쪼개기'가 너무 많아 한동안 사업성이 우려됐다. 현재는 민간이 사업을 주도하려는 움직임과 정부의 도움을 받아 진행하려는 '3080도심공공재개발'추진 세력 간의 다툼이 있는 곳이다. 결국 민간 주도의 역세권 시프트사업과 공공주도의 3080 도심공공재개발사업이 힘겨루기를 하는 양상이다. 신축빌라 시세는투룸 기준 6억7000만~7억6000만원대 호가가 형성돼 있다. 2014~2015년 2억원후반이던 투룸 빌라의 가격이 신축 쪼개기 빌라업자들의 대거 합류로 급속히 상승한 결과다. 신축빌라의 대량 공급과 유튜브, 방송 등을 통한 홍보도 동원됐다.

자료 제공=재개발연구회

2014~2015년 당시만 해도 재개발 추진세력들의 이해관계에 의해 사업은 당장 진행될 것 같은 분위기였다. 단독주택이나 상가건물과 같이 태생적으로 재개발에 반대하는 세력들을 무력화하기 위해, 신축 쪼개기 빌라들이 동의율을 높여주는 역할을 했다. 이로 인해 신축 쪼개기의 수가 급격히 증가했고 사업성은 하락했다. 재개발사업의 필수 지정요소인 노후도가 점점 약화되는 문제도 있었다.

그리고 풀지 못한 문제가 하나 더 있었는데 바로 역세권시프트사업의 서울시 운영기준이다. '도로변에 접하는 대지의 토지 등 소유자의 이상' 정비계획 수립시 별도 동의요건이 있어 구역 경계가 모호해지고 건축선의 후퇴로 사업성에 영향을 미쳤다. 용산용문시장 맞은편을 비롯해 도로변의 상가들은 장사가 잘되어 재개발에 반대하고 있었다. 효창공원앞역 5번 출구 길 건너편도 최근 들어 역세권 재개발이 추진되고 있다. 이곳은 '도시 및 주거환경정비법'이 정한 구역 지정 전의 행위제한(19조)으로 더 이상 신축이 늘 수 없는 현장이다. 현재는 신축 쪼개기가 막혔다는 의미다.

서울 용산구 효창공원앞역 역세권 빌라 밀집 지역 /사진 제공=재개발연구회

그래서 앞의 블록보다 가격이 높게 형성돼 있다. 투룸 빌라 가격이 호가 8억원 정도에 형성돼 있다. 한가지 아쉬운 점은 구역 경계 설정에 있어 서울용산경찰서로 인해 반듯한 모습이 아니게 됐다. 경찰서가 노후된 건물이라 구역에 포함하고 기부채납방식으로 진행되면 보다 깔끔한 단지 조성이 될 수 있을 것으로 기대해 본다.

사진 제공=재개발연구회

[도움] 글 : 재개발연구회 전영진 자문위원 / 현장조사 : 현장탐방단 회원
김노향 기자 (merry@mt.co.kr)

노량진 개발 가능성
파헤치기!

완연한 봄기운을 느끼며 노량진뉴타운을 다녀왔다.

노량진뉴타운은 서울의 재개발 중 한남, 성수와 함께 거론될 만큼 기대가 높고 뛰어난 입지를 자랑한다.

1호선, 9호선 노량진역과 7호선 장승배기역을 이용할 수 있으며, 여의도와 강남,그리고 도심 접근성도 뛰어나다.

지난 몇 년간 부동산 폭등기와 신축아파트 가격 상승, 그리고 SNS, 각종 유튜브 등의 활동에 힘입어 노량진뉴타운은 인지도와 몸값을 높이며 더욱 주목받게 되었다.노량진역 4번 출구를 나오자마자 동작구청이 보인다.

동작구청도 외형은 재개발이 필요해 보인다.

동작구청 맞은편에 에듀윌학원이 있는데 1층에 임대를 구하는 현수막이 크게 붙어 있다. 노량진은 과거 고시촌 원룸 주민들의 반발로 사업진행에 어려움이 많았는데 공무원의 인기도 예전 같지 않고, 로스쿨 도입과 현장강의의 인강 전환 등으로 공시생등이 빠져 나간 노량진은 거리의 모습마저 바뀌어 가고 있다.

노량진뉴타운은 총8개의 구역으로 진행하고 있으며 모두 개발이 완성되면 1만 세대 대단지 아파트촌으로 변하게 된다. 노량진뉴타운 중 노량진1구역은 지하철 1·9호선 노량진역과도 가깝고 한강을 바라보는 위치여서 일부 세대에서는 한강 조망권도 기대하고 있다.

게다가 면적 13만2,132m², 공동주택 2,992가구로 뉴타운 내에서 규모가 가장 커서 노량진뉴타운 내 '최대어'로 손꼽힌다. 그런데 노량진1구역은 대장임에는 틀림없으나, 8개 구역 중 시공사 선정이 안 된 유일한 지역이다. 노량진1구역 조합은 평당 공사비를 730만원 제시하였고 해당 금액에는 기존에 관심을 가지고 있었던 건설사들조차 입찰을 포기하면서 '포스코이앤씨'만이 2024년 2월에 단독 입찰하였고 결국 시공사 선정은 불발되었다. 조합에서는 이후 시공사 재선정을 진행할계획이나 공사비 현실화 문제로 난항이 예상되며, 사업 속도가 늦어질수록 조합원들의 부담은 증가할 가능성도 있다. 노량진2구역에 들어서니 2구역은 철거가 거의 막바지에 있는 것처럼 보인다.

노량진2구역은 노량진뉴타운 중 가장 속도가 빠르며, 위치는 노량진뉴타운의 가장 남쪽으로 7호선 장승배기역 초역세권에 위치하고 있다.

기존의 29층에서 45층으로 설계 변경이 되어 초고층 아파트로 지어질 계획이다.

면적은 뉴타운 내에서 가장 작은 구역으로 414세대이다.

2구역에서 길을 건너면 4구역으로 가는 방향인데, 4구역은 작년 12월부터 이주를 시작하였다.

4구역 입구에는 이주기간 안내 플래카드도 붙어 있다. 이주기간은 23.12.12.부터 24.5.31.로 표시되어 있다.

해당 기간 내에 이주가 진행된다면 2,6,8구역 다음으로 속도가 빠른 구역이 될 것 같다.

그런데 2구역에서 4구역으로 가기 전에 4구역 전면 도로변 쪽은 존치구역으로 남아 있다.

도로변 쪽이 재개발에서 빠지다보니 4구역은 아파트가 완공된 이후에도 주변은일부 정리되지 않은 노후화된 모습이 남아 있어 완전한 신도시 탄생을 기대하는주민들에게는 아쉬운 부분이 될 것 같다.

존치구역은 해당 구역 이외에도 노량진 1구역과 3구역 상단에 넓게 포진하고 있다

4구역에서 출발하여 인근 쌍용예가아파트에 이르기까지 3구역 방향으로 가는 길은 경사도가 상당하다.

경사진 골목골목마다 고시원과 하숙집이 보이니 여기가 정말 노량진이 맞구나하는 실감이 든다.

5구역은 1구역의 좌측에 위치하고 있는데, 대체적으로 좋은 입지라는 평가를 받는다.

또한 5구역은 1구역뿐만 아니라 6구역, 8구역과도 경계면에 위치하고 있는데 조합원들에게 타 구역(1,6,8구역)으로 분양신청을 할 수 있도록 하여 조합원 수는 줄었고 일반분양이 늘어나 사업성이 개선된 구역이다.

5구역은 2023년 9월에 관리처분인가를 받았다.

6구역은 현재 철거진행 중으로서 사업 속도가 빠르다. SK에코플랜트와 GS건설을 시공사로 선정했는데 하이엔드 브랜드는 적용되지 않는다.

7구역은 뉴타운 내에서 입지가 가장 나쁘며, 아직 사업시행인가 단계이므로 사업 속도도 느린 편이다.

1구역과 3구역의 위쪽 상단은 노량진 9,10,11구역으로서 존치관리구역이 포진하고 있다.

2006년 노량진과 대방동 일대(73만 8000m²)가 노량진 재정비촉진지구로 지정되었으나, 노량진 9,10,11구역(9만7284m²)은 요건을 충족하지 못해 존치관리구역으로 결정되었다.

노량진뉴타운은 입지도 탁월하고 서부선, 종합행정타운, 수협부지 개발 등 많은 개발계획이 예정되어 있어 미래가치가 높다는 것을 대부분의 사람들이 다 아는 사실이다.

1~8구역 전체가 해제된 곳 하나 없이 모두 비슷한 속도로 재개발이 진행 중이고, 약 4~5년 후부터 입주가 시작되어 10년 내 1만세대의 재개발이 완성되었을 때에는 새로운 부촌의 탄생을 예상할 수 있어 그 위용이 남다르다.

■ 노량진재정비촉진구역 결정도(변경없음)

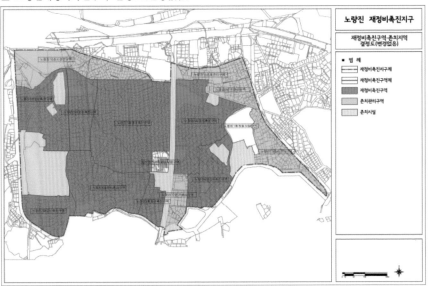

그래서 노량진뉴타운에 대한 관심은 높은 것은 너무나 당연한 일이겠으나, 가장 큰 단점은 바로 가격이다.

누구나 다 인정하는 입지와 미래가치는 바로 가격으로 어느 정도 환산되어 있다. 구역별로 입지 및 조합원분양가와 사업 속도가 차이가 있기는 하나 대략 프리미엄이 7~9억원가량 형성되어 있으며 조합원분양가는 6.5억원 내외에서 공사비 상승분 반영 시 9억원 또는 10억원 이상도 예상할 수 있어 입주권 가격은 현재 총15~18억원선으로 보아야 할 것 같다.

물론 미래가치를 상승을 예상하면 이 정도의 금액은 지불할 만하다는 평가도 있을수 있겠으나, 현재 개발지 주변 아파트 시세에 거의 육박하는 정도의 가격인 것은 사실이다.

2010년도 준공한 노량진 쌍용예가(299세대)의 실거래가격은 12억원대, 2016년도에 준공한 인근의 상도파크자이(471세대)의 실거래가격은 15~16억원이며,2018년도 준공한 흑석동 대장아파트인 아크로리버하임(1,073세대)은 근래 19억원대에 거래되었다.

노량진뉴타운은 현재 투자를 원한다면 초기 필요금액은 10억원 이상이 소요된다. 미래가치를 충분히 인정하여 거래를 원한다고 하더라도 현실적으로 이렇게 이미 높아진 가격은 일반인들의 진입을 어렵게 하는 장벽이 되고 있다.

그런데, 유튜브 등에서 "노량진뉴타운 1억원 투자"라는 섬네일을 본 적이 있는가? 10억원 이상은 어렵지만 1~2억원이라면 왠지 투자도 가능할 것 같다는 생각이 든다.

그러나 1~2억원으로 투자가 가능하다고 하는 유튜브의 말을 끝까지 듣다보면 구역 내 온전한 입주권이 나오지 않는 물건이거나 노량진 1~8구역 인근 존치지역에 속한 물건인 경우도 많다.

'존치지역'이란 재정비촉진지구에서 '재정비촉진사업'을 할 필요성이 적어 존치하는 지역을 말한다.

존치지역은 "도시재정비 촉진을 위한 특별법"에 그 근거를 두고 있으며 존치정비구역과 존치관리구역으로 세분된다.

존치정비구역
재정비촉진구역의 지정 요건에는 해당하지 아니하나 시간의 경과 등 여건의 변화에 따라 재정비촉진사업 요건에 해당할 수 있거나 재정비촉진사업의 필요성이 높아질 수 있는 구역

존치관리구역
재정비촉진구역의 지정 요건에 해당하지 아니하거나 기존의 시가지로 유지·관리할 필요가 있는 구역

"도시 및 주거환경정비법"이나 "빈집 및 소규모 정비에 관한 특례법" 등은 재개발 사업의 구체적인 시행과 정산의 방법, 의결의 구조 등 사업의 실행과 관련된 법이라 볼 수 있다면 "도시재정비 촉진을 위한 특별법"은 "도시 및 주거환경정비법"등 다른 법에 의해 재개발이 진행될 때, 예산의 지원이나 각종 사업의 완화 등을 통하여 재개발의 진행을 지원하고 도시 재정비의 촉진을 목적으로 한다.

따라서, "도시재정비 촉진을 위한 특별법"에서 구역이 지정되었다고 한다면 이는 구체적인 정비 계획을 수립했다는 뜻이 아니라 타 법에 의하여 진행하는 재개발 사업을 서포트할 목적으로 지원할 구역의 범위를 정했다는 정도로 이해하면 좋을 것 같다.

노량진뉴타운은 다른 말로 "노량진재정비촉진지구"라고도 불린나. 서울시에는 현재 재정비촉진지구가 31곳이 지정되어 있다.

'재정비촉진사업'은 도시의 낙후된 지역에 대한 주거 환경의 개선, 기반시설의 확충 및 도시기능의 회복을 광역적으로 계획하고 체계적·효율적으로 추진하기 위해 "도시재정비 촉진을 위한 특별법"에 따라 시행하는 일련의 사업을 말한다.

서울시는 2002년 12월에 길음, 은평, 왕십리를 시범지역으로 지정하여 최초의 뉴타운사업을 시작했다. 그리고 2003년 "서울특별시 지역균형발전지원에 관한 조례"를 제정하여 뉴타운 사업의 기반을 마련했다.

이후 2005.12월에 "도시재정비 촉진을 위한 특별법"을 제정(2006.7.1.시행)하여 뉴타운사업의 법적 근거를 마련하였고, 이때부터 본격적으로 재정비촉진사업으로서 추진하게 되었다.

재정비촉진사업은 건축물 건축 제한 예외와 건폐율 및 용적률 최대한도 예외의 완화방안 등 다양한 특례가 적용된다.

그리고 주택의 규모 및 건설비율 완화, 입체 환지 계획, 지방세의 감면, 과밀부담금의 면제 등 세제 지원도 가능하다.

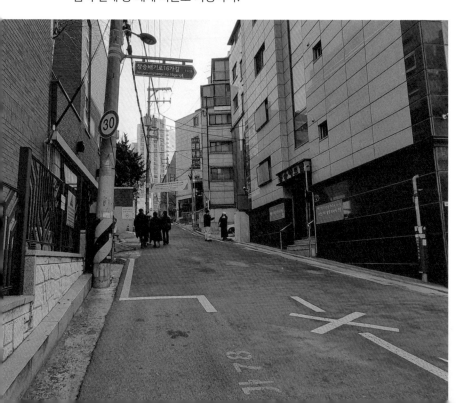

노량진뉴타운은 초기 투자금액이 커서 현실적으로 접근이 어려운 분들에게 존치지역 내 신축빌라 투자를 권유하는 사례가 많다.

존치지역의 투자를 권유할 때 주로 설명하는 내용으로 존치지역은 노량진뉴타운과 비교했을 때 가격은 아주 저렴하면서 노량진 뉴타운이 완성되면 뉴타운의 프리미엄을 온전히 누릴 수 있는 입지라고 강조하기도 하고 1~8구역 다음 타자로 존치지역이 재개발을 하게 되면 새아파트에 입주할 수 있는 입주권이 될 것이라 하면서 신축빌라 매수를 권하기도 한다.

그런데 존치지역이 재개발을 하게 되면 정말 신축빌라도 입주권이 나오는가?

존치지역의 투자에 앞서 권리산정기준일에 대하여 살펴볼 필요가 있다.

권리산정기준일이란 입주권의 유무를 결정하는 중요한 기준이 된다.

권리산정기준일과 관련하여 "도시 및 주거환경정비법과 서울시 조례에 의하면 2010.7.15. 이전에 기본계획이 수립된 지역은 구조례를 적용한다.

따라서 2008.7.30. 전에 건축허가를 받은 경우에만 신축 다세대 쪼개기를 허용하는데 노량진뉴타운은 이러한 구조례 적용 대상 지역이다.

그러면 존치지역의 권리산정기준일은 어떠한가?

"도시재정비 촉진을 위한 특별법"은 존치지역의 권리기준산정일 산정 시 중요한
기준이 된다.   "도시재정비 촉진을 위한 특별법" 제13조 제1항에서는 "제12조
에 따라 재정비촉진계획이 결정·고시되었을 때에는 그 고시일에 다음 각 호에 해
당하는 승인·결정이 있는 것으로 본다"라고 규정하면서 제1호에는 "도시 및 주
거환경정비법" 제4조에 따른 도시·주거환경정비기본계획의 수립 또는 변경, 같
은 법 제8조에 따른 정비구역의 지정 또는 변경 및 같은 조에 따른 정비계획의
수립 또는 변경"으로 명시하고 있다.

즉, 노량진뉴타운은 2006.12.21. "도시재정비 촉진을 위한 특별법"에 따른 재
정비촉진계획이 결정·고시되었고 동법 제13조 제1항 제1호에 따라 해당 고시일
에 "도시 및 주거환경정비법"에 따른 정비구역의 지정 및 정비계획의 수립이 있
었던 것으로 간주된다.

재정비촉진지구에는 촉진지역 뿐만 아니라 존치지역도 포함된다.
노량진의 존치지역은 법률에서 정하는 바와 같이 정비구역에 관한 기본계획이
2010.7.15. 이전에 수립된 것으로 간주되는 것이다.
따라서 존치지역의 분양대상자 선정 또한 구조례가 적용되므로 2008.7.30. 전
에 건축허가를 받은 경우에만 신축 다세대 쪼개기가 허용된다.

(이후에 신축된 다세대주택의 경우 전체 세대가 공유로 1개의 입주권만 받게 될 것이므로 피해가 예상된다) 존치지역 투자 시 권리산정기준일과 단독분양권 유무는 반드시 확인해야 할 것 같다. 그리고, 소액투자 추천 시 1~8 구역 내 물건도 아니고, 존치지역에 속해 있는 것도 아니고 재개발 구역 밖에 있는 빌라를 추천하는 예도 있다.

투자 권유 시에 언급되는 내용을 살펴보면 현재 진행 중인 1~8구역 노량진뉴타운이 완성된다면 구역 밖의 물건들도 그 수혜를 받게 된다고 하며 미래의 재개발 예정지라고 하면서 관심지역으로 투자를 권유하기도 한다.

노량진이라고 하는 전국적인 인지도와 폭발적인 관심 및 홍보에 힘입어 노량진 재개발 구역 밖에서 빌라는 지금도 여전히 신축되고 있으며 거래도 활발히 이루어지고 있다. 그러나 신축빌라가 계속 건축된다면 노후도가 계속 유지될 수 있을지도 의문이고, 구역 지정의 가능성이나 리스크에 대한 판단이 필요할 것으로 보인다. 또한, 성공한 재개발로 분류되는 노량진도 구역 지정부터 입주까지 30여 년 가량의 시간이 소요되는 것으로 보이는데, 하물며 구역 지정조차 되지 않은 구역은 과연 어떠할까?

부동산은 생물이고 미래는 누구도 알 수 없다. 투자했을 때의 리스크와 투자하지 않았을 때의 리스크 중 무엇을 선택할지는 각자 판단해야 할 영역인 것 같다

당산역 탐방기
당산동 6가 104 일대 현장

현장 탐방단은 신속통합기획 구역으로 지정된 당산동 6가 104 일대에 다녀왔습니다.

당산역 6번 게이트에서 다 같이 모여 전영진 대표님께 전체적인 사업 내용과 장소설명을 듣고 함께 움직였습니다.

예정지가 아닌 신속통합기획으로 지정이 된 곳은 어떤 분위기가 조성되어 있을지 궁금하기도 하고 내심 기대도 되었던 현장이었습니다.

신속통합기획 1차 구역으로 지정이 되었다 보니 구역내에 신축 쪼개기를 진행하는 상황은 아니었습니다.

자칫 잘못하면 물딱지가 될 수 있다는 압박감 때문인 것 같습니다.

당산동 6가 104 일대 - 신속통합기획 구역 1차 지정 완료

신속통합기획이란 서울시에서만 진행하는 정비사업으로 직접 가이드라인 제시와 함께 신속한 사업이 가능한 사업으로 5년 이상 걸렸던 구역 지정 기간을 단 2년 이내로 대폭 줄일 수 있는 사업입니다.

사업 이름 뜻 그대로 신속하게 사업 추진이 가능해졌습니다.

단, 신속 통합 기획은 토지 거래 허가제로 묶여버리게 되면서 실거주해야한다는 단점도 있습니다

<입체적 경관 계획안> 한강으로 열린 조망 및 통경축 확보

▶ 한강과 신속 통합 기획 구역 사이에 위치한 29년 정도 된 래미안 당산 1차 아파트도 앞으로 어떤 모습으로 변할지도 궁금해집니다.

신속통합기획 권리산정기준일

신속통합기획 1차 : 2021년 9월 23일

신속통합기획 2차 : 2022년 1월 28일

투기를 방지하기 위해 탄생된 권리산정기준일은 사업마다 다르기 때문에 혼란
스럽고 투자할 경우 매수자는 두 번 세 번 무조건 확인해 봐야 하는 필수 사항입
니다.

전망과 사업성이 좋은 지역을 찾는 것도 물론 중요한 내용이지만 결국은 아파트
에 입주할 수 있느냐 없느냐가 관건이기 때문입니다

차라리 매매 거래를 막았다면 헷갈리지 않기라도 할 텐데 물건을 사고파는 문제에 대해서는 제한 사항이 없다고 하네요. 스스로가 물딱지가 되는지 여부에 대해 정확하게 살펴볼 필요가 있습니다.

또한 신속통합기획 구역을 살펴볼 때 한 가지 중요한 점은 정비기본계획 수립이 되어 있거나 지구단위계획 결정 고시가 되었는지 여부입니다.

재개발 사업은 중복이 되는 경우도 발생합니다. 만약 신속통합기획과 정비기본계획이 중복되어 지정되었다면 먼저 지정이 된 날짜에 따른다고 합니다.

즉, 정비기본계획이 수립된 경우라면 2010년 7월 15일 기준으로 전에 수립이 된 지역이라면 구조례의 적용을 받게 되고 이후에 수립이 되었다면 신조례의 적용을받게 됩니다.

138

여기서 2010년 7월 15일 전으로 구조례가 적용된다면 2008년 7월 30일 전에 건축허가 받은 자들만 아파트를 받을 수 있는 자격이 주어지게 되고 그 날짜 이후라면 여러 명이 분양권 하나를 받는다고 합니다.

(※ 예외적으로 그 지역의 임대 아파트를 제외한 제일 작은 아파트 전용면적 보다 내 전용면적이 더 클 경우 아파트를 받을 수 있다.)

2008년 7월 30일 / 2010년 7월 15일 / 2021년 9월 23일
이 세 날짜와 내용은 꼭 암기해야 할 것 같습니다!

신속통합기획 구역으로 지정된 곳뿐만 아니라 역세권 시프트 지역 예정인 곳도 눈에 띕니다.

역세권 시프트 사업

역세권 지역에 공급을 확대하는 사업으로 용도지역을 상향해 주고 용적률도 최대 500~700%까지 상향해 주는 사업입니다.

대신에 늘어난 용적률 50%를 공공에 기여 하는 방식으로 장기전세주택이라고 불립니다.

역세권 시프트 권리산정기준일

정비계획 공람 공고일

역세권 시프트 사업에서 분양을 신청하기 위해서는 정비계획 공람 공고일 이전에 매입한 소유자여야 한다.

정확한 정보가 없다 보니 모두가 두려워 꺼리는 지역, 황금을 놓치는 순간들, 정확히 습득된 지식과 발 빠른 움직임이 투자 성공의 지름길이라는 것을 많이 깨닫게 되는 현장이었습니다.

앞으로 진행될 역세권 시프트 사업에도 큰 기회가 있을 것 같아 기대가 됩니다

용산시리즈 1.

2기 현탐반이 마무리되고 3주의 휴식 후 3기 현탐반이 시작되었습니다.

설레는 토요일입니다.^^

효창공원역앞 5번 출구에서 오전 11시 모임입니다.

오늘 탐방의 주인공들입니다.

효창공원역앞 인근 지역은 신축쪼개기가 너무 많이 이루어져 현재는 3080도심 공공재개발 밖에 방법이 없는 곳입니다.

예전 대표님이 수업 때 한 번 언급하셔서 혼자 다녀왔던 곳인데 역시 혼자 가는 것과 대표님과 함께 가서 보는 게 참 다르더라고요^^

현재 구역 내 주민대표준비위원회가 2개 있다고 합니다. 신축 빌라 가격이 6.7~7.6억원대(2룸 기준)입니다.

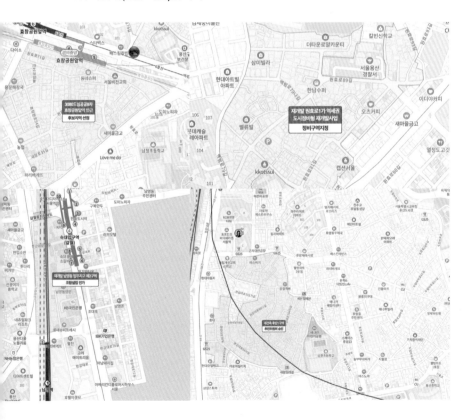

그 다음으로 간 곳은 원효로1가 역세권 재개발구역입니다. 현재 역세권시프트가
진행 중인 곳입니다.

개발행위허가 제한구역(도시 및 주거환경정비법 제19조에 따른 행위제한)으로 노
후도가 유지되고 있는 곳입니다.

2룸 빌라 가격이 8억원 정도에 나와 있습니다. 삼*** 땅 600평이 저렴하게 나왔
다. 고 합니다. 이곳을 구역에 넣어줄 것인가? 많은 토론이 오갔습니다.

원효로1가 재개발구역의 구역계(아실)를 보면 용산경찰서 때문에 예쁘지는 않습니
다. 용산경찰서를 신축하면서 한쪽으로 옮기면 버려지는 땅 없이 더 반듯하게 많은
세대를 지을 수 있을 것이라고 생각해봅니다.

그런데 솔직히 제가 어떻게 알겠습니까. 같이 사는 사람의 속도 모르는데 남의 속을
^^..
"

남영동 업무지구 제2구역 맞은편 용산공원과 맞닿아 있는 곳이 참 좋아 보였습니다.

용산공원 담이 사라진다면 미국의 센트럴파크 주변과 같은 곳이 될 것 같습니다.

후암동은 서후암동과 동후암동으로 나뉘는데 서후암동은 현재 개발이 추진 중이고 동후암동도 최근에 신통기획을 신청했다고 합니다.

[질문]
용산 임장이 잡히고 갑자기 지인의 해방촌 빌라가 팔렸습니다.
해방촌 신흥시장 쪽 물건인데 이쪽은 제1종일반주거지역, 고도지구(12m 이하)인 곳입니다.
이런 곳도 개발이 가능할까요?
누군가는 성북2구역의 예시를 들면서 가능하다고 한 적이 있었습니다.
가능할까요?

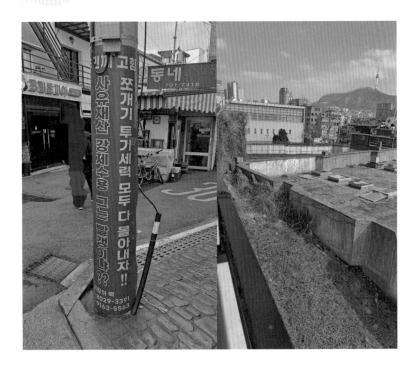

용산시리즈 2.

오늘의 탐방은 완전 찐이었습니다. 늘~ 찐이데 오늘은 더더더 찐이요.

날씨가 추워서인지 사진으로 담고 싶은 게 많아서인지 밥 먹으러 가니 배터리가

방전이 되어 버렸습니다. 정말 이런 일은 처음입니다.

신용산역 2번 출구에 모인 우리는 오늘도 가벼운 발걸음으로 시작 ^^

용산역 주변은 핫합니다.

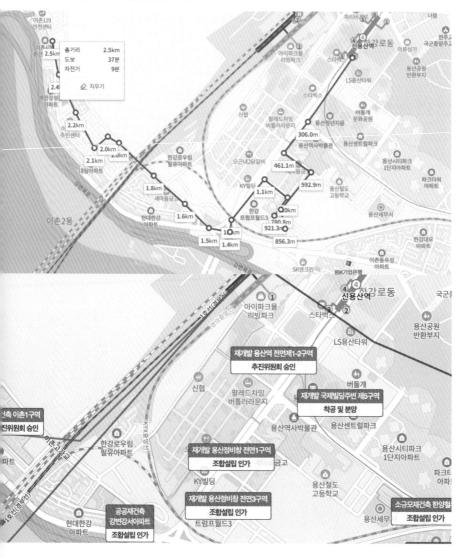

▲ 용산센트럴파크(주상복합) : 2020년 1,140세대
38평형 기준 매매 24.2~27.5억 / 전세14~18억

▲ 용산호반써밋에디션(주상복합)
재개발 국제빌딩 주변 제5구역
: 2025년 3월 입주 예정, 전매제한 총 110세대

▶ 용산시티파크1단지 : 2007년 421세대
41평형 기준 매매 28~31억 / 전세 12.5~16억

통일교 본당이 보입니다.

통일교는 꽁사님, 부처님, 예수님 동상을 건물 앞에 배치, "모든 성인은 다 성인이다" "하늘 아래 종교는 하나, 통일교로 하나 되는 종교"를 의미한다고 합니다.

통일교 본당 뒤쪽에 보이는 파크타워(주상복합) : 2009년 5월 888세대, 35평형 기준 매매 24억/ 전세 12억

조합원 전원이 40평 추가분담금 없이 무상 입주를 했다고 합니다.

조합장님 짱 멋짐요 ^^

소규모재건축이 추진 중인 한양철우아파트입니다.

뒤쪽 용산세무서와 양쪽 주택단지들과 함께 개발을 추진했으나 각자의 이해관계가 다르다보니 한양철우아파트를 바로 보는 기준 오른쪽 주택단지, 용산세무서 부지(이전)와 왼쪽 주택단지, 한양철우아파트 각각 개발이 진행된다고 합니다.

▲ 용산 아세아아파트부지

2014년 부영주택이 국방부로부터 매입, 지하3층 최고 32층 969가구 건립 예정, 이중 150가구는 주한 미국대사관 직원 숙소로 공공 기여하려고 했으나 9년째 구역 내 미보상 토지 6개 필지를 두고 소유주와 소송전과 미국대사관 간 갈등으로 사업이 지연, 현재 상한용적률이 382%까지 높아져 기존 969가구 → 999가구로 재건축이 가능하다고 합니다.

용산역 주변 가장 신축인 용산센트럴파크보다 더 핫한 곳이 될 것이라고 예상합니다. 한때 부실공사(동탄)로 욕 먹었던 부영이지만 동탄호수공원 쪽에서도 최고의 자리에 부영단지를 만든 똑똑한 부영인 것 같습니다.

그리고 오늘 임장의 주인공 현재 신통을 추진하는 곳입니다.

경의중앙선, 1호선 용산역, 경의중앙선, 4호선 이촌역, 4호선 신용산역을 걸어서 이용이 가능한 곳입니다.

지역조합과 주민들이 추진하는 신통기획이 대립했던 곳입니다.

쌍용부동산 소장님의 최고의 브리핑을 들었습니다. 결과는 동의율 72.5%로 신통 통합기획은 구청에 접수 완료한 상태. 혹시 몰라 추가로 동의서를 더 받아두고 있다고 합니다.

예쁜 두 분이 계신 곳, 뒤편 넓은 땅이 용산정비창 부지이다.

대표님이 말씀하셨습니다. 자식들에게 물려줄 곳이라면 바로 이 주변이라고!

시범아파트, 중산아파트는 국제업무지구 바로 뒤에 위치한 곳으로 용산정비창 수혜지역이 될 수 있는 곳이다.

그런데 문제는 토지가 시유지인 뚜껑이라는 것, 그리고 이들이 재건축인데 재건축이라 할 수 없는 그렇다고 재개발도 아닌 것이 그래서 불하도 할 수 없는 아주 어려운 곳인 듯하다.

용산정비창 부지가 개발되면서 이곳도 함께 개발되는 것이 최선이라고 합니다.

▶ 시범아파트 : 1970년 190세대, 토지가 시유지
15평 : 매매 9.7~9.9억 / 전세 1.5억
18평 : 매매 9.8~11억
20평 : 매매 10~12억 / 전세 2.3억

▶ 중산아파트 : 1970년, 228세대, 토지가 시유지
12평 : 매매 9억 / 전세 1.3억
15평 : 매매 9.9~10억 / 전세 1.3~2.5억
17평 : 매매 10~11.8억 / 전세 1.8~3억

앞으로의 현장탐방 Story

매주 목요일 7시 전영진 자문위원의 재개발연구회
라이브스쿨 수업을 듣는 것이 재개발 이론학습의 전부이다.
수업 내용이 방대하고 심도 깊은 주제가 많기 때문에,
예·복습 VOD 시청으로 꾸준히 학습하며 학습한 내용을 바탕으로
현장탐방단을 꾸려 재개발 유력지와 이슈지역을 직접 찾아가 실전에
다양하게 적용하는 연습과 회원 간 소통하는 활동을 주기적으로 하고 있다.

현장탐방의 주된 활동은 4가지

1. 선점 가능한 재개발 유력지 찾기
2. 이슈지역 숨겨진 스토리 알아보기
3. 좋은 투자 물건을 찾는 요령 터득
4. 부동산콘서트홀에 모여 부동산이야기 나누기

현장탐방에는 부동산 투자에 처음 입문하는 젊은 학생부터 실전 경험이 풍부한 투자자와 공인중개사 등 다양한 사람들이 재개발의 견문을 넓히고, 각자의 분야와 지역정보 및 경험담을 공유하며 유익한 시간을 보낸다. 현장탐방의 학습효과와 보람을 최대화하기 위해, 탐방 이후 각자 자율적으로 내용을 정리하고 탐방단과 공유하며, 희망하는 경우 연구회의 검토를 거쳐 머니S에 투고하면 탐방 내용이 기사화된다.

작성된 탐방기록 중 몇 개를 추려 책에 담아보았고, 부동산업계 종사자가 아닌 재개발에 입문한지 한두 달, 반년 정도 된 회원들이 직접 작성한 내용이다. 일방적 수업으로 끝나지 않고 배운 내용이 실제로 어떻게 적용되는지 직접 확인하고 함께 참여한 회원들과 이야기를 나누다보면 몇 배 빠른 습득과 정제된 정보를 얻게 된다는 것이 대부분의 후기이다. 부동산콘서트홀에서는 앞으로도 재개발연구회 현장탐방단과 함께 재개발 유력지와 이슈지역을 탐방하며 함께 성장할 수 있는 우군을 만들어갈 것이다!

부동산콘서트홀 현장전문가 크루 모집

1. 공인중개사 자격증 우대(필수 x)
2. 재개발·재건축·빌딩 등 다양한 분야
3. 포스팅 게시 공간 제공(부동산콘서트홀 블로그)
4. 유튜브, 부콘TV 콘텐츠 제작 참여 및 현장브리핑 기회
5. 자체 검증 후 부콘TV 지역 특강, 각종 세미나 개최 기회 제공
6. 경제지 머니S 기사 투고
7. 재개발연구회 에이전트중개사 지원 가능
▶ 자세한 사항은 [www.bucon.tv] 또는 [blog.naver.com/realty_best]에서 확인하세요!

[정비록] 삼성 VS HDC 남영2구역 격돌··· "클린수주 목표"

'공사비 7000억원' 용산국제업무지구 등 개발 호재 기대

[편집자주] [정비록]은 '도시정비사업 기록'의 줄임말입니다. 재개발·재건축 사업은 해당 조합과 지역 주민들은 물론 건설업계에도 중요한 이슈입니다. 도시정비계획은 신규 분양을 위한 사업 투자뿐 아니라 부동산 시장의 방향성을 이해하는 데도 도움이 될 것입니다. 현장을 직접 찾아 낡은 집을 새집으로 바꿔가는 모습을 생생하게 전달하겠습니다.

남영2구역은 지하철 1호선 남영역과 4호선 숙대입구역 인근 1만7659㎡를 재개발해 최고 34층 아파트 565가구와 오피스텔 80실, 복합청사, 업무시설 등을 조성하는 사업이다. /자료 제공=서울시

고금리·고물가 영향으로 공사 원가율이 상승하며 서울 알짜 정비사업(재개발·재건축)들도 시공사 선정에 난항을 겪고 있다. 최근 서울 용산구 '남영동 업무지구 제2구역 도시정비형 재개발 사업'(남영2구역)의 시공사 수주전에 업계 1위 삼성물산과 HDC현대산업개발의 경쟁 입찰이 성사되며 이 같은 분위기를 반전시켰다.

총사업비 7000억원 규모의 남영2구역 재개발 시공권을 따내기 위해 두 시공사는 조합에 유리한 조건을 제시해, 최근 건설업계가 경쟁 입찰을 회피하려 한 움직임과 대조됐다. 서울시가 주도한 용산국제업무지구 개발과 정부의 용산공원 조성, 한남뉴타운 등 민간 재개발 사업의 연계 수주를 목표로 한 치열한 경쟁이 예상된다.

남영2구역 골목 /사진=김노향 기자

남영2구역은 지하철 1호선 남영역과 4호선 숙대입구역 인근 1만7659m²를 재개발해 최고 34층 아파트 565가구와 오피스텔 80실, 복합청사, 업무시설 등을 조성하는 사업이다. 주택가가 없는 역세권 업무지구로 현재 식음료 업종이 상권을 형성하고 있다. 지하철 역이 가까운 대로변 상권임에도 적지 않은 매장들이 폐업한 상태다.

조합은 오는 8월 총회를 열고 시공사를 선정할 예정이다. 조합에 따르면 지난달 21일 남영2구역 시공사 선정 입찰을 마감한 결과 삼성물산과 HDC현대산업개발 두 곳이 사업제안서를 제출했다.

상권 침체로 폐업 속출... "조합원 클린수주 의지"

남영2구역 골목 /사진=김노향 기자

삼성물산은 '래미안 수페루스'라는 단지명과 총공사비 6614억원을 제안했다. 이는 HDC현대산업개발의 6759억원보다 145억원 낮은 액수다. 사업촉진비 1120억원 지원도 약속했다. 조합원당 10억원씩 지원받을 수 있을 예정이다.

삼성물산은 글로벌 설계사 '아르카디스'와 협업해 커뮤니티와 평면 특화설계를 적용키로 했다. 조합원 분양분인 고층에는 용산공원 조망이 가능한 프라이빗 테라스를 조성할 계획이다. 아파트 3개 동을 스카이브리지로 연결해 남산과 용산공원을 조망할 수 있는 설계를 제시했다.

삼성물산 '래미안 수페루스' 조감도 /사진 제공=삼성물산

삼성물산은 공사 수익 감소에 대응하기 위한 전략으로 정비사업 시장에서 선별 수주를 하고 있지만 이번 경쟁에선 사활을 걸 것으로 보인다.

삼성물산 관계자는 "용산 랜드마크 단지인 '래미안 첼리투스'와 '래미안 용산 더 센트럴'을 시공했고 한남4구역과 남영2구역 외 기타 업무지구의 연계 수주를 계획하고 있다"면서 "무엇보다 당사는 출혈 경쟁을 지양하고 클린수주의 의지가 강하다. 조합원들의 방향성과 일치하는 부분이 수주를 결정한 배경"이라고 설명했다.

HDC현대산업개발 "2년2개월 동안 공사비 증액 안할 것"

'트리니티 아이파크'/사진 제공=HDC현대산업개발

HDC현대산업개발도 올해 재개발 사업에서 단독 수주 성과가 없었다 대형 건설업체 가운데 유일하게 용산구에 본사가 위치한 HDC현대산업개발은 남영2구역에 특별히 공을 들였다는 입장이다.

HDC현대산업개발 관계자는 "아이파크몰과 용산병원 부지 개발사업, 용산역 광장 등 여러 개발사업을 추진해왔고 아이파크 브랜드를 통해 용산의 주거·상업시설 경쟁력을 높이는 데 도움이 되기 위해 입찰에 참여했다"고 밝혔다.

회사는 업계 1위 삼성물산과의 경쟁에서 우위를 점하기 위해 2년간 물가 변동 없는 '확정 공사비' 6759억원을 제시했다. 공사비 산출 기준 시점은 2026년 8월이다.

통상 공사비 산정 시점은 입찰 마감일을 기준으로 정하지만 최근 수년간 물가 폭등으로 공사비 상승 분쟁이 잇따르며 반영 시점을 최대한 미뤘다. 삼성물산보다 공사비가 높지만 입찰 후 약 2년2개월 동안 공사비를 증액하지 않겠다는 뜻으로 풀이된다.

단지명은 '트리니티 아이파크'로 제안했다. 용산 개발의 3대 축으로 손꼽히는 국제업무지구와 용산공원, 남산으로부터 이어지는 남영동을 삼각형으로 이어 정점의 의미를 담았다는 게 회사 측의 설명이다.

설계는 글로벌 설계그룹 SMDP와 협업한다. 상업시설은 글로벌 부동산컨설팅그룹 '세빌스'가 담당한다. 롯데월드타워와 인천국제공항 구조설계에 참여한 'LERA'와도 협력한다.

김노향 기자 (merry@mt.co.kr)

투자물건을 고르는
핵심 Know-How

좋은 투자 물건을 고른다는 것은 시장의 분위기와는 별개로 꾸준히 성공적인 투자를 할 수 있는 안목을 가졌다는 것이다. 그러기 위해 우리는 끊임없이 공부해야 한다. 누군가로부터 "여기가 좋다는 말 듣고 샀어요"와 같은 막연한 투자는 일시적 성공이 가능할진 몰라도, 장기적인 안정적 수익 창출과는 거리가 먼 이야기다. 잡아주는 물고기를 찾아다니는 것이 아닌, 물고기를 잡는 방법을 배워야 한다. 본질적 이해를 바탕으로 능동적 시장분석이 이루어질 때 진정한 투자의 '노하우'가 생긴다.

객관적 판단

재개발물건 분석은 이슈에 비중을 두지 말고 사업진행 가능성부터 가장 먼저 따져야 한다. 구역지정이 되었다 하더라도, 오랜 기간 추진되지 않고 하염없이 시간만 흐른다면 무슨 소용이 있겠는가. 재개발은 '주민들의' 의지로 추진되는 사업이다. 서울전역에서 관찰되는 수많은 개발 호재를 예로 들면, 단순한 호재의 발표보다는 그지역 주민들의 개발 의지가 사업 성패를 결정짓는다. 그리고 그 의지는 컴퓨터 모니터나 스마트폰 화면에서는 절대로 느낄 수 없으며, 현장의 분위기를 직접 살피고 실현 가능성을 판단해야 한다. 해당 지역 인근의 구역지정 및 사업진행 현황, 상권 분위기와 매매 흐름, 노후도가 깨질 가능성, 대략적 조합원 숫자, 용적률, 적용가능한 사업 등 다양한 요소들을 주의 깊게 조사해야 한다.

비교분석, 사업별 지정요건 따져보기

재개발 투자물건의 가치평가는 단순히 물건의 단가 뿐 아니라, 다양한 현장과의 비교분석을 토대로 현재 가치와 미래 가치를 모두 고려해야 한다. 발품을 팔기 전 컴퓨터 앞에서 다양한 현장을 비교분석 이후 선별한 근거를 가지고 목적이 명확한 현장탐방이 되어야 한다. 단순히 오래된 지역이나 입지조건을 알아보는 수준을 넘어서 다양한 정비사업 내에서 핵심이 되는 지정요건을 검토하고, 구역지정 이후 일련의 과정을 개략적으로 그려보는 시간이 필요하다.

노후도, 호수밀도, 접도율, 과소필지, 세장형/부정형 등 법령과 조례에서 정하는 조건들이 구역지정요건에 충족하는지 따져보고 가능한 사업(모아,신통,역세권 등)을 검토하여 용도상향 시 상향되는 용적률까지 확인한다. 이후 현장 주민들의 예상 호응도와 공사비용, 분양 수익과 아파트 평형배분 등 개발 시나리오를 소비자 관점이 아닌 시행자의 관점에서 하나씩 따지다보면, 비교우위에 있는 물건 또는 지역을선택해 나갈 수 있다.

수의 논리

재개발은 주민이 직접 추진하는 사업이다. 따라서 동의율을 포함하여 추가분담금과 환급금 등 주민 각자 보유한 물건의 컨디션에 따른 이해관계가 복잡하게 얽히게 되는데, 결국엔 '다수'의 주민이 선호하는 방향으로 흘러간다. 조합입장에서는 동의율과 반대동의율의 힘싸움을 예의주시하며 궁극적으로 단계별 재개발 사업의 관문을 통과하여 사업이 '진행' 되는 방향으로 구조를 짜게될 수 밖에 없고, 그 방향은 결국 동의표를 가진 다수의 조합원이 '금전적 이득'을 더 크게 가지는 구조일 수 밖에 없다.

따라서 최초 투자물건 구매 시 '수의 논리' 판단이 용이한 지역에서 유리한 물건에 투자하는 것이 좋다. 내가 가진 물건이 다수에 포진한 물건일수록 사업은 내 물건의 수익성을 높여주는 방향으로 흘러간다. 현장탐방을 다니다보면 이러한 수의 논리가 한눈에 확 들어오는 경우도 있고, 머릿속에 그림이 잘 그려지지 않는 현장도 있다.

예를들어 다양한 용도의 건물들이 복합적으로 섞여있거나 외관상 건물의 용도가 잘 구분되지 않는 지역이 있다. 다가구처럼 보이는 건물이지만 하숙으로 이용되는 근생건물일 수도 있고, 평일 낮에는 조용한 거리가 주말저녁에는 북새통을 이루는 경우도 있다. 따라서 현장을 볼 땐 해당지역의 특성을 고려하여 탐방 시간대를 잘 정하거나, 다회차 탐방을 기본으로 생각해야 한다.

수의 논리를 따질 때 단순히 건물의 용도나 동네 분위기를 보는 것 이외에도 해당지역에 어떠한 사업이 그려지는지 생각하고 탐방에 임해야한다. 도정법과 소정법, 신통, 역세권 등 사업의 종류마다 요구하는 동의의 기준이 각양각색이기 때문이다. 토지등소유자의 동의 뿐 아니라 토지면적동의율, 그리고 해당사업이 기속적 행위에 해당하는 사업인지 아니면 지자체의 재량에 따른 허가사항이 포함된 사업인지 복합적으로 생각할 수 있도록 반복훈련이 되어야한다.

개발이
손해인 경우

초보자라면 중심 번화가를 보면 너무 좋은 위치라 개발 가능성이 높겠디는 허황된(?) 생각을 할 수 있다. 하지만 지역이 노후되어 단층, 저층건물이 즐비해 있음에도 상권이 너무 좋아서 장사가 잘되는 지역이라면 개발 난이도는 수직상승한다. 중심상권은 상가소유주가 실제로 거주하는 공간보다는 임대를 놓고 임대수익을 잘 얻고 있거나 직접 장사를 하는 경우이므로 재개발의 필요성을 잘 느끼지 못하기 때문이다. 예를들어 한 달 순 이익이 5,000만원인 점포가 있다고 가정해보자. 개발이 진행되면 장사 잘되는 상권에서 옮겨 나가야 하는 리스크가 존재하고, 같은 기간에 영업을 지속하여 꾸준히 매출을 내는게 이득이라고 생각할 것이다. 임대인의 시각도 마찬가지다. 입지좋은 상가는 쏠쏠한 임대료와 특급 임차수요가 보장되는데, 이러한 장점을 포기하고 적극적 개발 의지가 있을 확률은 낮다. 개발이 진행되더라도 재개발보다는 시장의 큰손에 의해 재건축이 되는 경우가 대부분이다.

이러한 이유로 유동인구가 많은 역세권 인근의 붐비는 상권은 천장에서 물이 새거나 출처 불분명한 악취가 나더라도 개발의 움직임이 없는 경우가 많다. 서울시에서도 이러한 현주소를 매우 잘 알기에, 역세권 재개발의 내용에는 용도지역 종상향(활성화사업은 최대 4단계까지)과 노선형상업지역 추가인센티브 부여 등의 절대적 '사업성' 자체를 끌어올려 역 주변의 상업지를 어떻게든 개발하려하고 있고 조금씩 움직이는 현장들이 포착되고 있다. 이러한 분위기에서 진행되고 있거나 개발의 태동이 있는곳은 그만큼 높은 사업성의 방증이다.

다가구/다세대주택
좀 더 멀리서 보기

현장을 분석할 때 다가구/다세대주택 자체의 차이도 있지만, 정비사업 구역의 구성요소로 봤을 때 다가구/다세대주택의 비율은 주민의 호응도와 사업실현 가능성을 판단하는 중요한 지표로 활용 가능하다. 통상 다가구주택은 다세대주택의 각 호실보다 훨씬 큰 대지지분을 가졌기 때문에 절대적 감정평가액이 훨씬 높지만 '동의율'에 반영되는 토지등소유자로서는 대지지분이 훨씬 작은 다세대주택과 동일하게 1명으로 인정된다. 때문에 '수의 논리'에 의해 비교적 다수의 입장인 다세대주택 소유자들에게 추가분담금을 줄이거나 환급금을 늘리는 구조로 관리처분계획이 짜여질 확률이 높다. 또한 조합설립이전 단계에선 사업성을 예상하기 위해 추정비례율과 추정분담금을 계산하는데, 이 때 단독주택과 다세대주택의 종전자산 추정 감정평가액 계산법과 보정률 상수가 다르고 결과 값의 차이가 크다. 때문에 실제로 분담금 추산액이 공개되면 단독주택 소유주들의 언성이 높아지기 마련이다. 이는 지자체에서 공식적으로 제시하는 추정계산법이며 실제 관리처분단계에서 완전히 무시할 수는 없는 예상치이다.

따라서 겉보기에 비슷한 두 개의 현장을 비교하는 경우, 다가구주택보단 다세대주택 비율이 높은 현장이 동의율 측면에서 유리하다. 흥미롭게도 노후도가 깨지는 관점에서는 신축다세대 건물이 많은 것이 마이너스 요소지만, 적정수준의 신축다세대가 있는 지역은 신축 소유자들이 재개발을 선호하기 때문에 동의율의 상승 요소로 작용한다. 같은 다세대건물이라도 신축일수록 건물의 가치를 인정받아 종전자산의 가치가 높게 책정된다. 아래의 그림은 모 지역이 토지등소유자에게 고지한 실제 분담금 추산액 자료이다.

■ 토지등소유자별 분담금 추산액 산출근거

추정비례율	· 추정비례율 산정방식 : (총 수입 - 총 지출) / 종전자산 총액 x 100% · 추정비례율 : 109.63% → (3,840,033,360천원-1,977,910,206천원)÷1,698,546,857천원 · 총수입 추정 : 3,840,033,360천원 · 총지출 추정 : 1,977,910,206천원 · 종전자산 총액 추정 : 1,698,546,857천원		
개별종전자산 추정액	· 개별 공시가격 : 부동산공시가격알리미(www.realtyprice.kr)에서 개별 공시가격 확인 · 공동주택 소유자 = 공동주택 공시가격(2023) × 보정률(2.50) ※ 공동주택의 경우 공시가격에 토지평가액 포함 · 단독주택, 상가 소유자 = 토지가액 + 건물가액 - 토지 = 개별공시지가(2023) × 토지면적 × 보정률(2.40) - 건물 = 계락단가 × 연면적 ※ 건물의 계락단가는 경과연수 30년 기준 평균 약130만원/3.3㎡ 추정		
추정분담금 산출	· 추정분담금 산정방식 = 권리자 분양가 추정액 - (종전자산 추정액 × 추정비례율)		
	권리자 분양가 추정액(a)	추정 권리가액(b)	추정분담금(a-b)
	전용 39㎡ 형 801,444천원	개별 종전자산 추정액 × 추정비례율(109.63%)	권리자 분양가 추정액 - 추정권리가액 (+ : 부담 / - : 환급)
	전용 59㎡ 형 1,089,664천원		
	전용 84㎡ 형 1,433,886천원		
	전용108㎡ 형 1,729,015천원		
	전용140㎡ 형 2,156,308천원		

※ 관리처분계획인가 시 개별 물건에 대한 종전자산 감정평가 및 분양가격 확정 결과 등에 따라 변동될 수 있음

[단독] "재개발 안 해"… 자양4동 단독주택 소유주 뿔난 이유

광진구청 추정 감정평가액 두고 일방적 통보라며 반발

1구역 구축 단독주택, 3.3m²당 평균 3500만~4000만원

2구역 신축빌라 1억2000만~1억6000만원 책정되자 분노

"아직 확정 아니다" 광진구 진화에도 갈등 장기화 조짐

광진구청이 지난 1월 서울시 신속통합기획 대상지로 선정된 '자양4동 57-90번지 일대 재개발사업' 정비계획 수립 관련 주민설명회를 지난 25일 열고 추정 감정평가액에 따라 제기된 소유주 이의를 청취하는 시간을 가졌다. 사진은 이날 설명회에 참석한 국회 과학기술정보방송통신위원회 소속 고민정 의원(더불어민주당·서울 광진구을)의 모습. /사진=독자 제공

최고 70층 높이의 성수전략정비구역과 더불어 한강변 재건축 기대주로 꼽히는 '자양4동 57-90번지 일대 재개발사업'의 신속통합기획이 추정 감정평가액을 둘러싼 논란으로 잡음이 일고 있다. 구축 단독주택 소유주들이 신축빌라 감정평가액과 차이가 크다며 반발해서다.

단독주택 소유주들은 실거래 자산가치 반영이 되지 않은 채 가격이 낮게 책정된 만큼 아예 재개발을 하지 않겠다는 입장이다.
26일 업계에 따르면 광진구청은 전날 자양4동 57-90번지 일대 재개발사업 정비계획 입안 관련 주민 설명회를 개최하고 이 같은 단독주택 소유주들의 불만 수렴에 나섰다.

같은 재개발인데 벌어진 가격차에 불만 폭발

앞서 자양4동은 2021년 1차 신통기획 공모에서 한 차례 고배를 마셨다. 현금청산자가 높다는 이유에서였다. 당초 자양1구역 현금청산자 비율은 18%, 2구역은 13%에 달했다.
사업추진위원회는 자양1·2구역을 통합해 현금청산 대상이 되는 20여가구를 제외하는 방식으로 현금청산자 비율을 낮췄다. 이어 분양권을 받을 권리가 없었던 신축빌라도 권리를 받을 수 있는 테두리 안으로 들어오면서 이 비율을 4%대로 대폭줄였다.

광진구는 연내 정비구역 지정과 계획 결정 완료를 목표로 사업을 추진 중이지만 정비계획 수립을 위한 입안 동의서를 받는 과정에서 문제가 불거졌다.
1구역은 구축 단독주택, 2구역은 비교적 신축인 다세대·다가구주택 등 빌라가 밀집한 곳인데 구축 단독주택 소유주들이 상대적으로 낮은 감정평가액에 대해 반발했다.

광진구가 제시한 1구역 구축 단독주택의 추정 감정평가액은 3.3m²당 평균 3500만~4000만원으로 알려졌다. 반면 2구역 신축빌라는 3.3m²당 1억2000만~1억6000 만원으로 책정됐다.
단독주택 소유주들은 이 같은 예상 감정평가액이 추산된 구체적인 계산식이나 거래 사례를 전달받지 못했다고 주장한다.

한 단독주택 소유주 A씨는 "다수의 단독주택 소유주들이 75~85세의 노인으로 예상 감정평가액이 어떻게 산출된 것인지 아직 이해하지 못했다"며 "구청은 제대로 된 설명 없이 사업을 빨리 진행하기 위해 정비계획 입안 동의서부터 징구하고 있다"고 지적했다.

이 같은 예상 감정평가액이 재개발 현장에 자주 등장하는 불법 투기꾼들의 빌라 매수를 촉발할 수 있다는 우려도 표했다.
광진구청은 현재 고지된 추정 감정평가액은 말 그대로 '추정'이기 실제 부동산 가치와 상이할 수 있다는 입장이다. 부동산 감정평가를 할 때는 통상 현재 해당 건물의 가격에서 시간의 흐름에 따라 감가된 가치를 빼는 원가법을 이용한다.

이 때 빌라와 단독주택의 가치 산정 방법이 다르다. 빌라는 공동주택 공시가격을 기준으로 하지만 단독주택은 토지와 건물 가치를 별도로 평가한다.
토지 감정평가액은 표준지 공시지가에 기타 요인을 반영해 산정한다. 건물은 연식에 따른 감가를 고려한 뒤 m²당 가격을 전체 면적에 곱하면 감정평가액이 산출된다.

재개발구역 내 단독주택은 노후도가 심해 전체 주택 가격에서 건물이 차지하는 부분은 극히 적고 토지 가격이 대부분을 차지하는 경우가 많다. 이런 이유로 단독주택의 감정평가액을 추정할 때 토지에 대한 공시지가 비율만 계산하기도 한다. 광진구청 관계자는 "추정 감정평가액 산출 과정을 주민들에게 이미 알렸으나 설명이 미흡한 부분이 있었다는 결론이 나 다음주 중 계산 방식에 대한 세부 검토에 들어갈 예정"이라며 "(정비계획 입안) 동의서 징구는 정해진 기한이 있는 것은 아니라 서두를 필요가 없다"고 해명했다.

기부채납 과도하다는 소유주들... 구청 "노후도 고려해야"

현재 구축 단독주택 소유주들은 기부채납 비율과 추정 공사비에도 의문을 품고 있어 구청과의 갈등이 장기화될 조짐이다. 광진구청의 정비계획안에 따르면 공공청사와 35층 높이의 전망대, 단지 내 도로 등을 의무적으로 건립해야 한다.

이를 바탕으로 구청이 제시한 예상 공사비는 m²당 780만원이다 단독주택 소유주들은 "현실과 동떨어진 공사비를 제시하면 마치 추가 부담금이 적은 것처럼 주민을 호도할 수 있지 않겠냐"며 의문을 제기하고 나섰다.

주거환경연구원이 조사한 서울 정비사업지 3.3m²당 평균 공사비는 754만 5000원이다. 아직 조합설립 절차도 밟지 않은 자양4동의 상황을 고려하면 착공 시 현재구청이 제시한 금액보다 공사비가 현저히 높아질 것으로 예측된다.

광진구청 관계자는 "이 지역 기부채납 비율은 10% 초반"이라며 "재건축이나 소규모 정비사업과는 달리 재개발은 막다른 곳이거나 오래돼 못 쓸 수준인 도로 비율이 높아 기부채납 비율이 커질 수밖에 없다"고 설명했다.

이어 "공사비와 분양가는 조합이 설립되면 조합원들이 결정하는 사항이고 구청이 제시한 공사비는 사업성 검토 과정에서 주변 시세를 감안했을 때 산출한 예상치에불과하다"고 부연했다.

구청은 현재 불거진 문제를 해소할 추가적인 설명회나 간담회 등을 아직 계획하고 있지 않다. 지난 25일 설명회는 '도시 및 주거환경정비법'(도시정비법)에 따른 의무사항이다.

앞서 서울시는 지난 1월 '자양4동 57-90번지 일대 재개발사업'의 신통기획을 확정한 바 있다. 연면적 13만9130m² 구역 내 최고 50층 내외, 약 2950가구가 조성될예정이다. 해당 구역 개발에 따라 자양·성수 일대 한강변 스카이라인이 크게 바뀔 것이란 관측이다.

업계 관계자는 "자양4동 일대는 뚝섬 한강공원, 성수 카페거리, 역세권 상권 등 다양한 지역자원과 인접해 잠재력이 풍부한 곳으로 평가받는다"고 짚었다.

이어 "노후화된 집과 좁은 골목, 부족한 생활 기반시설 등 열악한 주거환경으로 재개발 필요성이 꾸준히 제기돼 왔던 만큼 이번 갈등을 어떻게 봉합하느냐에 따라 사업 성공 여부가 갈릴 것"이라고 전망했다.

정영희 기자 (chulsoofriend@mt.co.kr)

비슷한 조건이라면
조합원 수가 적은 곳

조합원 수가 적은 지역은 일반분양 수익을 극대화할 수 있는 잠재력을 제공한다. 이는 낮은 조합원 수로 인해 더 많은 일반분양물량을 확보할 수 있으며, 이는 전체 사업의 수익성을 높이는 데 기여한다. 같은 조건이라면 조합원의 수가 적을수록 추가분담금이 줄거나 환급금이 늘어나고 사업성은 올라가기 때문이다. 따라서 조합원 수가 상대적으로 낮은 지역의 선정은 투자물건 결정에 중요한 요소가 된다. 구역지정이 된 곳이라면 상향 용적률과 추후 지어질 아파트 건립 세대수를 확인하고 예상 조합원 숫자를 유추하면, 대략적인 일반분양 수익까지도 판단해볼 수 있다. 물론 공사비의 증가 등 사업성 자체의 변수는 존재하지만, 조합원 수가 적은 것이 장점이라는 본질적인 개념은 변하지 않는다. 또한 조합원 수가 적을수록 의사결정과 분쟁조율에서도 유리하기 때문에 사업추진속도에 긍정적 요소로 작용한다. 식당에서 친구들과 메뉴 통일하는것도 쉽지 않은데, 큰 단위의 돈이 오고가는 재개발 사업에서 조합원 숫자가 많은 곳의 의결은 훨씬 더 어려운 과제이기 때문이다.

노후도가
지켜지는 곳

재개발 구역 지정요건 중 절대 빼놓을 수 없는 조건이 바로 노후도 요건이다. 노후도는 말 그대로 오래된 건물의 비중이 높을수록 개발이 필요하다는 관점이기 때문에, 신축건물이 적어야 유리하다. 때문에 지금 현재의 노후도도 중요하지만 지분쪼개기를 노린 신축건물이 들어설 여지가 얼마나 있는지도 함께 분석할 줄 알아야한다. 현재의 노후도가 충족되더라도 신축건물이 우후죽순 들어서게 되면 어느 시점엔 노후도 요건이 깨져버리면서 사업은 시작조차 할 수 없기 때문이다. 일단 땅값이 과도하게 오른 지역이면 신축이 들어오기 어렵다. 신축쪼개기도 결국 전세임차를 전제로 한 갭투자 형식의 구조로 완성되기 때문에, 신축업자로선 인근 매매/전세 시세와 투자자의 실투자금을 고려하여 적절한 갭을 찾아 분양가를 책정하게 된다. 그런데 땅값이 너무 높으면 분양가도 덩달아 높아지고 적정수준 이상의 분양가는 주변 구축 혹은 준신축물건 대비가격의 매력도가 떨어지게 된다. 이는 곧 미분양 리스크로 이어지고 신축행위 자체가 일어나지 않는 억제 요소로 작용한다.

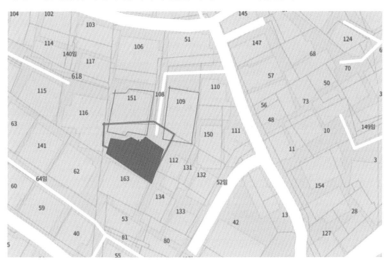

위의 사진은 어느 한 지역의 사례다. 붉은색 표시는 한 개의 필지이며, 그 위에 세개의 건축물이 걸쳐있는 상태이다. 이런 경우를 불부합이라고 하는데, 지적이 어긋나서 필지와 건축물이 어긋나있는 상태이다. 오래된 지역에는 지적정리가 잘 안되어 이런 경우를 찾아볼 수 있는데, 해당 필지를 매수한다 하더라도 애메하게 걸쳐진 남의 건축물을 마음대로 철거하고 신축하기는 쉽지않다. 때문에 신축업자는 필지가 깔끔하게 정리되어 있는 지역을더 선호할 수밖에 없고, 위와 같은 지역일수록 노후도가 깨지지 않을 가능성이 높다.

동일조건이면
초기투자금 낮은 물건(반전)

투자금이 낮을수록 좋다는것은 재개발 분야에선 해석 과정이 조금 다르다. 재개발에선 보유한 물건이 컨디션과 무관하게 오로지 주택이기만 하면 아파트 분양대상이 되며, 극단적으로는 주택의 대지지분이 아예 없더라도 아파트를 받을 수 있다(뚜껑). 다만, 조합원의 권리가액 순으로 대형평형 배정 시 경합을 하기 때문에 대지지분이 낮을수록 경합에 불리한 건 사실이다. 하지만 조합원은 최소한 국민평형 84m² 타입 아파트를 보장받기 때문에 적정금액의 가성비 물건을 찾는 노력이 필요하다. 무조건 비싼 물건, 저렴한 물건, 대지지분의 크기로 가성비를 가늠하는 것이 아니라 재개발 특성에 맞는 계산법 적용해야 하는 것이다. 다음의 예시를 보자.

구분	가	나	가를 나에 맞게 보정	나를 가에 맞게 보정
총투자금액	59,000	90,000	90,000	59,000
평당매입가	10,000	5,000	41,000	1,900
매입가	10,000	50,000	41,000	19,000
추가분담금(청산금)	49,000	40,000	49,000	40,000
분양가	50,000	50,000	50,000	50,000
분양기준가액	1,000	10,000	1,000	10,000
비례율	100%	100%	100%	100%
권리가액	1,000	10,000	1,000	10,000
평당감정가	1,000	1,000	1,000	1,000
대지지분	1	10	1	10

(가) 물건은 대지지분 1평, 매입가 1억이고 (나) 물건은 대지지분 10평, 매입가 5억이다. 평당가만 보면 (가)물건은 평당 1억, (나)물건은 평당 0.5억으로 (가) 물건이 (나)물건보다 평당가가 훨씬 비싸다. 새아파트의 조합원분양가를 5억 이라고 두고 새아파트 입주까지의 총 투자 금액을 계산 해보면 (가) 물건은 5억 9000만원에 입주까지 마칠 수 있는 물건이고 (나) 물건은 9억의 총 투자금액이 들어간다. 극단적 예시지만 입주때까지 총 투자금액은 (나)물건이 훨씬 높은 것을 볼 수 있고, 같은 평형대의 아파트를 받는다고 한다면 (나)물건보다 (가)물건이 훨씬 더 유리한 상황이다. 즉, 평당가격으로 가성비를 따지는 것이 아닌 총 투자금액을 기준으로 봐야 알맞은 계산이 되며, 이 개념 위에 전세금 등 추가요소를 대입해서 계산해야한다.

헷갈릴 수 있는 부분은 총 투자 금액인데, 물건을 최초 매입하는 '매입가'단계에 서 이미 프리미엄이 포함되어 매수하는 상황인 것을 염두에 두고 생각하면 된다. 매입 단계에서 많은 대지지분을 살수록 그만큼 많은 프리미엄을 지불하는 개념으로 단순화해서 생각하자.

비례율과
분담금, 환급금

재개발은 외부자금의 유입 없이 오롯이 '일반분양' 수익에 의해 진행이 가능한 사업이다. 따라서 일반분양물량의 증가 또는 일반분양물량 분양가의 증가는 사업성의 상승으로 이어지는데, 법에서 정한 규칙에 기반한 시장논리에 따라 적정한 물량과 금액이 책정된다. 대다수의 투자자는 '비례율은 사업성에 비례한다'는 말을 법칙처럼 여기는데, 사실 조금만 깊게 따져보면 100% 정확한 표현이 아니다.

$$비례율 = \frac{종후자산가치 \; - \; 비용}{종전자산가치}$$

비례율 계산 공식은 위와 같다. 개념적으로 '원가'를 분모에 두고 '판매이익'을 분자에 두어 개발이익률을 계산하는 공식이다. 산술적으로 보면 '종후자산'이 높아지거나, '비용'이 낮아지거나, '종전자산'이 낮아지면 비례율은 높아지고 표면적 사업성이 높아진다.

우리에게 알려진 대부분의 재개발 사업장은 특별한 경우를 제외하면 비례율 100% 근사값으로 알려진 경우가 많은데, 정말로 비례율이 '사업성'의 지표라면 수많은 현장의 비례율 값이 100%에 수렴한다는 것은 말이 되지 않는다. 복잡한 이유들이 있지만 핵심내용만 보면, 수년 뒤에 결과가 눈에 보이는 재개발 특성상 일정 기준을 가지고 '관리'와 '처분'을 계획해야 하기때문에 사업장에서 나온 천차만별 비례율을 '100%'에 수렴하도록 공식의 요소들을 조정하기 때문이라고 보면 되고, 법인인 조합의 사업소득세를 고려하는 부분도 있다. 즉, 사업성 분석단계에서의 '실제' 비례율과 관리처분 단계에서의 '공식적인' 비례율의 차이가 발생하게 되는 것이다.

여기서 '종후자산'의 구성은 다시 '조합원분양물량'과 '일반분양물량'으로 나뉘고 종전가산가치는 감정평가액으로 정해지는데, 여기서 비례율의 함정을 찾을 수 있다. 예를들어, 조합원 분양가의 숫자가 커져 분자가 커짐에 따라 비례율이 높아진다면 '조합'의 수익은 높아지는 것으로 보이지만 '조합원'은 추가분담금만 늘어나는 상황이다. 과연 '사업성'이 높아졌다고 할 수 있을까?

$$\text{비례율} = \frac{\begin{array}{l}\mathbf{3} \text{ 조합원 분양수익}\\ \mathbf{6} \text{ 일반 분양 수익}\end{array} - \text{ 비용 3}}{\begin{array}{c}\text{종전자산가치}\\ \mathbf{3} + 3 = 6\end{array}}$$

$$100\%$$

각자 3억의 종전자산가치를 보유한 조합원이 2명인 가상의 재개발 사업장이 있다고 가정하고 위의 그림을 보자. 앞선 내용처럼 일반분양수익과 비용은 고정으로 두었다. 이때의 비례율은 그림에서 처럼 100%이며, 총 6억의 종전자산을 가지고 6억을 벌여들어 개발이익이 '0원'인 현장인 것이다.

$$\text{비례율} = \frac{\begin{array}{l}\mathbf{6} \text{ 조합원 분양수익}\\ \mathbf{6} \text{ 일반 분양 수익}\end{array} - \text{ 비용 3}}{\begin{array}{c}\text{종전자산가치}\\ \mathbf{3} + 3 = 6\end{array}}$$

$$150\%$$

다른 변수는 그대로 두고 조합원 분양가를 6비례율을 150%로 바꿨다. 조합원의 추가분담금이 3억이나 늘어났지만 대외적으로는 비례율 150%인 사업장으로 탈바꿈 되었다. 따라서 사업성 분석은 단순히 비례율이 높다 낮다로 판단되는 것이 아닌 안에 숨어있는 숫자 구성을 잘 판단해야한다.

Q 신속통합기획 재개발 추진지역의 빌라를 알아보는 중인데 대지지분이 큰 것보다 작은 것이 평단가가 비싼 경우를 봅니다. 초기 투자금액이 적다는 이유 같은데, 대지 지분 약 10평(33m²)의 빌라가 3.3m²당 7천만 원선, 매매가 7억 원선이고 대지 약 5평(16.5m²) 원룸형 빌라는 3.3m²당 1억 원선, 매매가 5억 원선이지만 그래도 현장에서는 소형 지분이 더 많이 거래되는 분위기입니다. 저의 단순한 생각은 "향후 평가 금액이 너무 적게 나오지 않을까"하는 걱정과 "아파트 분양을 못 받거나 소형 평형이면 어쩌지?"라는 부분입니다.

A 재개발, 재건축 사업의 근본적인 목적은 해당 소유자들의 주거환경 개선에 있습니다. 대지지분이 작다는 이유로 아파트 배정에서 제외되는 일은 극히 드뭅니다. 서울시를 비롯한 대부분의 시도에서는 일반분양이 단 하나라도 남아 있다면 조합원부터 우선 배정하도록 하고 있기 때문입니다.

예외적인 상황으로 용적률이 낮거나, 신축 지분쪼개기가 많은 지역의 경우 건립 가구 수와 조합원 수를 비교해 조합원이 더 많을 때 어쩔 수 없이 청산되거나 소형 평형에 배정될 가능성도 있지만 그런 지역은 아파트 배정 문제뿐 아니라 사업 자체가 진행되기 힘든 지역이니 투자에 주의해야 할 것입니다.

현재 투자할 초기 투자 금액과 향후 아파트를 받으면서 내야 할 추가 분담금을 합한 총 투자 금액도 소형 지분 물건이 유리한 경우가 많습니다. 그래서 단순히 평당가가 저렴한 물건을 매입하지 말고 현재 투자하는 초기투자 금액과 추가분담금을 추산하여 입주까지 총 투자 금액을 비교해볼n필요가 있습니다.

예를 들어 전용 85m²(33평 타입)의 아파트를 배정받을 때 조합원 분양가가 7억 원이고 감정평가 평당 약 3,000만 원이며 비례율이 100%라고 가정할 때 앞서 말한 대지지분 10평의 물건은 감정평가액이 3억 원이 되며 조합원 분양가와의 차액인 4억 원을 추가부담금으로 내야 합니다. 초기에 매입가가 7억 원이었으니 총 투자 금액은 각종 세금 등을 제외하고 11억 원이 됩니다.

대지 지분 5평의 물건 역시 동일한 감정평가(평당 3천만 원)대의 물건이라고 가정한다면 비례율을 반영해 약 1억 5천만 원을 인정받아 5억 5천만 원을 추가로 내야 합니다. 매입가가 5억 원이었으니 총 투자 금액은 10억 5천만 원이 됩니다.

상대 비교했을 때 초기 투자 금액도 적고, 총 투자금액도 좋은 물건이 됩니다. 소형지분이 인기가 있고 지분쪼개기가 활기를 띠는 이유입니다. 단, 권리산정기준일에 문제가 없는 물건인지 등은 스스로 공부하여 확실히 점검하고 투자하는 것이 좋습니다. 특히 서울의 경우는 오래된 규정이지만 아직 적용되고 있는 2008년 7월 30일 이후 '신축제한의 합산규정'과 같은 금지 물건에 해당하는 건 아닌지 등도 꼼꼼히 검토해야 합니다

Figure 1

	종전자산가치	
A	1,000	B 1,000
C	1,000	D 1,000
E	1,000	F 1,000
G	1,000	H 40,000

종후자산가치

23,000	일반분양	
18,000	조합원분양 A	
18,000	조합원분양 B	
18,000	조합원분양 C	
18,000	조합원분양 D	
18,000	조합원분양 E	
18,000	조합원분양 F	
18,000	조합원분양 G	
18,000	조합원분양 H	
23,000	일반분양	
23,000	일반분양	
23,000	일반분양	

	(권리산정액) 권리가액	(감정가 × 비례율) 분양기준가액	(청산금) 추가분담금
조합원분양 A	1,000	1,830	-16,170
조합원분양 B	1,000	1,830	-16,170
조합원분양 C	1,000	1,830	-16,170
조합원분양 D	1,000	1,830	-16,170
조합원분양 E	1,000	1,830	-16,170
조합원분양 F	1,000	1,830	-16,170
조합원분양 G	1,000	1,830	-16,170
조합원분양 H	40,000	73,191	55,191

47,000 종전자산가치총합	236,000 종후자산가치총합	150,000 배당

일반분양입금액	92,000
조합원분양입금액	113,191
입금총액	205,191 (배당+환급금)

$$\frac{236,000 - 150,000}{47,000} = 1.83 \quad \text{(종후자산가치총합-배당) / 종전자산가치총합}$$

1번 그림은 앞선 내용에서 난이도를 조금 높여서 조합원을 8명으로 늘리고 종전자산가치에 차이를 두었다. 그림에서 'H'조합원의 종전자산가치가 월등하게 높은것을 확인할 수 있다. 일반분양가는 2억3천만원 고정 값으로 두고, 조합원 분양가를 1억8000만원으로 했을 경우 비례율이 1.83이 되며 다수 조합원은 1억6170원의 추가 분담을 내게 되고 H는 5억5191원의 환급금이 발생한다.

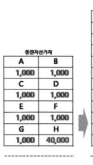

Figure 2

	종전자산가치	
A	1,000	B 1,000
C	1,000	D 1,000
E	1,000	F 1,000
G	1,000	H 40,000

종후자산가치

23,000	일반분양	
23,000	조합원분양 A	
23,000	조합원분양 B	
23,000	조합원분양 C	
23,000	조합원분양 D	
23,000	조합원분양 E	
23,000	조합원분양 F	
23,000	조합원분양 G	
23,000	조합원분양 H	
23,000	일반분양	
23,000	일반분양	
23,000	일반분양	

	(권리산정액) 권리가액	(감정가 × 비례율) 분양기준가액	(청산금) 추가분담금
조합원분양 A	1,000	2,681	-20,319
조합원분양 B	1,000	2,681	-20,319
조합원분양 C	1,000	2,681	-20,319
조합원분양 D	1,000	2,681	-20,319
조합원분양 E	1,000	2,681	-20,319
조합원분양 F	1,000	2,681	-20,319
조합원분양 G	1,000	2,681	-20,319
조합원분양 H	40,000	107,234	84,234

47,000 종전자산가치총합	276,000 종후자산가치총합	150,000 배당

일반분양입금액	92,000
조합원분양입금액	142,234
입금총액	234,234 (배당+환급금)

$$\frac{276,000 - 150,000}{47,000} = 2.68 \quad \text{(종후자산가치총합-배당) / 종전자산가치총합}$$

여기서 2번 그림처럼 조합원 분양가를 2억3000만원으로 높인다면 비례율은 2.68로 사업성이 획기적으로 늘어난 것처럼 보이지만, 다수가 포진되어 있는 A~F까지 조합원들의 추가분담금은 2억319원이 되면서 큰 폭으로 높아지게 되는 반면, H는 8억4234원으로 환급금이 엄청나게 커지는 것을 알 수 있다. 높은 환급금을 받는 H는 사업에 대찬성하겠지만, 다수에 포진되어 있는 다른 조합원들은 과연 이 사업구조에 동의할까?

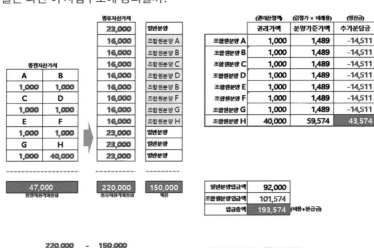

반대로 3번 그림처럼 조합원분양가를 1억6000만원까지 줄이면 차이는 도드라지게 나타난다. 다수가 포진되어 있는 추가분담금은 6천만원 가까이 대폭 줄어들고, H의 환급금은 2번 그림대비 반토막수준인 4억3574만원으로 확연하게 줄어드는 것을 볼 수 있다. 결국 다수에 포진되어 있는 조합원들은 상대적으로 적은 추가분담금 구조의 사업모델인 '3번'에 동의할 것이고 H는 강력히 반대할 가능성이 농후하다.

결국 동의율이라는 이름 아래 다수의 이익에 초점이 맞춰져 맞물려 사업구조가 만들어질 수 밖에 없고, 'H'는 공공의 이익을 위해 강제로 수용되거나 반토막난 환급금 생각에 밤잠을 설치게 될 것이다.

이처럼 비례율이라는 것은 단순한 사업성을 나타내는 지표가 이니며 재개발 특성상 조합원 중 누군가는 이익을 보고 누군가는 손해를 보는 구조일 수밖에 없다.

앞선 예시의 그림들은 설명의 편의를 위해 조합원을 8명으로 가정해서 설명하였지만, 그 숫자가 백단위 천단위로 넘어가게 되면 생각만해도 복잡한 이해관계가 녹아들 수 밖에 없고 웬만한 전문가가 아니면 이러한 차이를 알아채고 대응하는 것은 불가능에 가깝다.

즉, 비례율의 의미를 잘 알아두고 이론적인 부분을 적용하여 스스로가 사업성이 좋은 지역인지 판단할 수 있는 힘을 길러야 좋은 투자처를 찾을 수 있다.

디테일이 생명이다! 폭탄피하기

정비사업은 도시 및 주거환경 정비법(도정법)과 빈집 및 소규모주택정비에 관한 특례법(소정법)을 필두로 지자체 조례 및 각종 촉진법의 적용을 받아 별칭(뉴타운, 르네상스, 모아타운 등)을 붙여 투자자들의 이목을 끌기도 한다. 하지만 모든 사업에는 디테일한 제한사항과 까다로운 사업 성립조건들이 숨어있다. 지역특색이나 구역의 물리적 구조에 따라서 시행 가능한 사업이 다르기 때문에, 투자하고자 하는물건이나 지역이 어떤 사업에 적한 지 구체적으로 따져보는 훈련이 필요하다. 단편적 예시로 역세권 재개발사업을 들어 설명하겠다.

역세권 재개발사업, 비슷하지만 다른 두 개의 사업

서울시의 역세권 재개발사업은 사실 하나가 아니다. 많은 투자자들이 역세권 재개발, 역세권 활성화, 역세권 사업, 역세권 시프트 등등 다양한 용어를 같은의미로 통용하는 경우가 많지만 엄연히 구분해야 하는 사항이며 자칫하면 개발 자체의 성패도 나뉘어지는 중요한 규정들이 곳곳에 숨어있다.

사업의 뿌리를 찾아라

서울시에서는 재개발사업의 대분류를 '주택정비형' 과 '도시정비형'으로 나누어 기술하고 있다. 주택정비형 개발은 정비기반시설이 노후된 지역의 주거환경 개선을 목표로 하며, 도시정비형 개발은 큰 틀에서의 도시기능(상권, 일자리 등) 회복을 목표로 한다.

서울시 도시 및 주거환경정비 조례

제3조(재개발사업의 구분)
1. 주택정비형 재개발사업 : 정비기반시설이 열악하고 노후 · 불량건축물이 밀집한 지역에서 주거환경을 개선하기 위하여 시행하는 재개발사업
2. 도시정비형 재개발사업 : 상업지역 · 공업지역 등에서 도시 기능의 회복 및 상권 활성화 등 도시환경을 개선하기 위하여 시행하는 재개발사업

역세권 재개발사업은 재개발 카테고리 내에서도 '도시정비형 재개발사업'에 포함되는 사업이며, 단순히 '주거환경'개선의 목적보다는 '도시환경'개선의 목적이 강한 사업이다. 즉, 재개발을 통해 역세권 인근의 노후된 상권을 정비하고 일자리와 양질의 주거환경제공 및 편의시설확충 등 도시기능의 회복이 목적이다.

도시정비형 재개발 내에서도 서울시의 역세권 재개발사업은 다시 역세권 장기전세(시프트)와 역세권 활성화사업으로 구분되고, 역세권 장기전세사업은 서울시의 '주택관리과'가 주관부서이며 역세권 활성화사업은 '도시재창조과'의 소관이다. 부서의 이름에서처럼 두 개의 사업은 '완전히' 다른 사업의 성격을 가지고 있다. 역세권 장기전세사업은 '주택관리과'에서 관리하는만큼 '도시정비형재개발' 이라 하더라도 역세권 인근의 안정적 주택공급에 초점이 맞춰져있지만, 그 성격이 도심활성화 라는 큰 취지에 맞게끔 젊은신혼부부나 직장인들의 역세권

의 직주근접 환경을 제공하기 위해서 '공공임대주택'을 기부채납의 최우선 순위로 정하여 사업이 진행하도록 규정하고 있다.(부록참조)

반면 역세권 활성화사업은 '도시재창조과'에서 관리한다. 재개발 자체가 새아파트를 짓는 사업이지만 역세권활성화 사업의 색깔은 '도심 활성화'에 모든 포커스가 맞춰져있어 역세권 장기전세와는 색깔이 확연히 다르다.

예를들어 관광객이 많은 지역인 경우 관광호텔을 추가로 짓거나, 공공 복지시설을 건설함으로서 기부채납을 통해 해당 역세권이 활성화 되도록 독려한다. 상권이 너무 활성화 되어있어 동의율과 사업성 등의 문제로 진행이 어려운 역세권 상업지역이나 노선형 사업지같은 경우에는 최대 4단계의 용적률 상향까지 제공하여 사업의 원동력이 될 수 있도록 제도화하였다.

왜 구분해야 할까?

사업의 방향성이 다른 건 그렇다치더라도, 어차피 개발되면 수익을 낼 수 있을텐데 굳이 복잡하게 '담당부서'까지 따져가며 사업을 구분지을 필요가 있을까? 당연하다. 주관부서가 다르다는 이야기는 곧 해당 주관부서에서 관리하는 업무와 관련이 있어야 사업 진행가능성이 높아진다는 이야기다.

역세권 장기전세(시프트)
주택관리과 → 역세권 주택공급에 초점 → 중심상권에 장기전세 사업을?

역세권 활성화
도시재창조과 → 역세권의 활성화에 초점 → 주거위주 지역에 관광호텔을?

불필요한 오해를 방지하기 위해 서울의 역세권사업과는 무관한 부산지역으로 선정하여 예시로 살펴보겠다. (참고로 부산은 아직 역세권 장기전세/활성화 사업이 활발하지 않다)

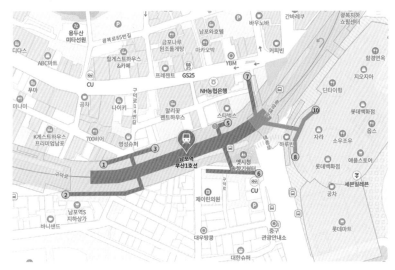

해당 지역은 역을 중심으로 백화점과 지하상가, 먹자골목 등이 빼곡하게 들어서 있는 말그대로 '메인상권'이자 관광지인 지역이다. 만약 서울시라면 어떠한 역세권사업을 적용시키는 것이 적당할지 고민해보면 답이 나올 것이다.

바로 '역세권 활성화' 사업이 적절한 사업의 형태이다. 관광지의 성격에 맞게 숙박시설 등을 지음으로서 용적률 인센티브를 추가로 받을 수도 있고, 지자체에서는 지역활성화에 필요한 기부채납을 요구하여 지역발전에 기여했다는 타이틀도 얻어갈 수 있을 것이다.

담당부서 차이에서 오는 사업의 색깔 뿐 아니라 사업을 구분해야 하는 이유는 또 있다. 바로 사업의 지침이 다르기 때문이다. 역세권 활성화와 역세권 장기전세의 운영지침은 이 책의 뒷부분 부록에 자세하게 첨부되어있으니 참고하면 된다. 단편적인 예시를 한가지만 들어보겠다.

역세권 활성화에서 요구하는 역세권의 범위는 조건에 따른 연속된 '구간'의 개념으로 사업의 범위를 정의하고 있다. 하지만 역세권 장기전세는 조건에 따라 1,2차 사업지를 '구역'의 개념으로 구분하여 독립된 사업지로서 보겠다는 취지가 숨어있다. 즉, 역세권 활성화는 조건에 부합하는 거리 내에 있으면 사업이 가능하지만, 역세권 장기전세는 1차,2차 사업조건 각각의 거리요건 내에 사업지가 온전히 '포함' 되어야만 사업진행이 가능하다.

노후도 요건의 경우도 마찬가지다. 역세권 활성화사업의 경우 구역 내에 10년이내 건축물이 15% 이상일 경우 지정요건을 충족하지 못하지만, 역세권 장기전세는 해당 내용 앞에 '가로구역' 이라는 조건이 추가로 붙는다. 말하자면 역세권 활성화에서는 구역 '전체'에서의 신축건물 비율을 따지는 반면, 역세권 장기전세 사업에서는 구역 전체 안에서도 '가로구역'단위의 신축건물 비율까지 충족해야 요건에 충족되는 것이다.

이렇게까지 디테일하게 알 필요가 있나 싶겠지만, 실제로 이러한 한줄의 지침과 글자 하나의 차이로인해 '조'단위 금액이 오가는 재개발사업의 현장 자체가 무산되기도 하고 수십'동'의 신축빌라가 순식간에 물딱지가 되어버리기도 한다. 만약 이러한 디테일을 따져보지 않고 무작정 '호재'를 따라서 탐방과 투자를 하다가는 차곡차곡 쌓아온 투자수익이 한순간에 날아가거나 기약없는 개발호재를 다시 기다려야 하는 상황을 직면하게 될 수 있다.

Q

요즘 제가 보는 유튜브에서는 재개발 지역의 신축 빌라가 대세 상품으로 뜨고 있습니다. 그 중에서 제가 눈여겨보는 지역은 한강변 재개발 추진지역들입니다. 한강변 중에서 넘사벽이 되어버린, 압구정, 반포, 한남뉴타운을 꿈꾸며, 아직은 아니지만 언젠가는 개발이 가능한 지역을 고르고 있는데, 유튜브의 알고리즘이 저의 마음을 어떻게 알았는지, 온통 한강변 재개발 지역만 보여주고 있습니다. 그 중, 자양4동 신통기획 재개발 구역과 자양2동 모아타운 추진구역을 비교하고 있는데 어떤 구역이 더 좋을까요?

A

어떤 현장이 더 좋다 나쁘다의 기준 중에 입지도 중요하지만, 사업 진행가능 여부와 사업성 판단도 중요한 지표입니다. 재개발 투자자들의 기대와 함께 고가 행진을 하고 있는 곳이 한강변 재개발 추진 지역들입니다.
입지가 좋기 때문입니다. 재개발 진행방식을 잘 모르는 일반인들은 "내가 아니면 내 아들, 심지어 손자라도 혜택이 있겠지"라는 기대로 투자를 하는데 단지 입지만을 보고 투자하기 때문입니다.

정치 시즌과 맞물려 재개발 추진 및 지정 요건이 완화되고 있고 개발 방식도 모아타운, 신통기획 재개발을 비롯하여 역세권 장기전세(시프트), 역세권 활성화 등 다양하게 정책적으로 제시하고 있어 이슈들이 자라나는 속도가 다양하지만 결론은 사업이 현실화될 수 있는지에 대한 판단입니다.

그 중 최근 이슈가 되고 있는 지역은 자양2동의 모아타운 추진 지역일 것입니다. 이러한 분위기는 한강변의 거의 모든 지역에서 한 번씩 있어왔던 현상입니다. 워낙 입지가 좋은 곳들이다 보니, 이제 추진만 남은 것인데 이 중 조합원이 적고 적용 용적률이 높아 사업성이 뛰어난 현장도 있습니다.

'어느 현장이 더 좋을까?'를 분석할 때 입지와 함께, 현재의 노후도도 중요하지만 향후 신축이 늘어나서 변화 될 노후도도 함께 점검해야 합니다. 무엇보다 정치 시즌에 의해 지정 요건이 완화되었다고 하여 사업성이 개선되거나 향후 조합설립인가까지 가기 위한 동의율 등이 하향된 게 아니니, 지정되고 추진되지 못하는 현장, 또는 이를 넘어 초반 재개발 구역 지정에 대한 바람만 일으키고 해제되는 현장도 많을 것이라 예측합니다.

결국 재개발 지정은 노후도, 추진 속도와 함께 동의율과 사업성이 있어야 가능하다는 의미입니다. 이에 대한 검토는 바로 조합원 수와 예상되는 건립 가구 수를 뽑아내는 훈련을 해서 사업성을 개략적으로 나마 따져야 가능합니다. 신통기획 재개발은 도정법에 따른 사업의 한 방편이고, 모아타운은 '빈집 및 소규모 정비사업법'에 정한 가로블록 구역을 여러 개 모으는방식입니다. 이러한 구분은 적용 법령에 따른 사업의 지정 및 진행방식의차이이고, 사업의 현실적인 진행은 사업성이 있어야 가능하니 조합원 수와 용적률이 보다 중요한 판단요소입니다

I

이론을 적용한
지역분석 실전 예시
(요약)

앞장에선 지역분석 시 적용 가능한 기본적인 필수사항을 짚어보았다. 다음으로 해당 내용늘 실전에서 어떻게 활용하는지 재개발연구회 '320부자클럽'과 '조합설립/추진팀'이 실제로 발굴한 아직 기본계획 수립조차 되어있지 않은 현장을 예시로 간단히 요약해보았다.

다양한 선택지 준비

정비사업의 종류는 정말 다양하다. 현장을 다니다 보면 한 구역에 여러 사업이 가능한 좋은 사업지가 있는 반면, 어느 사업조건도 충족하지 않는 지역도 있다. 법령과 조례는 종종 바뀌기 때문에, 좋은 사업지란 뜻은 여러 사업이 적용 가능해서 선택지가 많은 사업지란 뜻이기도 하다. 아래의 지점이 블록 지정에 따라 역세권시프트, 역세권활성화, 신속통합기획, 소규모재개발 등 다양한 사업이 적용 가능하기때문에 분석대상으로 선정되었다.

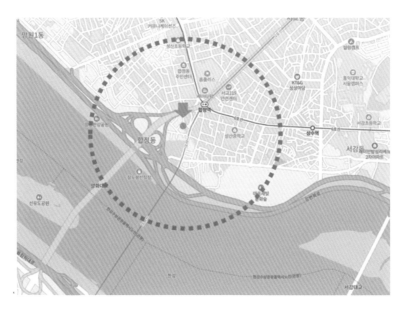

해당 지역의 대략적 노후도를 확인하기 위해 '동' 단위 노후도를 파악한다. 청색에서 적색에 가까워질수록 노후된 건물이다. 대략적으로 노후도가 정비사업 요건을 충족하는 수준으로 보인다면 지역과 관련된 결정고시, 지구단위계획과 지침 등 행정적 내용을 포함한 용도지역과 지역특성 등의 최소한의 요소를 검토하고 다양한 정비사업의 중 적용이 가능한 사업을 추려낸다.

적용 가능한 사업 선별
적절히 노후된 지역을 찾았다면 다양한 종류의 정비사업 중 지역의 장점을 활용하여 최대치의 사업성을 기대할 수 있는 사업을 추려낸다. 사업성의 판단은 현재 모습이 아닌 개발 후의 모습을 기준으로 예상/판단해야 하며, 사업성 판단의 1순위 기준은 용적률이다. 무작정 미래 용적률이 높은 지역을 고르는 것은 옳지 않으며 미래와 현재의 실제적용되는 용적률 차이가 클수록 사업성이 높아지기 때문에 단순 용적률의 숫자 뿐아니라 현재의 건축물 컨디션을 함께 봐야한다. 지금의 건물들의 높이가 낮고 세대수가 적으면서, 사업 후 실현되는 용적률의 '갭'을 보는것이다.

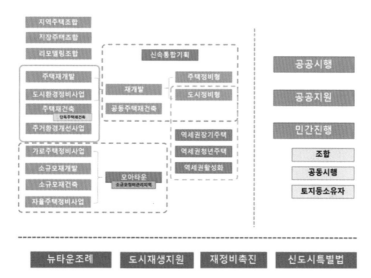

서울시의 재개발 사업의 형태와 지원사업의 종류는 굉장히 많다. 복합적인 요소들을 고려하여 사업을 선정해야 '진짜' 진행될 사업을 추려내어 개발가능성이 높은 지역을 추려낼 수 있다.

지정요건 세부검토

역과의 거리 및 면적요건 등 요건을 충족하는 입지를 고려하여, 환승역이라는 특장점을 활용할 수 있고 용적률 인센티브를 대폭 얻을 수 있는 '역세권 활성화' 사업을 1순위 적용가능 사업으로 선정하였다.

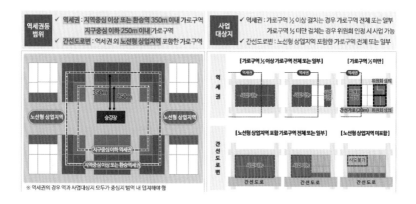

역세권의 범위는 승강장으로부터 350m 이내 가로구역 또는 간선도로변 (노선형상업지역)에 해당한다. 승강장 기준 350m 이내에 가로구역 1/2 이상이 포함되는경우에는 가로구역 전체 또는 일부가 사업에 포함되고, 가로구역 1/2 미만으로 걸치는 경우 위원회심의를 거쳐 포함여부를 결정한다. 이를 근거로 대상지 전체 구역이 거리조건을 충족하는 것을 직접 확인한다.

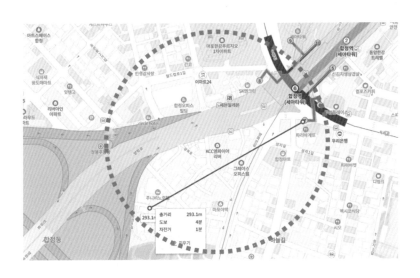

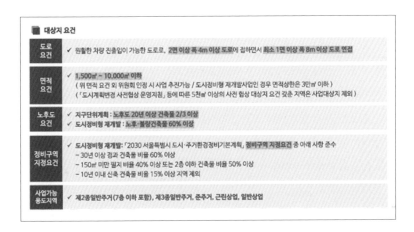

대상지 요건

도로 요건	✓ 원활한 차량 진출입이 가능한 도로로, 2면 이상 폭 4m 이상 도로에 접하면서 최소 1면 이상 폭 8m 이상 도로 연접
면적 요건	✓ 1,500㎡ ~ 10,000㎡ 이하 (위 면적 요건 외 위원회 인정 시 사업 추진가능 / 도시정비형 재개발사업인 경우 면적상한은 3만㎡ 이하) (「도시계획변경 사전협상 운영지침」 등에 따른 5천㎡ 이상의 사전 협상 대상지 요건 갖춘 지역은 사업대상지 제외)
노후도 요건	✓ 지구단위계획: 노후도 20년 이상 건축물 2/3 이상 ✓ 도시정비형 재개발: 노후·불량건축물 60% 이상
정비구역 지정요건	✓ 도시정비형 재개발:「2030 서울특별시 도시·주거환경정비기본계획」, 정비구역 지정요건 중 아래 사항 준수 – 30년 이상 경과 건축물 비율 60% 이상 – 150㎡ 미만 필지 비율 40% 또는 2층 이하 건축물 비율 50% 이상 – 10년 이내 신축 건축물 15% 이상 지역 제외
사업가능 용도지역	✓ 제2종일반주거(7층 이하 포함), 제3종일반주거, 준주거, 근린상업, 일반상업

도로, 면적, 노후도, 용도지역 등 지정요건을 하나씩 적용하며 사업 가능여부를 확인한다. 운영지침상의 위와 같은 세부요건도 블록마다 충족되는지 확인해야 한다. 필수로 충족해야 하는 조건이 갖춰지지 않는다면 해당 사업은 시행이 불가하기 때문이다. 예를 들어 많은 현장이 20m 이상 도로변에 접하는 토지등소유자의 2/3 이상동의 조건을 충족하지 못해서 사업 진행을 못하거나 구역이 바뀌는 경우가 굉장히 많다.

현장을 직접 체크해보면 앞장에서 배운 내용을 적용할 수 있다. 신축중인 다세대 빌라 40세대가 20m 이상 도로변에 포함되어 있기 때문에 동의조건을 축종하는 것은 문제가 없어 보인다. 머리 아파보이겠지만 이러한 디테일한 요소까지 검토해서 적합성을 판단해야 성곡적인 투자를 할 수 있다.

기존주택 수	총 137 호 =177 (단독 20, 공동 117) +40	충족
건물노후도	총 75.51 % =71.15% (노후 37, 전체 49) +3	충족
부속건물 수	총 4	

다음으로 해당지역의 건물의 비율과 노후도를 파악한다. 신축되는 빌라의 세대수를 더했을때의 노후도까지 고려하여도 안전한 수준의 노후도인 것을 확인할 수 있다. 단독주택의 비율이 비교적 적어 동의율에 긍정적 요소로 보이고, 인접한 블럭이 재정비촉진지구와 모아타운 등에 포함되어 있으나 해당 지역은 제외되어 주민들의 개발에 대한 갈망이 있을 것으로 예상된다.

지정요건이 충족된다면 사업성을 따져보자

해당 지역은 상황에 따라 일반상업지역과 2종일반주거지역이 혼재 할 수 있는 지역이다. 서울시에서 지정한 역세권활성화사업의 용도지역 종상향 조건과 상향 용적률을 확인한다. 상한용적률을 적용하면 좋겠지만, 보수적 관점으로 450~500%로 추산 해본다. 역세권 활성화사업의 경우 용적률 인센티브와 용도지역의 종상향 인센티브를 추가로 부여하는 조건들이 있으므로 사업성 분석 시 함께 고려한다.

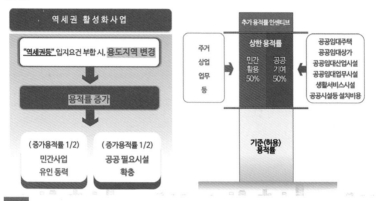

제도개념 역세권 활성화사업이란?

용도지역 변경(용적률 증가) → 민간 활용 + 지역필요시설 확충

역세권 활성화 사업

"**역세권등**" 입지요건 부합 시, **용도지역 변경**

↓

용적률 증가

↓

(증가용적률 1/2)
민간사업
유인 동력

(증가용적 1/2)
공공 필요시설
확충

주거
상업
업무
등

→

추가용적률 인센티브

상한 용적률

민간
활용
50%

공공
기여
50%

←

공공임대주택
공공임대상가
공공임대산업시설
공공임대업무시설
생활서비스시설
공공시설등 설치비용

**기준(허용)
용적률**

역세권 활성화 사업 (용적률 및 공공기여율)

용적률은 얼마나 상승하는지? 공공기여는 얼마나 하는지?

증가용적률(상한용적률-기준(허용)용적률)의 **50%**에 해당하는 **용적률**을 부지면적 기준으로 환산하여 **공공기여**

공공기여 총량은 도시관리계획 변경 전후 **토지가치 상승분 범위** 이내에서 결정

용도지역 변경 전	용도지역 변경 후	기준(허용)용적률	상한용적률	공공기여율 예시
제2종일반주거지역(7층이하) 제2종일반주거지역	제3종일반주거지역	200% 이하	250% 이하	10% 이상
제2종일반주거지역(7층이하) 제2종일반주거지역	준주거지역	200% 이하	400% 이하	25% 이상
제3종일반주거지역		250% 이하		19% 이상
제2종일반주거지역(7층이하) 제2종일반주거지역	근린상업지역	200% 이하	600% 이하	33% 이상
제3종일반주거지역		250% 이하		29% 이상
준주거지역		400% 이하		17% 이상
제2종일반주거지역(7층이하) 제2종일반주거지역	일반상업지역	200% 이하	800% 이하 (역사도심 600% 이하)	38% 이상
제3종일반주거지역		250% 이하		34% 이상
준주거지역		400% 이하		25% 이상
근린상업지역		600% 이하		13% 이상
제3종일반주거지역	중심상업지역	250% 이하	1000% 이하 (역사도심 800% 이하)	38% 이상
준주거지역		400% 이하		30% 이상
근린상업지역		600% 이하		20% 이상
일반상업지역		800% 이하		10% 이상

※ 대상지 여건상 위 공공기여율을 적용하는 것이 곤란하다고 위원회에서 인정하는 경우 최대 20% 범위까지 낮추어 적용 가능
※ 사업시행을 위해 반드시 필요한 기반시설 또는 사업부지 내 입주자 편의시설로 사용될 가능성이 큰 시설 중은 공공기여에 포함하지 않을 수 있음

현장을 꼼꼼히 둘러보고
조합원의 수와 구성을 확인하자

대략적 사업성 분석을 마쳤다면 인터넷으로 인근 매매/전세시세와 매물갯수, 시세 변화를 조사한 뒤 현장을 방문하여 예상했던 사항들과 비교해 보고 실제 현장의 분위기와 유동인구, 예상 조합원 수 등을 파악한다. 현장탐방 이후에 사업에 확신이 생긴다면 본격적으로 해당지역 모든 건축물에 대한 각종 대장, 참고서류를

확인/준비하고 외지인의 비율 등 다양한 요소를 검토하고 예상되는 조합원의 수를 구체화한다. 조합원의 수는 해당 사업지에서 사업수익을 몇 명이 나눌지에 대한 절대적 수치이기 때문에 사업성과 직결된다. 또한 조합원의 수가 늘어나는 것은 그만큼 이해관계가 복잡해지고 변수가 늘어난다는 뜻이기도 하다. 이 단계를 거치면, 이후부터 일반분양물량 판단 및 대략적 비례율과 수익률 높은 저평가된 물건을 선별할 수 있다. 신축을 포함하더라도 조합원 수가 적고 보수적인 용적률 450~500% 정도 예상되어 용적률 인센티브를 적용하면 대략적으로 1,000세대 전후 규모의 아파트단지도 충분 할 것으로 분석된다. 최종적으로 인근 매매사례, 예상 분양가, 일반분양물량 예상, 인근 전세가격 등 다양한 요소를 사업진행의 시나리오에 요소마다 적용하여 사업성과 투자가치를 최종 결정한다

엑셀로 등기부와 건축물 대장등을 정리한 폴더의 예시

부록

정비사업 관련용어 해설집

가로구역
도로로 둘러싸인 일단의 지역

감정평가
감정평가는 조합원들의 개별 출자금을 정하는 종전자산의 평가의 목적과 미동의자나 현금청산자등의 보상을 위한 평가의 목적으로 크게 두 가지로 나누어진다. 재개발사업에서 감정평가로 정해진 결과로 객관성과 강제성을 동시에 가지게 되는데, 출자를 위한 종전자산 평가 시에는 사업의 총 출자자산 대비 내 자산의 지분 비율을 객관적으로 인정받고, 현금청산을 위한 보상평가 시에는 이 결과를 통해서 강제수용의 절차를 거치게 된다.

강제가입제도 / 임의가입제도
재개발 추진위원회는 토지등 소유자에게 조합 설립에 대한 동의 여부를 묻고, 동의하지 않는 토지등소유자라고 하더라도 해당구역에 조합이 설립되면 자동으로 조합원이 된다. 이를 강제가입제도라고 한다.
재건축의 경우 조합이 설립되면 도의하지 않은 토지및소유자는 조합원이 되지 않고 동의한 토지및소유자만 조합원이 된다. 이를 임의가입제도라고 한다.

건축 결합
상업지역 등 법률이 지정한 지역에서 2개 이상의 대지의 소유자가 결합건축으로 협의한 경우 건축법, 주차장법 등의 법률을 적용 시 가필지마다 적용하지 않고 하나의 대지로 간주하여 통합하여 적용할 수 있다. 건축협정과 가장 큰 차이점은 용적률도 통합하여 적용 가능하다는 것이다. 용적률이 남는 필지의 용적률을 부족한 필지로 보탤 수 있어 더 많은 면적 확보가 가능해진다.

건축 협정
2개 이상의 대지에 대하여 토지 및 건축물 소유자간에 건축협정을 체결하게 되면, 다수의 대지들은 합필하지 않고도 하나의 대지로 간주되는 것을 말한다.
협정이 체결된 대지에서는 건축물의 건축·대수선·리모델링, 각 건축물의 위치·용도·형태·높이·부대시설(담장·대문·조경·주차장 등)의 위치·형태 등에 관한 사항들을 소유자 간 협의를 통해 결정할 수 있다.

공공개발 / 민간개발 / 공영개발
공공개발은 국가나 지방자치단체 혹은 공기업(공사) 등이 사업시행 주체가 되는 것을 말하는데, 개발 주체가 공공기관이라는 점에서 영리성을 배제한 공공복리 혹은 사회적 편익 차원에서 추진된다. 민간개발은 민간의 자본과 기술을 활용, 수익률을 최대화하기 위하여 민간이 사업시행 주체가 되며, 이러한 민간개발사업은 크게 단독개발사업과 공동개발사업으로 분류할 수 있다. 공영개발은 토지를 개발할 때 국가나 공공단체 같은 공공 시행자가 토지를 모두 매수하고 개발해 택지·공공시설용지 및 건축·시설 등을 조성·건축하고 이를 개인이나 민간 기업에 분양 또는 임대하는 방식이다. 공공 시행자에 개발이익이 돌아가므로 다른 지역의 개발을 위한 재투자가 가능하고 토지의 계획적 이용이 가능하며 저소득층에 대한 택지 공급이 용이하다는 장점이 있다. 반면에 기존 토지 소유자의 상대적인 재산권 손실이 발생하고, 환원된 개발이익의 분배 측면에서 국가와 지방자치단체 간의 갈등이 발생할 수 있다는 단점도 있다.

기반시설
국토계획법 중 도시 및 주거환경정비법에서 이야기하는 정비기반시설이란 도시에서 살기 위해 국가가 기본적으로 제공해줘야 하는 도로 공원 상하수도와 같은 편의시설을 통칭한다.

기존무허가건축물 / 신발생무허가건축물
1989년 1월 24일을 기점으로 건축허가란 제도가 만들어지기 전의 건축물을 기존무허가건축물이라 칭하고, 그 이후 지어진 무허가 건축물을 신발생무허가건축물이라 한다.

권리산정기준일
재개발·재건축 사업구역에서 어떤 날을 기점으로 권리를 유/무를 산정하는 것이고, 그 기준일에 산정한 권리에 따라 해당구역의 토지와 건축물 등의 조합원 자격의 유무를 따지는 것이다. 재개발에서 권리산정일은 구역지정일 또는 시도지사가 투기를 억제하기 위해서 따로 정한 날이다.

권리배제 / 권리합산
조합원 자격이 안 되어서 현금청산대상이 되는 것을 '권리 배제' 되는 것이라고 하고, 여러 개의 물건이 1인(개)의 조합원 자격으로 전부 합쳐지는 것을 '권리합산'이라고 한다.

권리가액
조합원의 감정평가액을 합산한 금액

분양기준가액
종전자산×비례율 = 분양기준가액이다. 혹자는 이를 권리가액이라 부르기도 하는데, 이는 잘못된 표현이다. 조합원 전체사업이익을 조합원 종전 개별자산의 비율만큼 분배한 것인데 이를 토대로 조합원 분양의 기준가액이 된다. 분양기준가액은 권리가액에서 권리산정에 포함되지 못한 현금 청산금을 제외한 금액이다. 분양기준가액은 개별 조합원의 추가 분담금을 정하는 기준이 된다.

관리처분계획인가
분양과 이주, 철거 등을 목전에 둔 최종 시점에서 사업의 구체적인 내용을 확정하는 절차.
공사를 하기 위해서는 기존 건물을 철거하기 위한 비용이 필요하고, 살던 사람이 다른 속에 잠시 살 수 있도록 이주비를 지급해야 하며, 새 건물을 짓기 위한 공사비가 확정되어야 한다. 또한 조합원에게 새로 지어서 돌려주는 집 이외에 추가로 지어지는 집을 어떻게 분양할 것인지도 계획도 세워야 한다. 즉 이주, 철거, 공사, 분양 계획을 최종적으로 수립하는 것이다.
이 단계에서는 수입과 지출이 거의 예상되기에 수익성 계산이 사업시행인가 때보다 더 분명해진다.

노후도 / 접도율 / 호수밀도 / 과소필지
도시 및 주거환경정비법에 따라 재건축이 가능한 조건 중 하나인 노후·불량 건축물을 말하며, 지역별로 차이가 있다. 노후·불량 건축물을 규정하는 연한이 주로 재건축 연한으로 인식된다.
서울시의 경우 철근 철골콘크리트 및 강구조 공동주택의 경우 30년, 기타 구조물 20년이다.

철근콘크리트 · 철골콘크리트 · 철골철근콘크
리트 및 강구조 공동주택의 노후 · 불량건축물
기준(제4조제1항제1호 관련)

준공년도	5층 이상 건축물	4층 이하 건축물
1981. 12. 31. 이전	20년	20년
1982	22년	21년
1983	24년	22년
1984	26년	23년
1985	28년	24년
1986		25년
1987		26년
1988	30년	27년
1989		28년
1990		29년
1991. 1. 1. 이후		30년

접도율은 4m 이상 도로에 접한 주택의 비율로
접도율이 높다는 것은 그 만큼 교통이 편리한
지역이라는 뜻이다. 호수밀도는 건축물이 밀집
돼 있는 정도를 나타내는 지표다. 1헥타르(ha)
당 건축돼 있는 건축물의 동수를 말한다. 호수
밀도가 높을수록 건물이 빽빽하게 들어서 있다
는 의미다. 과소필지는 지방자치단체 조례가 정
하는 면적에 미달하거나, 도시계획시설 등 설치
로 인하여 효용을 다할 수 없게 된 대지를 말한
다. 이 대지에 건축돼 있는 건축물은 준공연도
와 상관없이 노후 · 불량 건축물로 인정된다.

다가구주택
주택으로 쓰이는 층수(지하층 제외)가 3개 층
이하이고, 1개 동의 주택으로 쓰는 바닥면적(지
하주차장 면적 제외)의 합계가 660㎡ 이하이며,
19세대 이하가 거주할 수 있는 주택을 말한다.
단독소유이며, 주택의 일부를 매매할 수 없다.

일반 다세대주택
흔히 빌라라고 부르는데 건축법상 공동주택으
로 분류되며, 주택으로 쓰이는 층수(지하층 제
외)가 4개 층 이하이고, 1개 동의 주택으로 쓰
는 바닥면적(지하주차장 면적 제외)의 합계가

660㎡ 이하이며, 19세대 이하가 거주할 수 있
는 주택을 말한다. 개별등기가 된다.

구분 다세대주택
최초에는 단독주택 또는 다가구주택으로 지었
으나 준공 이후 건축법상의 물리적 요건을 맞
추어 집합건물로 구분해 다세대주택으로 구분
등기한 주택을 말한다. 외관상 다가구 혹은 일
반 다세대처럼 보이니 반드시 등기부등본과 건
축물관리대장 모두 열람하여 확인해야 한다.

도급제 / 확정 지분제
도급제는 조합(시행자)이 시공사에 공사비만
지불하는 방식. 공사 도중 발생하는 금전적 리
스크 혹은 수익을 모두 조합(시행자)이 책임지
는 방식이며 지분제는 시공사가 모든 사업 책
임과 수익을 가지고, 조합은 시공사 선정 시 개
발이익을 확정하는 사업위탁 방식이다.

뚜껑
재개발 부동산거래에서 사용되는 은어로 분양
권이 보장되어 있는 국공유지 위에 건축된 건
축물이나 무허가 건축물을 말한다.
무허가 건축물 자체로는 등기가 되어 있지 않
고, 건축한지 오래되어 재산적 가치는 높지 않
지만, 해당 지역이 재개발되어 아파트가 건설
되면 조합원으로서의 분양자격이 인정되기 때
문에 현재는 가격이 저렴하지만 미래가치가 높
다. 그러나 재개발지역 내 모든 무허가 건축물
이 분양자격이 인정되는 것이 아니기 때문에
조심해서 거래하여야 한다.

모아타운
인접한 가로주택정비사업/소규모재건축사업/
소규모재개발사업 중 여러 개를 모아서 진행하
는 사업

무허가 건축물

재개발에서 말하는 무허가 건축물이란 건축법에 의한 준공검사 제도가 만들어지기 이전의 건축물을 말한다. 이러한 건축물은 '무허가 건축물 관리대장'에 의하여 체계적으로 관리가 되고 있으며, 강제 철거 대상이 아니다. 법적으로 하자가 없는 물건이기 때문이다.

신발생 무허가건축물

착공 신고를 하고 건축을 하는 도중에 불법 요소가 추가되어 준공허가를 받지 못한 건축물을 재개발에서는 기존 무허가 건축물과 구분하여 신발생 무허가라고 부른다.

물딱지

부동산 개별 물건으로서는 인정되고 거래도 일반 부동산 매물처럼 이뤄지나 재개발·재건축이 되면 아파트 배정에서 제외되어 조합원이 될 수 없는 물건. 물건의 거래 과정에서 법률의 제한규정에 저촉되거나 소유자가 잘못된 시점, 또는 잘못된 단계에 거래하여 일반적인 물건도 물딱지로 변할 수 있다.

매도청구

사업시행자가 재건축사업을 시행함에 있어 조합설립에 동의하지 아니한 자 및 조합설립에 동의할 자격이 없는 자에 대하여 일정한 절차를 거쳐 토지 및 건축물의 소유권을 매도할 것을 청구할 수 있는 권리로서, 정비사업 중 재건축사업에만 인정되는 제도입니다.

보상금

미동의자에게 법에서 정한 일련의 수용 혹은 매도청구 과정을 재결한 보상금을 지급 또는 공탁하는 미동의자 보상금(시세 평가), 주거이전비, 영업보상비 등이 있다.

분양가상한제

공동주택의 분양가격을 산정할 때 일정한 건축비에 택지비를 더하여 분양가를 산정하게 하고, 그 가격 이하로 분양하게 하는 분양가 규제 제도 분양가상한제는 주택 가격이 급등하면서 주택건설업체들이 과도하게 이익을 남기고 있다는 사회적 비판에 따라 2005년 1월 8일 주택법을 개정하여 3월 9일부터 시행되었다. 분양가상한제 적용 주택을 분양할 때 입주자모집 승인을 받으면 그 모집 공고에 택지비주1, 공사비, 간접비, 그 밖의 비용 등 분양 가격을 공시해야 한다.

프리미엄

분양권 프리미엄premium을 뜻합니다. 분양권이나 분양가격과 매도가격의 차액을 의미한다. +P만 있는 것이 아니고, 미분양이거나 열악한 환경일 경우 -P(일명 마피)가 되기도 한다.

분양권전매 제한

분양권이 투기 수단으로 변질되어 분양시장이 과열되자 정부에서 일정 기간 동안 분양권을 다른 사람에게 매도하지 못하게 법적으로 제한하는 제도를 말한다.
보통 청약에 당첨된 날을 기준으로 기산된다.

비례율

해당 개발지역의 조합원들에게 합리적으로 이익이나 손해를 부담 또는 배분하기 위하여 만들어진 공식이다.
(종후자산-모든 사업비용) / 종전자산 = 비례율이라 하며, 종전의 출자자산 대비 사업이익의 비율이다. 비례율 <1 일 때 적자라 하고,>=일 때 흑자라고 하지만, 사실 그렇게 단정 짓기는 어렵다. 왜냐하면 감정평가로 종전자산의 전체 비율이 높아지면 비례율이 낮아질 것이고, 반대로 종전자산을 낮게 평가하면 그만큼 비례율

은 높아질 수 있기 때문이다.

종전자산이 높고 낮음은 감정평기로 정해지지만, 개별 조합원의 사업이익 출자 지분비율에 의해 정해지는 것이기 때문에 전체가 다 높이 평가 받거나 낮게 평가 받는 건 의미가 없고, 다른 조합원 대비 상대적으로 내가 높은 평가를 받는 게 중요하다.

빈집 및 소규모 정비사업특례법
기존의 대규모 전면철거 방식의 재개발 재건축 등 정비사업의 문제점을 보완하고 손길이 닿지 않던 사각지대를 정비해 보전·관리하기 위해서 2018년 2월 9일부터 시행된 법령이다.
전면철거를 통한 대규모의 정비사업보다는 소규모의 정비 보전 관리를 통해서 도시재생의 방향을 지향하고 있다. 빈집정비사업/자율주택정비사업/가로주택정비사업/소규모재건축사업/소규모재개발사업이 있다.

사업별 관할 법령
재개발·재건축 사업 : 도시 및 주거환경정비법
신속통합기획(재개발) : 도시 및 주거환경정비법
가로주택정비사업/소규모 재개발·재건축 사업
: 빈집 및 소규모정비사업법
모아타운 : 빈집 및 소규모정비사업법
도시개발사업 : 도시개발법
뉴타운 : 서울시 지역균형발전지원조례
재정비촉진지구 : 도시재정비촉진을 위한 특별법
도시재생지구 : 도시재생법
시장정비사업 : 전통시장법

사업시행인가
본격적으로 사업이 활성화되는 단계이다. 사업시행계획에는 건축물의 배치계획, 세입자의 주거대책, 정비기반시설의 설치계획, 임대주택의 건설계획, 대략적인 정비사업비 등 사업시행을 위한 대략적인 계획이 다 들어간다. 이 단계에서 사업의 불확실성이 많이 해소되는 시점이기 때문에 투자자들이 본격적으로 움직이는 시점이며, 조합원 지분의 가격상승이 많이 이루어진다.

수시점검
정비사업비의 투명한 관리와 운용, 집행을 위해 조합을 대상으로 국토교통부에서 수시로 실시하는 점검이다. 법령에 근거가 명시되어 있다.

수용 재결
공익사업을 위한 취득 및 보상에 관한 법률에 의해 재개발 같은 공익사업은 미동의자의 자산을 법률이 정한 절차에 따라서 국가나 지방자치단체 또는 공공단체가 강제적으로 토지의 소유권 등을 취득하는 것을 말한다.

시공사
사업주체인 조합으로부터 공사요청을 받아서 도급계약서를 맺고 공사만 맡아서 담당하는 회사이다. 조합설립인가 이후 입찰 경쟁을 통해서 선정된다.

시행사
사업의 준비에서부터 끝까지 전체과정을 관리하고 이끌어가는 사업의 주체이다. 사업의 책임과 의무와 권리를 모두 가지게 된다. 재개발·재건축에서는 몇몇 예외적인 사항을 제외하곤 일반적으로 조합을 말하며 조합원의 공동 집합체이다.

신탁방식개발 / 조합방식개발
조합 혹은 신탁사가 개발의 시행자가 되어 재개발 혹은 재건축을 시행하는 방식
조합방식은 시공사의 신용으로 자금을 빌려야 하기 때문에 높은 이자와 필요한 사업비 시기

의 격차로 인해 많은 어려움이 있다. 신탁방식은 신탁사의 신용으로 자금을 빌리기 때문에 낮은 이자와 많은 사업 운영의 번거로움을 해소할 수 있다. 단, 신탁방식의 경우 신탁사에 내야 하는 수수료가 발생한다.

안전진단
재건축 연한 30년이 넘은 단지에 대해 노후화 정도를 평가하고, 이 평가 기준을 토대로 재건축 가능 여부를 판단하게 해주는 하나의 절차다. 주택의 노후, 불량 정도에 따라 구조의 안전성 여부, 보수비용 및 주변 여건 등을 모두 조사해 재건축이 가능할지 살펴본다.
A부터 E까지 5단계 등급으로 분류한다. A-C등급까지는 보수를 요하며, D등급부터 조건부로 정비사업 진행이 가능하다.

이전고시
재개발·재건축 준공 인가의 고시로 사업시행이 완료된 이후에 관리처분계획에서 정한 바에 따라 조합원들 및 사업시행자에 공동주택의 소유권을 귀속시키는 행정처분을 말한다.

이주비
관리처분계획인가가 나오고 나면 이주가 시작된다. 이때 이주비를 받게 되는데 무이자 이주비와 유이자 이주비가 있다. 이주비는 대부분 우선 시공사에서 보증을 제공해 은행이 조합에 빌려주는 형태를 띠게 되고, 사업이 끝나고 이자까지 상환하게 된다. 개별 조합원은 나중에 사업이 끝나고 입주할 때 추가분담금에 이주비까지 함께 상환하게 된다.

일몰제
일정기간 정비사업 진척이 없는 정비구역을 시·도지사가 직권으로 해제할 수 있는 제도다.

현행 도시 및 주거환경정비법 제20조(정비구역 등의 해제)에 따르면, 정비구역 지정 후 2년 안에 추진위원회를 설립하지 못하거나 추진위 설립 이후 2년 이내 조합 설립을 하지 못하면 일몰제가 적용된다. 또한 조합을 설립한 단지의 경우 3년 이내 사업시행계획인가를 신청하지 못하면 정비구역에서 해제될 수 있다.

일반분양권
조합 사업의 결과물인 아파트를 비조합원인 일반인에게 분양했을 때 분양 받은 권리

입주자격(권)
조합원이 사업의 결과물인 현물(아파트)을 청산 받아 입주할 수 있는 권리

용적률
전체 대지면적에 대한 건물 연면적의 비율을 뜻하며 백분율로 표시한다. 용적률이 높을수록 건축할 수 있는 연면적이 많아져 건축밀도가 높아져 사업자 입장에서는 사업성이 좋아진다.

조합
조합은 구역 내 토지등소유자로 이루어지는 사업의 추진 주체이다. 조합설립의 절차는 구역 지정 후 토지등소유자의 정해진 일정 동의에 의해서 조합설립 인가를 받게 된다.

주거이전비
구역지정 공람공고 3개월 전부터 사업시행인가 이후까지 거주한 주거용 세입자에 대해 최저생계비 4개월분의 생활비를 보상해주게 되는데 이를 주거이전비라고 한다.

주민총회 / 추진위원회
동의서를 내지 않은 사람들을 포함한 전체 주

민들의 모임을 주민총회라고 하고, 추진위원들만의 모임을 추진위원회라고 규정하고 있다.

추진위원회에서 하는 일은 1. 정비사업전문관리업자의 선정 2. 설계자의 선정 및 변경 3. 개략적인 정비사업 시행계획서의 작성 4. 조합설립인가를 받기 위한 준비업무 5. 추진위원회 운영규정의 작성 6. 토지등소유자의 동의서의 접수 7. 조합의 설립을 위한 창립총회의 개최 8. 조합정관의 초안 작성 9. 그 밖에 추진위원회 운영규정으로 정하는 업무이다.

지구단위계획

도시계획 수립 대상지역의 일부에 대하여 토지이용을 보다 합리화하고 기능 증진 및 미관 개선을 통해 양호한 환경을 확보함으로써 그 지역을 체계적·계획적으로 관리하기 위하여 수립하는 「국토의 계획 및 이용에 관한 법률」에 의한 도시관리계획의 한 유형이다. 토지이용계획 등 공부상으로는 그 상세내용을 파악할 수 없고, 구청 등에 문의하여 내용을 알 수 있다.

지분쪼개기

건물이나 땅·주택에 대해 하나의 소유권을 가지는 단독주택 또는 다가구주택을 여러 개로 구분등기가 가능한 다세대주택으로 신축하거나 지분을 나눔으로써 인위적으로 재개발 아파트 분양권을 많이 받아내는 방식의 투기행위

지역주택 조합사업

대표시행자가 지역주택조합사업 요건을 갖추고 사업자를 낸 후에 조합원 모집을 통해서 사업 부지를 매입하면서 추진하는 방식이다. 이때 모집된 조합원은 토지매입비와 업무추진비를 부담하게 된다. 지역조합의 설립은 80%로 가능하나 토지사용권을 95% 이상 확보해야 미동의자에게 매도청구가 가능하다는 것과 신규 조합원 모집을 통해 사업비용을 충당해야 하는 것이 사업을 어렵게 한다. 게다가 일부 사업장에서는 이점을 이용하며 토지 사용권마을 1-2%의 계약금으로 확보 후 일반 조합원을 모집하여, 토지 확보를 위해 사용한 금액보다 더 많은 돈을 일반 조합원으로부터 받은 후 나 몰라라 하는 사업장이 늘어나면서 조합원의 피해가 늘어나고, 결국 사업이 무산되기도 하여 피해가 가중되는 실정이다.

정비관리업자

정비사업의 시행을 위해 필요한 조합설립업무, 사업성 검토, 설계자 및 시공자 선정, 사업시행인가 신청대행, 관리처분계획 수립대행 등의 업무를 추진위원회 또는 사업시행자로부터 위탁받거나 이와 관련한 자문을 하는 업무를 한다. 이러한 업무를 수행하기 위해 일정요건을 갖춰 시장·도지사에게 등록한 자를 정비사업전문관리업자(이하 정비사업자)라고 한다(도시 및 주거환경정비법 제102조).

재개발 / 재건축

재개발과 개건축은 도시 및 주거환경정비법에 의거 주거환경 개선을 목적으로 하는 사업이다. 재개발은 정비기반시설이 열악한 곳에서 하는 사업이라 안전진단이 수반하지 않는다. 또한 토지나 건물, 지상권 중 1개 이상 소유 시 조합원이 될 수 있고, 현금청산의 경우 감정평가액으로 보상받게 된다. 주거 이전비 및 상가 영업보상비를 지급하는 공공사업이며 그래서 미동의자의 권리에 대하여 수용할 수 있다.

재건축의 경우 건물과 부속 토지를 함께 소유해야 조합원 자격이 주어지고, 주거이전비 및 세입자 보상비를 지급하지 않는다. 민간사업으로 간주할 수 있으며 미동의자는 매도청구를 할 수 있다.

재건축 초과이익환수제

재건축 사업으로 인해 정상 주택가격 상승분을 초과하여 이익이 발생하는 경우 국가가 그 이익의 최대 50%를 개발 부담금으로 환수하는 제도로 결국 조합원의 부담이 된다.

초과이익 환수금은 재건축 준공 후에 평가한 집값(종료 시점 주택가액)에서 재건축 사업을 시작했을 때 집값(개시 시점 주택가액), 정상주택 가격 상승분, 개발 비용의 합을 뺀 값에 부과율을 적용하는 방식으로 산정한다.

종전자산

조합원이 가지고 있는 토지나 건축물 등의 자산이다. 감정평가를 통해 출자자산으로서 객관적인 기준이 정해진다. 조합원 개개별 입장에선 출자한 자본금의 성격을 갖게 되고, 구성원 전체를 대변하는 집단인 조합의 입장에선 개발 사업을 하기 위해 지출한 토지 매입비의 성격을 갖게 된다.

종후자산

사업의 결과로 만들어지는 조합원 분양분, 일반 분양분, 임대 아파트 및 기타 부대시설 등이다.

청약당첨

2009년 5월 6일 출시된 주택청약종합저축으로 국민주택과 민영주택 모두에 청약할 수 있게 되었다. 청약자격은 입주자 공고일 현재 해당지역이나 인근지역에 거주하는 만19세 이상 무주택자나, 특별공급으로도 가능하다.

추가분담금

종전자산의 감정평가액x비례율=분양기준가액이 나오고, 분양기준가액에서 조합원 분양가에 부족한 만큼 추가 분담해야 되는 금액이다.

토지거래허가제

1979년 땅 투기 억제를 위해 국토교통부 장관, 시 · 도지사가 특정 지역을 거래규제지역으로 지정하는 제도이다. 허가구역 내에 있는 토지에 관한 소유권, 지상권을 이전 또는 설정하는 계약(예약 포함)을 체결하거나, 허가 받은 사항을 변경하고자 하는 당사자는 공동으로 시장, 군수 또는 구청장의 허가를 받아야 한다. 최대 5년까지 지정이 가능하다.

토지등소유자 / 토지및소유자

토지등소유자는 토지나 건물, 지상권등 어느 1개라도 소유한 자를 지칭하며 토지및소유자는 토지와 건물을 함께 소유한 자를 말한다.

토지이용계획

교통 계획, 도 · 시 · 군 계획, 시설계획, 공원 녹지 계획과 더불어 국토 계획의 근간을 이룬다. 우리나라는 토지이용계획을 구체적으로 실현하는 법적, 행정적 방안으로 용도지역 지구제를 운용하고 있다. 용도지역(도시지역/관리지역/농림지역/자연환경보전지역), 용도지구(경관/미관/고도/방화/방재/보존/시설보호/취락/개발진흥/특정용도제한 지구), 용도구역(개발제한/도시자연공원/시가화조정/수산자원보호 구역)의 목적은 토지의 이용과 건축물의 규모 등을 규제하고 관리함으로써 토지의 경제적, 효율적 이용과 공공의 복지를 증진하기 위함이다. '토지이용계획확인원'을 통해 열람 가능하다.

환경영향평가

행정기관에서 사업시행인가를 하여주기 위해서는 건축법, 주택법, 환경영향평가법, 도시교통정비촉진법 등 개별 법률에서 규정한 내용을 함께 점검하므로 조합에서는 사업계획서신청 전에 법률에서 정하고 있는 내용에 대하여 심의를 받거나 이행을 하여 그 요건을 충족해야한다.

신속통합기획 주택재개발사업 후보지 수시 모집 안내문

　서울시는 주택재개발사업을 통해 정비가 필요한 낙후된 노후 저층주거지의 신속한 주거환경개선 및 주택공급 확대를 위해 후보지 선정방식을 공모에서 수시체계로 전환함에 따라 관련 내용을 다음과 같이 안내합니다.

2023년 5월 8일

서울특별시장

1. 사업개요

○ 사 업 명 : 신속통합기획 주택재개발사업 후보지 수시 모집

○ 신청기간 : 연중 상시

○ 신청대상 : 아래 2가지 요건을 모두 충족하는 구역

　- 법령/조례상 **주택정비형 재개발 정비구역 지정요건에 맞고,**

　- 토지등소유자 **30% 이상 동의로 구역지정을 희망하는 지역**

　　※ 단, 토지등소유자 50% 이상 동의를 받아 추진하는 <u>주거환경개선사업지역(관리형)</u>이 주택재개발 후보지 신청을 위해서는 토지등소유자 <u>50% 이상</u> 동의를 받아야 함

(제외대상)

· 아래 ①~③에 해당하는 구역은 신청대상에서 제외

　① 공공재개발, 모아타운, 도심공공주택복합사업 등 타 사업 공모 등에 신청 등 진행 중이거나 후보지로 선정된 구역
　　※ 후보지로 선정된 구역은 향후 공공재개발, 모아타운, 도심공공주택복합사업 등 후보지로 선정될 수 없음
　② 토지등소유자 30% 이상이 반대하는 구역, 　③ 전용주거지역

(제외 가능대상)

· 아래 ④~⑦에 해당하는 구역은 구청장 사전검토 또는 선정위원회 선정 과정에서 추진이 어렵다고 판단될 경우 추천제외 또는 선정제외할 수 있음

　④ 현금청산대상 세대수가 많은 구역, 　⑤ 여러 사업이 혼재된 구역
　⑥ 지난 공모(공공재개발 공모 포함) 등에서 미선정 사유가 해소되지 않은 구역
　⑦ 구청장이 재개발 추진이 적합하지 않다고 판단하는 구역

〈 아래 ①~④에 해당하는 구역은 수시 신청은 가능하나, 아래 "유의사항" 에 따름 〉

〈유의사항〉

① 도시재생지역등* : 자치구에서 서울시로 추천하기 전, 市 재생소관부서와
사전 협의 [도시재생뉴딜사업은 국토부 추가 협의 필요, 市 도시재생위원회 및 재생소관부서 자문 등]
후 결과에 따라 추천 여부가 결정되며, 선정과정에서 협의결과가 고려됨

※ 주민동의 50% 이상 등으로 관리형 주거환경개선사업의 후보지 또는 대상지인 지역이 주택재개발사업
후보지로 선정될 경우 선정과 동시에 주거환경개선사업의 후보지 또는 대상지에서 제외(취소)됨

> *** 도시재생지역등**
> – 「도시재생활성화 및 지원에 관한 특별법」에 따른 도시재생활성화지역
> – 「도시 및 주거환경정비법」에 따른 주거환경개선사업(관리형)
> – 「서울시 골목길재생 활성화 및 지원에 관한 조례」에 따른 골목길 재생사업
> – 「국가균형발전 특별법」에 따른 도시재생뉴딜사업

② 해제지역 : 자치구에서 서울시로 추천하기 전 해제사유 등에 대한 검토,
현재 주민동향(찬성/ 반대 동의율 등) 등을 고려, 실현가능성 등을 최종 판단
후 추천 여부가 결정되며, 선정과정에서 해당 내용이 고려됨

③ 서울시 정책상 도시관리 및 보전이 필요한 지역

– 아래 표1에 해당하는 지역은 후보지 선정시 현행 토지이용계획, 주변여건에
맞는 범위 내에서 검토(지역 특성 유지 등)함을 원칙으로 하고, 법령 및 조례상
건축제한 규정을 따르며 주변여건 및 도시계획을 고려하여 계획을 수립함

〈표1〉 서울시 정책상 도시관리 및 보전이 필요한 지역

아래에 해당하는 지역	아래의 지역·지구와 인접한 지역
▪ 구릉지(표고40m 이상, 경사도10도 이상) ▪ 중점경관관리구역 중 역사도심, 한강변(표고40m이상), 주요산(표고40m이상) ▪ 고도지구, 자연경관지구 내 ▪ 제1종일반주거지역 ▪ 한옥보전구역	▪ 제1종전용주거지역, 녹지지역, 개발제한구역, 도시자연공원구역 ▪ 고도지구, 자연경관지구

④ 문화재보호법에 따른 보호구역 또는 역사문화환경 보존지역

– 국가지정문화재는 문화재청(단, 서울 한양도성은 市 문화재관리과 협의), 서울시
지정문화재는 市 문화재정책과 **사전협의** 필요, 선정과정에서 협의결과가 고려됨

※ 사전협의 요청시, 신청구역이 문화재(문화재구역 및 보호구역 포함) 및 역사문화환경
보존지역, 매장문화재 유존지역 등 저촉 여부 확인 후 저촉시 협의 요청 필요

※ 해당 내용은 문화재공간정보서비스(http:gis-heritage.go.kr/main.do) 및
토지e음(http://www.eum.go.kr/)에서 확인 가능

○ **신청 자격 : 신청구역 내 토지등소유자**(동의 30% 이상 필요)

- **(동의서 번호부여 의무화)** 추진주체는 동의서 징구 전에, 관할 자치구에서
  동의서에 번호를 부여받아 해당 동의서를 사용하여 징구하여야 함

  ※ 2차 공모 이후('22.12.29.~) 기 징구한 동의서도 인정되나, 추진주체는 수시전환 발표 후
  관할 자치구에 **구역계 첨부하여 번호부여 요청**하여야 함 (기 징구한 동의서에도 번호 기재 요청)

[절차] ▲ 구역계 첨부하여 동의서 **번호부여 요청**(추진주체→區) ➡ ▲ **번호부여**(區→추진주체) **및 해당구역 공개**(區) ➡ ▲ **동의서 징구**(추진주체→토지등소유자)
(區 주의사항) ① 區에서 번호부여 시 재개발 소관부서 내부결재를 통해 추진주체별 동의양식번호 1개만 부여
(ex.) 00동 00번지 일대 **제0호** (소관부서 내부결재에 따라 부서장 날인 또는 구청장 직인을 찍어 제공)

(동의서 번호부여 서식)	행정기관부여 동의양식번호	00동 00번지 일대 제 0 호
	번호부여일자	2023. 00. 00
	확인(인)	

  ② 번호부여 즉시 구 홈페이지 및 해당 동주민센터 게시판 등에 해당구역 구역계 등 공개 ※(공개 서식) 붙임6

- **(반대 동의서, 동의 철회서)** 반대 동의서(붙임3) 및 동의 철회서(붙임4)는
  자치구에서 후보지 추천 전까지 제출된 것에 한해 인정되며, 동의서 제출 후
  동의 철회서를 제출하는 자가 주택재개발사업 후보지 신청에 반대할 경우
  별도 반대 동의서(붙임3)도 함께 제출해야 함

○ **선정계획(물량) : 3만4천호 내외** (추진상황, 여건변화 등에 따라 조정될 수 있음)

- **(추천방법)** 자치구별 정량적 평가점수 순(順)으로 추천하되, 구역현황·정비
  시급성 등 감안, 구청장이 최종 추천순위를 조정하여 추천 가능
- **(추천기한)** 수시 추천 (다만, 市 소관부서에서 선정위 개최 3주 전까지 상
  정된 구역에 한해 심사함을 참고하여 추천할 것)
- **(심사대상)** 선정위 개최 3주 전까지 상정 요청(市 소관부서 → 주거정비과)된 구역
- **(선정위원회)** 매월 세 번째 목요일 (상황에 따라 개최 일정 변경·운영 가능)
  ▶ 매 선정위원회의 선정구역 수(물량)는 선정위원회에서 조정·결정

○ **추진절차** ※ 市 소관부서 : 주거정비과, 재정비촉진사업과, 주거환경개선과 등 재생소관부서

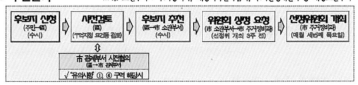

(자치구 유의사항) 신청구역이 도시재생지역등에 해당될 경우 반드시 市 재생소관부서(주거환경개선과, 균형발전정책과, 도시정비과 등)에 사전협의 일정 확인하여 추진할 것(도시재생위원회 일정 등)

2. 신청 방법

○ **신청기간 : 연중 상시** ※ 제출한 서류는 반환되지 않음

○ **접 수 처 : 각 자치구 정비사업부서 (직접 방문 제출만 허용)**

　※ 각 자치구 정비사업부서는 제출서류 접수시 제출자 인적사항(신분증사본, 연락처, 성명 등)을
　　통해 토지등소유자임을 확인하고 인적사항 보관 (대리인 제출시 대리인 위임장 첨부)

○ **신청방법 : 아래 제출서류를 구비하여 각 자치구 정비소관부서로 제출**

　※ 동일(또는 일부 중복) 구역계에서 다수 추진주체 추천 불가(원칙), 다수 추진주체가
　　있는 경우 입안권자인 자치구에서 조율·정리 후 추천하여야 함

○ **제출서류**

【추진주체(신청인) → 구청】	
1) 신청서(붙임1) 1부	2) 동의서(붙임2) 1부
3) 전체 토지등소유자 명부 1부	4) 구역계 1부
5) 대리인 위임장 1부(대리인 제출시)	6) 1) ~ 5) 자료를 담은 USB 1개

【구청 → 市 소관부서】 1) 추천 공문, 2) 자치구 검토보고서(붙임5) 1부	

3. 후보지 선정기준(안) ※ 아래 방식을 기본으로 선정위원회에서 선정기준 조정·운영할 수 있음

○ 선정계획 물량을 고려하여 선정위원회에서 정하는 범위 내에서
　구역별 정량적 평가점수를 중심으로 선정하되, 다음사항을 종합적으로
　고려하여 선정위원회에서 최종 결정

　- **자치구 여건**(진행 중인 구역 수 등) 및 **정책적 요건**(입지특성, 구역특성, 정책특성 등)

　- **반지하주택 등 취약한 주거지역, 추진의지가 높은 구역 등**

〈 구역별 평가기준 〉

① **기본 검토사항** : 법적(법령/조례) 구역지정 요건 충족 여부, 구역계 적정성, 생활권계획과의 정합성, 제외대상 여부, 동의율 충족 여부

② **정량적 평가** : **기본점수**(100) + **가점**(20) + **감점**(-10) *사잇값은 직선보간*

※ 정량적 평가 상세내용은 (붙임5) 자치구 검토보고서의 정량적 평가표 참고

구 분	내 용		
기본점수 (100)	노후 동수(40), 노후 연면적(15), 과소필지(15), 접도율(15), 호수밀도(15)		
가 점 (20)	① 찬성동의율 : 10점 이내		

찬성동의율	50%	사잇값	90%
점 수	2점	직선보간 산출	10점

② 침수지역 : 5점 (다음 지역이 30%이상 포함되고, 상습침수 또는 침수 우려지역
이라고 구청장 판단 지역) ※ 30% 미만도 구청장 종합의견 제시 가능

▲자연재해위험개선지구, ▲침수이력(침수흔적도* 등 근거) 있는 주거지역

※침수흔적도(자연재해대책법 제2조제3호, 제21조) : 구청장이 홍수해로 인한 침수 기록을 표시한 도면

③ 반지하주택 : 5점 이내 (전체 건축물 동수 대비 (반)지하주택 건축물 동수 비율)

산출값	50%	사잇값	70% 이상
점 수	1점	직선보간 산출	5점

감 점
(-10)

① 반대동의율 : -5점 이내 (30% 이상 추천 제외)

반대동의율	20%	사잇값	30% 이상
점 수	-1점	직선보간 산출	-5점

② 구역면적 : -5점 이내 (해제지역 동일 구역계로 신청시 등 감점 제외)

구역면적	6만5천㎡	사잇값	8만5천㎡ 이상
점 수	-1점	직선보간 산출	-5점

③ **기타 구역 정보** : 구역의 정책적 요건 부합 여부, 구역 및 주변현황, 관계부서(기관) 협의결과, 관련계획 정합성 등

④ **자치구 종합의견** : ①, ②, ③ 고려, 추천 총괄표와 함께 구청장 종합의견 제시

< 자치구 여건, 구역의 정책적 요건 >

○ **자치구 여건**
 - 향후 10년간 주택수급계획 및 현재 아파트 개발계획 수립 중인 구역 수 등
 - 주택 가격상승률, 이상거래 움직임 등 조사자료 등
 - 생활SOC 현황 분포 및 분석자료 등
 - 현금청산대상 세대수 확인을 위한 인허가 현황 등 관련 자료

○ **구역의 정책적 요건**
 - **입지 특성** : (권장) 정비구역 연접지역으로서 기반시설 연계가 필요한 지역
 - **구역 특성** : (권장) 안전(재난시설물, 반지하주택 밀집지역, 침수(우려)지역 등), 방범(빈집 밀집지역 등)
   등 주거환경개선이 시급한 노후지역, 구역계 정형화 등
   (지양) 구역계 부정형, 돌출경관 초래지역 등
 - **정책 특성** : (지양) 신청구역이 몰려있는 지역, 여러 사업이 혼재된 지역,
   현금청산대상 세대수 많은 구역, 미선정사유 해소 안 된 구역 등

4. 유의사항

○ 제출된 서류는 반환하지 않습니다.

○ 선정심사와 관련된 평가내용 등 관련 모든 자료는 공개하지 않습니다.

○ 제출된 서류의 내용이 사실과 다른 경우 평가대상에서 제외될 수 있으며,
 선정된 후라도 선정이 취소될 수 있습니다.

○ 동의율은 「도시 및 주거환경정비법 시행령」 제33조제1항에 따른 토지등
 소유자의 동의자 수 산정방법에 따르며, 같은 항 제1호 가목, 나목, 라목에
 해당하는 경우 대표소유자 선임동의서도 함께 제출하여야 합니다. (다만,
 공유자 등 모두가 각각 동의서를 제출한 경우에도 동의로 처리 가능)

○ 동의서 번호부여된 구역(구→추진주체)은 자치구에서 구 홈페이지 등을 통해 해당 구역계 등을 공개함을 알려드리니, 자치구별 공개장소 등 관련 내용에 대해서는 자치구 정비사업부서로 문의하여 주시기 바랍니다.

○ 후보지로 선정되면 '정비지원계획(신속통합기획)'을 통해 정비계획 수립 절차가 진행됨을 알려드리며, 자치구는 정비계획 용역 발주 준비(예산확보 등) 등 사전준비를 철저히하여 선정 후 즉시 사업이 추진될 수 있도록 협조하여 주시기 바랍니다.

○ '노후도'는 수시 신청한 달의 마지막 날을 기준(ex. 5월 10일 신청시 5월 31일 기준)으로 산정하며, '동의서'는 신청 시 제출한 동의서에 한해 인정됩니다. 또한, '반대 동의서' 및 '철회 동의서'는 자치구 추천 전까지 제출된 것에 한해 인정됩니다.

○ 후보지로 선정된 후 2년 이내 정비계획 입안이 안 될 경우 후보지에서 제외됩니다. (다만, 자정전자 또는 선정위에서 구역여건 등 종합적으로 고려, 1년 1회 연장 가능)

○ 후보지로 선정된 후, 주민반대가 심한 지역의 경우에는 자치구에서 충분한 주민의견 수렴 및 선정위원회 자문 등을 통해 제외 검토될 수 있습니다.

○ 후보지로 선정된 구역은 지분쪼개기, 비경제적인 건축행위, 갭투자, 분양사기 등 방지를 위해 다음과 같은 투기방지대책을 추진합니다.

【권리산정기준일】('23년) 기존 발표대로 '22.1.28.로 추진
('24년) '24.1.1. 이후 선정되는 후보지는 구청장 추천일 또는 투기동향에 따라 구청장이 별도 요청하는 날

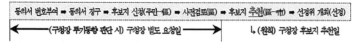

※ 신통기획 전부터 정비사업 예측이 가능했던 구역은 재정비촉진지구의 기존 권리산정기준일 유지(재정비촉진지구중 촉진구역, 존치정비구역 등)

【건축허가 제한, 토지거래허가구역】 후보지 발표일 기준 추진

【미선정/유보구역】 선정구역에 준하여 추진

구 분		권리산정기준일 지정 (지분쪼개기 방지)		토지거래허가구역 지정 (겹투자 등 방지)	건축허가 제한 (분양권없는 건축행위, 지분쪼개기 방지)
		23년	24년		
주택재개발사업 수시 모집	선정구역	'22. 1. 28.	추천일 or 별도 요청일	후보지 발표일 기준	후보지 발표일 기준
	미선정구역	'22. 1. 28.	추천일 or 별도 요청일	후보지 발표일 기준	후보지 발표일 기준

○ 기타 문의사항이 있으실 경우 아래 연락처로 문의하여 주시기 바랍니다.

《수시 모집 안내문 및 서식 다운로드》 (검색어 : 신속통합기획 주택재개발사업 후보지 수시 모집 안내문)

○ 정비사업 정보몽땅(http://cleanup.seoul.go.kr) 〉 정보센터 〉 자료실
○ 서울시 홈페이지(http://www.seoul.go.kr) 〉 서울소식)보도·해명자료)보도자료
○ 각 구청 홈페이지 자료실 등

《문의 및 상담》

○ 수시 모집 관련 문의
  - 서울시 주거정비과(☎ 02-2133-7200, 7235, 7236, 7204, 7206, 7207, 7193)
  - 해당 자치구 정비사업부서

○ 주거환경개선사업 후보지, 대상지의 주택재개발 후보지 신청에 관한 사항
  - 서울시 주거환경개선과(☎ 02-2133-7252, 7248, 7249)

○ 신청서, 동의서 등 추진주체(신청인) 제출서류 문의 : 해당 자치구 정비사업부서

붙임 1. 신청서(서식) 1부.
   2. 동의서(서식) 1부.
   3. 반대 동의서(서식) 1부.
   4. 동의 철회서(서식) 1부.
   5. 자치구 검토보고서(서식) 1부.
   6. 동의서 번호부여 요청 구역 공개(서식) 1부. 끝.

붙임1	신청서(서식)

주택재개발사업 후보지 신청서
- 사전검토 요청서 -

신청인	대표자	성 명		생년월일		
		주 소		(전화:)		
신 청 내 역	요 청 목 적		주택재개발사업 추진을 위한 정비구역 지정요건 등 사전검토			
	신청지역	위 치				
		예정 사업명 (구역명)				
		구역면적				(㎡)
		토지등소유자수				명
		신청 동의자수		명	동의율	%
기 본 요 건 검 토	상위계획	○○구 ○○주거생활권계획과의 정합성		검토결과	적합 또는 부적합 기재	
	구역면적	정비구역면적의 적법성 (1만㎡ 이상, 시조례 제4조제3항의 경우 5천㎡ 이상)			적합 또는 부적합 기재	
	노후도	노후도 비율의 적합성 (법적 필수, 노후 동수의 2/3 이상)			적합 또는 부적합 기재	

「신속통합기획 주택재개발사업 후보지」 신청서를 제출합니다.

년   월   일

신청인대표   (서명 또는 인)

○○ **구청장** 귀하

* 첨부서류
1. 전체 토지등소유자 명부(신청 동의자 표기)
   - 「서울시 도시 및 주거환경정비 조례 시행규칙」 별지 9호 서식 참고, 토지등소유자별 권리내역 증빙서류는 제출하지 않음
2. 후보지 신청 동의서
   - 「도시 및 주거환경정비법 시행령」 제33조제1항제1호 가목·나목·다목에 해당하는 경우 대표소유자 선임동의서 첨부
3. 구역계(범위) 현황도면(지적도 등)

붙임2 | 동의서(사전검토요청 동의서) (서식) *번호부여 의무

주택재개발사업 후보지 신청 동의서

<사전검토요청 동의서>

행정기관부여 동의양식번호	00동 00번지 일대 제 0 호
번호부여일자	2023. 00. 00
확인(인)	

1. 소유자 인적사항

성 명		생년월일	-
주민등록상 현주소		전화번호	( ) -

※ 소유권 현황

권리 내역		소 재 지 (공유여부)		면 적(㎡)	
	토 지	(계 필지)		(계)	
		( )			
		( )			
		소 재 지 (허가유무)		동 수	
	건축물	( )			

* 하나의 토지 또는 건축물 소유자가 여러 명일 때 대표자 1명을 토지등소유자로 표기하고, 대표소유자 선임동의서 첨부

※ 주의사항
① 동의를 하는 자는 기재사항이 누락되었거나 사실과 다른 경우 추진주체(동의를 받는 자)에게 동의서를 재작성하도록 하거나 자필로 수정하고 날인하여야 합니다.
② 동의를 하는 자는 하나의 추진주체(동의를 받는 자)에게만 동의서를 작성·제출하여야 합니다.

2. 동의내용 : 후보지 신청하는 구역범위(구역계)를 확인하였으며, 아래 사항에 대하여 동의함

위 치 (신청 구역)	00동 00번지 일대	구역면적	(㎡)

상기 구역에 대하여 신속통합기획 주택재개발사업 후보지 신청에 동의합니다.

년 월 일

동의자 : *자필 서명* **[지장날인]**

※ 토지등소유자의 성명을 자필로 기재(서명)하고, 반드시 지장을 함께 날인하여야 함(인감, 기타 인장은 불인정)

○○구청장 귀하

첨부 1. 구역계(범위) 현황도면 1부.
　　 2. 신분증명서 사본 1부(공동소유일 경우 소유자별 각 1부).
　　 ※「본인서명사실 확인 등에 관한 법률 시행령」제25제1항에 따른 신분증 : 주민등록증, 자동차운전면허증, 대한민국여권 등
　　 3. 개인정보 수집 및 이용동의서 1부(공동소유일 경우 소유자별 각 1부).
　　 4. 대표소유자 선임동의서 1부(공동소유일 경우). *공유자 모두 동의서 제출시 인정

개인정보 수집 및 이용 동의서(예시)

「개인정보보호법」등 관련 법규에 의거 각 자치구, 서울특별시에서는 신속통합기획 주택재개발사업 수시 모집과 관련하여, 대상구역 토지등소유자의 개인정보 수집 및 이용에 대해 <개인정보 수집 및 이용 동의서>를 받고 있습니다. 주택재개발사업의 관련업무 추진을 위한 개인정보 수집 및 이용에 동의가 필요합니다.

개인정보 제공자가 동의한 내용 외의 다른 목적으로 활용하지 않으며, 제공된 개인정보의 이용을 거부하고자 할 때에는 개인정보 관리책임자(해당 자치구 구역 담당)를 통해 열람, 정정, 삭제를 요구할 수 있습니다.

1. 개인정보 수집 및 이용 기관명 : 신청구역 관할 자치구 및 서울시 관련부서

2. 수집하는 개인정보 항목 : 성명, 생년월일, 주소, 연락처

3. 개인정보 수집 및 이용 목적 : 주민 협의·안내 및 주택재개발사업 추진 관련
   • [문의전화] (해당 자치구 정비사업부서)
   (서울특별시 주거정비과, 재정비촉진사업과, 주거환경개선과등 市 소관부서)

4. 개인정보의 보유 및 이용기간 : 정비구역 지정까지 [단, 최대 후보지 선정 후 2년까지]

5. 동의를 거부할 권리 및 동의 거부에 따른 제약사항
   • 위 사항에 대하여 동의를 거부할 권리가 있으며, 거부할 경우 후보지 신청 관련 검토 및 사업추진 등에 제약이 있을 수 있음을 알려드립니다.

본인은 개인정보 처리에 관하여 고지 받았으며,

☞ 위와 같이 개인정보를 수집·이용하는데 동의하십니까? (예)

성 명 : _____ (서명 또는 인)

대표소유자 선임동의서

■ 소유권 현황

		소 재 지 (공유여부)		면 적(㎡)	
권리 내역	토 지	(계 필지)		(계)	
		(	)		
		(	)		
		(	)		
	건축물	소 재 지 (허가유무)		동 수	
		(	)		
		(	)		
		(	)		

상기 물건에 대한 아래 공동소유자(위임자)는 「신속통합기획 주택재개발사업 후보지 신청」 관련 신청구역의 범위(구역계)를 확인하였으며, ＿＿＿＿＿＿＿＿을(를) 대표소유자로 선임하여 후보지 신청 동의서를 제출하는데 동의합니다.

년   월   일

소유물건	연번	성명 (자필서명)	주민등록번호 (앞 6자리)	전화번호	지장날인
대표소유자 (선임수락자)	-				
위임자 (동의자)	1				
	2				
	3				
	4				
	5				

※ 자필서명이란 성명을 본인이 직접 정자로 기재하는 것을 말하며, 자필서명과 지장날인 모두 해야 유효함

붙임3 반대 동의서(서식)

주택재개발사업 후보지 신청 반대 동의서

1. 소유자 인적사항

성 명		생년월일	-
주민등록상 현주소		전화번호	( ) -

※ 소유권 현황

권리 내역	토 지	소 재 지 (공유여부)		면 적(㎡)	
		(계 필지)		(계)	
		( )			
		( )			
	건축물	소 재 지 (허가유무)		동 수	
		( )			
		( )			

* 하나의 토지 또는 건축물 소유자가 여러 명일 때 대표자 1명을 토지등소유자로 표기하고,
대표소유자 선임동의서 첨부

2. 반대 동의내용 : 상기 본인은 위 소재지의 토지등소유자로서 위 소재지를 포함한 신속통합기획 주택재개발사업 신청에 반대합니다.

년   월   일

반대 동의자 :   *자필 서명*   **[지장날인]**

※ 토지등소유자의 성명을 자필로 기재(서명)하고, 반드시 지장을 함께 날인하여야 함(인감, 기타 인장은 불인정)

○○구청장 귀하

첨부 1. 신분증명서 사본 1부(공동소유일 경우 소유자별 각 1부).
　　　　※ 「본인서명사실 확인 등에 관한 법률 시행령」 제13조제1항에 따른 신분증: 주민등록증, 자동차운전면허증, 대한민국여권 등
　　　2. 개인정보 수집 및 이용동의서 1부(공동소유일 경우 소유자별 각 1부).
　　　3. 대표소유자 선임동의서 1부(공동소유일 경우). *공유자 모두 동의서 제출시 인정

개인정보 수집 및 이용 동의서(예시)

「개인정보보호법」등 관련 법규에 의거 각 자치구, 서울특별시에서는 신속통합기획 주택재개발사업 수시 모집과 관련하여, 대상구역 토지등소유자의 개인정보 수집 및 이용에 대해 <개인정보 수집 및 이용 동의서>를 받고 있습니다. 주택재개발사업의 관련업무 추진을 위한 개인정보 수집 및 이용에 동의가 필요합니다.

개인정보 제공자가 동의한 내용 외의 다른 목적으로 활용하지 않으며, 제공된 개인정보의 이용을 거부하고자 할 때에는 개인정보 관리책임자(해당 자치구 구역 담당)를 통해 열람, 정정, 삭제를 요구할 수 있습니다.

1. 개인정보 수집 및 이용 기관명 : 신청구역 관할 자치구 및 서울시 관련부서

2. 수집하는 개인정보 항목 : 성명, 생년월일, 주소, 연락처

3. 개인정보 수집 및 이용 목적 : 주민 협의·안내 및 주택재개발사업 추진 관련
   • [문의전화] (해당 자치구 정비사업부서)
       (서울특별시 주거정비과, 재정비촉진사업과, 주거환경개선과등 市 소관부서)

4. 개인정보의 보유 및 이용기간 : 정비구역 지정까지 [단, 최대 후보지 선정 후 2년까지]

5. 동의를 거부할 권리 및 동의 거부에 따른 제약사항
   • 위 사항에 대하여 동의를 거부할 권리가 있으며, 거부할 경우 후보지 신청 관련 검토 및 사업추진 등에 제약이 있을 수 있음을 알려드립니다.

본인은 개인정보 처리에 관하여 고지 받았으며,

☞ 위와 같이 개인정보를 수집·이용하는데 동의하십니까? (예)

성   명 : _____ (서명 또는 인)

대표소유자 선임동의서

■ 소유권 현황

		소 재 지 (공유여부)		면 적(㎡)	
권리 내역	토 지	(계	필지)	(계	)
		(	)		
		(	)		
		(	)		
		소 재 지 (허가유무)		동 수	
	건축물	(	)		
		(	)		
		(	)		

상기 물건에 대한 아래 공동소유자(위임자)는 「신속통합기획 주택재개발사업 후보지 신청」 관련 , _____을(를) 대표소유자로 선임하여 후보지 신청 반대 동의서를 제출하는데 동의합니다.

년   월   일

소유물건	연번	성명 (자필서명)	주민등록번호 (앞 6자리)	전화번호	지장날인
대표소유자 (선임수락자)	-				
위임자 (동의자)	1				
	2				
	3				
	4				
	5				

※ 자필서명이란 성명을 본인이 직접 정자로 기재하는 것을 말하며, 자필서명과 지장날인 모두 해야 유효함

붙임4	후보지 신청 동의 철회서(서식)

주택재개발사업 후보지 신청 동의 철회서

1. 동의 철회자(소유자) 인적사항

성 명		생년월일	-
주민등록상 현주소		전화번호	( ) -

※ 소유권 현황

권리 내역		소 재 지 (공유여부)	면 적(㎡)
	토 지	(계 필지)	(계)
		( )	
		( )	
	건축물	소 재 지 (허가유무)	동 수
		( )	
		( )	

* 하나의 토지 또는 건축물 소유자가 여러 명일 때 대표자 1명을 토지등소유자로 표기하고,
  대표소유자 선임동의서 첨부

2. **동의 철회 내용** : 상기 본인은 위 소재지의 토지등소유자로서 위 소재지를 포함한
   신속통합기획 주택재개발사업 후보지 신청 동의를 철회합니다.

년   월   일

동의 철회자 : *자필 서명*   **[지장날인]**

※ 토지등소유자의 성명을 자필로 기재(서명)하고, 반드시 지장을 함께 날인하여야 함(인감, 기타 인장은 불인정)

○○구청장 귀하

첨부 1. 신분증명서 사본 1부(공동소유일 경우 소유자별 각 1부).
     ※ 「본인서명사실 확인 등에 관한 법률 시행령」 제43조제1항에 따른 신분증: 주민등록증, 자동차운전면허증, 대한민국여권 등
   2. 개인정보 수집 및 이용동의서 1부(공동소유일 경우 소유자별 각 1부).
   3. 대표소유자 선임동의서 1부(공동소유일 경우). *공유자 모두 동의서 제출시 인정

개인정보 수집 및 이용 동의서(예시)

「개인정보보호법」등 관련 법규에 의거 각 자치구, 서울특별시에서는 신속통합기획 주택재개발사업 수시 모집과 관련하여, 대상구역 토지등소유자의 개인정보 수집 및 이용에 대해 <개인정보 수집 및 이용 동의서>를 받고 있습니다. 주택재개발사업의 관련업무 추진을 위한 개인정보 수집 및 이용에 동의가 필요합니다.

 개인정보 제공자가 동의한 내용 외의 다른 목적으로 활용하지 않으며, 제공된 개인정보의 이용을 거부하고자 할 때에는 개인정보 관리책임자(해당 자치구 구역 담당)를 통해 열람, 정정, 삭제를 요구할 수 있습니다.

 1. 개인정보 수집 및 이용 기관명 : 신청구역 관할 자치구 및 서울시 관련부서

 2. 수집하는 개인정보 항목 : 성명, 생년월일, 주소, 연락처

 3. 개인정보 수집 및 이용 목적 : 주민 협의·안내 및 주택재개발사업 추진 관련
   • [문의전화] (해당 자치구 정비사업부서)
              (서울특별시 주거정비과, 재정비촉진사업과, 주거환경개선과등 市 소관부서)

 4. 개인정보의 보유 및 이용기간 : 정비구역 지정까지 [단, 최대 후보지 선정 후 2년까지]

 5. 동의를 거부할 권리 및 동의 거부에 따른 제약사항
   • 위 사항에 대하여 동의를 거부할 권리가 있으며, 거부할 경우 후보지 신청 관련 검토 및 사업추진 등에 제약이 있을 수 있음을 알려드립니다.

본인은 개인정보 처리에 관하여 고지 받았으며,

☞ 위와 같이 개인정보를 수집·이용하는데 동의하십니까? (예)

성 명 : _____ (서명 또는 인)

대표소유자 선임동의서

■ 소유권 현황

		소 재 지 (공유여부)		면 적(㎡)	
권리 내역	토 지	(계 필지)		(계	)
		(	)		
		(	)		
		(	)		
	건축물	소 재 지 (허가유무)		동 수	
		(	)		
		(	)		
		(	)		

상기 물건에 대한 아래 공동소유자(위임자)는 「신속통합기획 주택재개발사업 후보지 신청」 관련, _____을(를) 대표소유자로 선임하여 후보지 신청 동의 철회서를 제출하는데 동의합니다.

년   월   일

소유물건	연번	성명 (자필서명)	주민등록번호 (앞 6자리)	전화번호	지장날인
대표소유자 (선임수락자)	-				
위임자 (동의자)	1				
	2				
	3				
	4				
	5				

※ 자필서명이란 성명을 본인이 직접 정자로 기재하는 것을 말하며, 자필서명과 지장날인 모두 해야 유효함

붙임5 | **자치구 검토보고서**(서식)

주택재개발사업 추천을 위한 검토보고서
- 00번지 일대 -

2023. 00.

○○구

||| 목 차 |||

Ⅰ. 신청구역 개요

구역명칭 (가칭)	OO 주택정비형 재개발구역		
위 치	서울시 OO구 OO동 OO-OO번지 일원		
면 적	OO,OOO㎡		
해제여부 (해제일시)	舊 00-00구역 (2015.6.30.)	해제사유	토지등소유자 30%이상 요청 (도정법 제O조 제O항)
용도지역 등	제2종일반주거지역, 제3종일반주거지역, OO지구 등 기재		
위치도	▲네이버 등 현황지도에 구역경계, ▲주요 도로명, ▲지하철노선(역)명, ▲주요 기반시설 명기, ▲신청구역 내 및 구역 인근에서 추진 중인 다른 사업의 구역계 표기(사업명, 사업규모, 진행사항 등 간략히 기재), ▲반경 1,2,3km 점선표시 등		

II. 기초 현황분석

일반현황

□ 도시관리계획 현황

■ 용도지역 현황

구분		면적(㎡)	비율(%)
일반 주거 지역	합계		
	제1종		
	제2종 (7층)		
	제2종		
	제3종		

■ 용도지구 현황

구분		면적(㎡)	비율(%)
경관 지구	합계		
	시가지 경관		

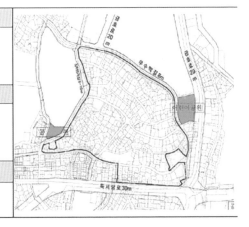

□ 기반시설 현황

■ 도로 현황

- 대상지 내부도로 현황
  (폭원, 연장)
- 대상지 주변 인접도로 현황
  (폭원, 연장)

■ 공원 및 녹지 현황

- 대상지 내부 공원 현황
  (종류, 위치, 면적)
- 대상지 인접 공원 현황
  (종류, 위치, 면적)

■ 기타 기반시설 현황

□ 대상지 내 현황사진

< 현황사진 >	
위성사진(신청구역 경계 빨간색 표시)	
노후건축물 및 (골목길 등) 사진 등	노후건축물 및 (골목길 등) 사진 등
노후건축물 및 (골목길 등) 사진 등	노후건축물 및 (골목길 등) 사진 등

□ **주변지역 개발현황**

재개발구역 경계(구역명), 주요간선도로,
지하철노선(역이름), 주요 기반시설 등 명기

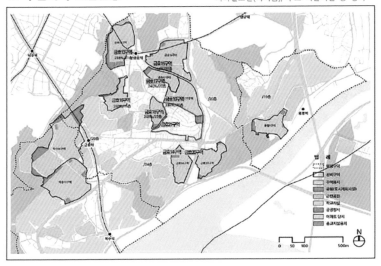

□ **기존 정비계획(안) : 해제지역에 한함**

■ 추진내용		
추진단계	구역지정단계	
주민동의율	00%	
해제사유	토지등소유자 30% 이상 요청	
■ 정비계획(안)		
구역면적	OO,OOOm²	
용도지역	OO	
기반시설 계획	도로	O개소, 면적OOm²
	공원	O개소, 면적OOm²
건축시설 계획	주용도	OOO
	건폐율	OO%
	용적률	OO%
기부채납 비율	OO%	

정비계획(안) 도면

□ 기존 도시재생계획 : 도시재생지역등에 한함

■ 재생사업 추진내용

재생사업 유형	도시재생활성화지역(경제기반형, 중심시가지형) 주거환경개선사업(관리형) 골목길 재생사업	세부 재생사업 (단위: 억원)	사업명1	예산
재생지역등 면적	OOOOOm'		사업명2	예산
사업기간	활성화계획/정비계획/골목길 실행계획 상 사업기간		사업명3	예산
도시재생뉴딜 사업	해당 여부 (국비 예산)		사업명4	예산
총 사업비 (단위: 억원)			사업명5	예산

활성화계획(안) 등 재생계획 전체 도면 삽입
(재생사업 표시)
(신청구역 구역계 표시)

■ **신청구역 내 추진내용 (마중물사업)**

(가칭) 재개발구역명		신청구역 내 기 투입된 마중물사업 (H/W) (단위: 억원)	사업명1	00억원
재개발구역 면적	OOOOOm²		사업명2	00억원
			사업명3	00억원
용도지역			사업명4	00억원
			사업명5	00억원
용도지구			소계	00억원
지구단위계획		신청구역 내 기 투입된 마중물사업 (S/W) (단위: 억원)	사업명1	00억원
			사업명2	00억원
기타 특이사항			사업명3	00억원
			소계	00억원
		총계		00억원

(도면 삽입)
개발구역계 내
기 투입된 마중물사업(공공사업) 표시

□ 문화재 보호구역 또는 역사문화환경 보존지역 현황 (해당시)

■ 저촉 여부 :

관련 현황 도면(거리 표시 등)

※ 문화재공간정보서비스(http:gis-heritage.go.kr/main.do) 및 토지e음(http://www.eum.go.kr/)에서 지도를
참고하여 문화재 보호구역과 역사문화환경 보존지역 등 표기

2-2 토지 및 건축물 현황

□ 토지 현황

■ 소유별 현황				■ 토지규모별 현황		
구 분		필지수	비율(%)	구분	필지수	비율(%)
사 유 지				90㎡ 이하		
국공유지	국유지			90㎡~300㎡		
	시유지			300㎡~500㎡		
	구유지			500㎡~1,000㎡		
	소계			1,000㎡ 초과		
합계				합계		

□ 건축물 현황

■ 연도별 현황(동수)			■ 연도별 현황(연면적)		
구 분	동수(동)	비율(%)	구분	연면적(㎡)	비율(%)
20년 미만			20년 미만		
20년이상~ 30년미만			20년이상~ 30년미만		
30년이상~40년미만			30년이상~40년미만		
40년 이상			40년 이상		
합계			계		

■ 층수별 현황			■ 용도별 현황		
구분	동수(동)	비율(%)	구분	동수(동)	비율(%)
1층			주거용 건축물		
2층			복합용 건축물		
3층			비주거용 건축물		
4층 이상			공공시설 건축물		
계			계		

III. 구역별 평가

3-1 기본 검토사항 [구역지정 요건, 구역계, 생활권계획과의 정합성 등]

□ 주택재개발 구역지정 법적요건(법령/조례) 검토결과 : 적 정

법령조례	구분	관련 조항	조례	기준		비고	검토결과 *(예시)*			
							적합	부적합	검토내용	특이사항
도시정비법(령)/도시정비조례	필수요건	제2호	-	노후도(동수)	2/3 이상	-	■	□	77.8%	
		제4호	조례 제8조제1항제2호	구역면적	10,000㎡ 이상	-	■	□	24,800㎡	
	선택요건 (1개 이상 충족)	법 제8조제1항 시행령 제7조제1항 [별표1]	제2호(나목)	-	노후도(연면적)	2/3 이상	-	□	■	65%	
			제2호(가목) 제1항제2호 가목 제4호	조례 제8조	과소필지	40% 이상	토지면적 90㎡ 미만인 토지 (조례 제8조제8조)	■	□	55%	
			제2호(사목) 제1항제2호 나목 제4호	조례 제8조	주택접도율	40% 이하	(폭 4m이상 도로에 접한 4m 이상 접한 대지의 건축물의 동수)/(당해구역 내 건축물 동수) (조례 제8조제12조)	■	□	30%	
			제2호(나목) 제1항제2호 다목 제4호	조례 제8조	호수밀도	60/ha 이상	1헥타르당 건축되어 있는 건축물 동수 (조례 제8조제12조)	□	■	59/㏊	
(법적기준) 최종 검토결과 (적합 요건 = 필수요건 충족 + 선택요건 1개 이상 충족)							■	□	필수요건 충족 선택요건 이상 충족	

● (법적요건) 세부 평가결과

1) 필수항목

① 노후도(동수)

- ■ 기 준 : 노후·불량건축물 동수가 전체 건축물 동수의 2/3 이상
- ■ 노후도 현황

구 분	건축물 동수			기준 충족 여부
	총계	노후·불량건축물	양호 건축물	
내 용	○○○	○○○	○○○	충족
비 율	100%	○○%	○○%	

2) 선택항목(1개 이상 충족)

② 노후도(연면적)

■ 기 준 : 노후·불량건축물 연면적 합계가 전체 건축물 연면적 합계의 2/3 이상
■ 노후도 현황

구 분	건축물 연면적 (㎡)			기준 충족 여부
	총 계	노후·불량건축물	양호 건축물	
내 용	143,395.5	91,662.6	51,732.9	미충족
비 율	100.0%	63.9%	36.1%	

③ 과소필지

■ 기 준 : 구역 전체 필지 중 과소필지율(90㎡ 미만) 40% 이상
■ 과소필지 현황

구 분	과소필지		기준 충족 여부
	전체 필지수	과소필지수	
내 용	○○○	○○○	충족
비 율	100.0%	○○%	

④ 접도율

■ 기 준 : 40% 이하
■ 접도율 현황

구 분	접도율			기준 충족 여부
	총 계	접도 건물	미접도 건물	
내 용	○○○	○○○	○○○	충족
비 율	100.0%	○○%	○○%	

⑤ 호수밀도

■ 기 준 : 60호/ha 이상
■ 호수밀도 현황

구 분	건축물 동수			기준 충족 여부
	구역면적(㎡)	총 호수	1ha당 호수	
내 용	○○○	○○○	○○○	미충족

※ 1ha = 10,000㎡

□ 구역경계 설정의 적정성 : 적 정

● 검토결과 : 주변 현황을 고려하여 적정한 구역경계를 설정하였음

구분	구역계 설정기준	충족여부
규모	규모기준 : 1만㎡이상	○
주변 여건	기초블럭단위 경계설정 (도로를 경계로 설정 원칙)	○
	생활가로 등 주변가로와의 연속성 유지	○

구분	내 용
①	기존 기반시설 경계
②	인접하는 정비구역 경계
③	○○대로 경계
④	기존 아파트 경계

경계설정도

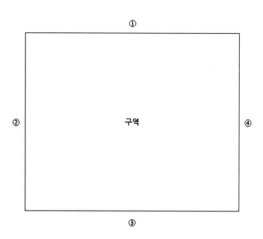

(위성사진을 베이스로 주변현황 표기)

□ 생활권계획과의 정합성 : 적 정

● 검토결과 : 주거생활권계획 상의 권역별, 행정동별 주거지 관리방향과 적합함

위치	해당 권역	비고
○○구 ○○동	○○구 ○○○권역	
구분	**권역별 관리방향**	
주거환경관리	[관리방향] ex) 역사문화자원 경관자원 및 한옥밀집지역 특성을 고려한 주거환경관리 제1종일반주거지역, 최고고도지구 일대의 특성을 고려한 주거환경보전 및 환경개선 [검토내용]	
생활기반시설	[관리방향] [검토내용]	
생활가로	[관리방향] [검토내용]	
특성관리	[관리방향] [검토내용]	
구분	**행정동별 관리방향**	
주거환경관리	[관리방향] [검토내용]	
생활기반시설	[관리방향] [검토내용]	
생활가로	[관리방향] [검토내용]	
특성관리	[관리방향] [검토내용]	

주거생활권계획 종합계획도
(대상지 위치)

※ (참고) 생활권계획 도면집(파일) : 서울시 홈페이지 〉 기본계획 검색 〉 바로가기 "2025 서울특별시
도시주거환경정비 기본계획" 선택 〉 권역별 도면집 확인 가능

□ 제외대상 여부 : 해당없음

제외대상	해당여부
공공재개발, 모아타운, 도심공공주택복합사업 등 타 사업 후보지 등 여부	해당없음
토지등소유자 30% 이상 반대 여부	해당없음(반대인원 제기 5%)
전용주거지역	해당없음

□ 추천제외 또는 선정 제외 가능대상 여부 : 해당없음

제외대상	해당여부
현금청산대상 세대수가 많은 구역	적정하다 사료됨 [현금청산대상 세대수(3.2%)]
여러 사업이 혼재된 구역	해당없음
지난 공모(공공재개발 공모 포함) 등의 미선정 사유가 해소되지 않은 구역	해당없음
구청장이 재개발 추진이 적합하지 않다고 판단하는 구역	해당없음

□ 동의율(30% 이상) 충족 여부 : 충족

제출 동의율	검토 동의율	검토결과(30% 이상)
35%	31%	충족

3-2	정량적 평가

☐ **정량적 평가표** ※ 감점/가점 적용시 해당 증빙자료 제출 (미제출 또는 자료미비 시, 감점/가점 불인정)

평가항목			평가기준	배점	평가값	평가점수
기본 점수 (100)	필수	① 노후 동수(40점) (2/3 이상)	2/3	30점		
			사잇값	직선보간 점수		
			4/5 이상	40점		
	선택	② 노후 연면적(15점) (2/3 이상)	53% 이하	5점		
			사잇값	직선보간 점수		
			4/5 이상	15점		
		③ 과소필지(15점) (40% 이상)	30% 이하	5점		
			사잇값	직선보간 점수		
			50% 이상	15점		
		④ 접 도 율(15점) (40% 이하)	60% 이상	5점		
			사잇값	직선보간 점수		
			20% 이하	15점		
		⑤ 호수밀도(15점) (60호/ha 이상)	40호/ha 이하	5점		
			사잇값	직선보간 점수		
			80호/ha 이상	15점		
소 계						
가점 (20)	⑥ 찬성동의율(10점)	토지등소유자수	50%	2점		
			사잇값	직선보간 점수		
			90% 이상	10점		
	⑦ 침수지역(5점)		자연재해위험개선지구, 침수이력 (침수흔적도' 등 근거) 있는 주거지역이 30% 이상 포함되고, 상습침수 또는 침수 우려지역이라고 구청장 인정 경우	5점		
	⑧ 반지하주택(5점) - 동수 기준'		50%	1점		
			사잇값	직선보간 점수		
			70% 이상	5점		
소 계						
감점 (-10)	⑨ 반대동의율*(-5점)	토지등소유자	20%	-1점		
			사잇값	직선보간 점수		
			30%	-5점		
			25%** 초과 30%미만	**보류** 또는 **미선정**		
			30% 이상***	**미선정**		
	⑩ 구역면적(-5점) - 해당(무단) 동의 구역계로 산정됨 경우 감점 적용 지미 - 해당지역 구역계 정형화 등 사유로감감하간적용지미		6만5천 ㎡	-1점		
			사잇값	직선보간 점수		
			8만5천 ㎡ 이상	-5점		
소 계						
합 계						

[비고] 평가항목 및 평가기준 설명

※ **항목①~⑤** : '도시정비법 시행령' 및 '서울시 도시 및 주거환경정비 조례'의 재개발구역 지정요건에 따라 평가항목을 선정함 (**노후도 평가기준의 만점구간 4/5이상은 주거정비지수 만점구간 참조. 과소필지·접도율·호수밀도 평가기준의 만점(15점) 구간은 조례상 주거환경개선구역의 입안대상요건을 기준으로 함**. ②~⑤항목 최하점 구간은 조례상 구역지정 기준값이 배점의 중간값이 되게끔 만점 평가기준 값과의 차이만큼 간격을 둬서 최하점 구간을 설정함)

※ **항목⑥** : 사업실현가능성, 신속한 사업추진 등 고려, 찬성동의율 가점 부여
  * 50%   : 추진위원회 구성 및 조합직접설립을 위한 동의율 고려
  * 90%   : 50%에 2점 부여, 2점씩 간격으로 10점까지 부여 고려
            [50%(2점), 60%(4점), 70%(6점), 80%(8점), 90%(10점)]

※ **항목⑦** : 최근 기록적 폭우 등 기상이변에 따른 침수취약지역 주거환경개선 필요성 증대로, 다음 지역이 30% 이상 포함되고, 상습침수 또는 침수 우려지역이라고 구청장이 판단하는 지역 가점 부여 (30% 미만이어도 구청장 종합의견란에 정비 필요성 등 의견제시 가능)

  ▲자연재해위험개선지구, ▲침수이력(침수흔적도 등 근거) 있는 주거지역

  > ※ 침수흔적도(자연재해대책법 제2조제9호, 제21조) : 구청장이 풍수해로 인한 침수 기록을 표시한 도면

※ **항목⑧** : 최근 반지하주택 인명피해 등에 대응, 정비사업을 통해 「재해 취약 안전 사각지대」인 반지하주택 순차적 해소
  * 반지하주택 비율 산정 : 구역내 전체 건축물 동수 대비 (반)지하를 주택으로 사용하는 건축물 동수 비율. 이때 공동주택 및 다가구주택은 (반)지하가 독립된 주거생활을 할 수 있는 구조로서 건축물대장 기준 (반)지하의 1세대(가구)를 1동으로 산정

※ **항목⑨** : *반대동의율은 자치구 추천 당시 자치구에서 확인 또는 판단한 반대 토지등소유자 비율로 함
            **25% : 조합설립인가 기준 고려 [조합설립인가 동의 기준 토지등소유자 3/4 이상(1/4=25%)]
            ***30% 이상 : 도정법 제21조제1항제3호, 직권해제 30% 기준(추진위 구성 전)을 고려함

※ **항목⑩** : 적정 구역면적 신청을 권장

  > ㉠ 해제지역이 해제당시 동일 구역계로 신청될 경우 면적 감점 적용 제외
  > ㉡ 해제지역이 구역계 정형화 및 인근지역과 도시계획적 연속성 유지를 위해 불가피하게 면적이 증감된 경우도 면적 감점 적용 제외

※ 직선보간 시 평가점수는 소수점 둘째자리에서 반올림한 값으로 함

3-3 기타 구역 정보

서울시 정책, 관련계획, 관련공부 등 대상지 및 주변 현황을 검토하여 재개발 추진의 적정성 판단

검토대상			검토내용(예시)	특이사항
○ 市 정책적 요건	입지 특성	(권장) 정비구역 인접지역으로서 기반시설 연계가 필요한 지역	(해당) 과거 촉진구역 해제지역으로 ○○구역와 사당로 도로 연계 등 기반시설 연계 가능	-
	구역 특성	(권장) 안전(재난시설물, 반지하주택 밀집지역, 침수(우려)지역 등), 방범(빈집 밀집지역 등) 등 주거환경개선이 시급한 노후지역	(해당 '22.8.8~8.9에 내린 집중호우로 해당 구역 건물 60%가 반지하주택 침수 장마철 등 통해 반지하주택 해소가 시급한 지역	(증빙자료) 침수흔적도 별도 제출
		(권장) 구역계 정형화 등	(적정) 일부 모델 외3나 다각형으로 정형화	-
		(지양) 요철이 심한 부정형 구역계, 돌출경과 초래지역 등	(검토 필요) ~~사유로 일정 구역계가 요철이 있어 향후 부정형의 신설을 경우 구역계 선형검토 필요	
	정책 특성	(지양) 신청구역이 몰려있는 지역	(해당 인접 1블럭 이내 3곳이 신청하여 속도조절 필요	
		(지양) 여러 사업이 혼재된 지역	(해당 가로주택정비사업(조합인가/'20.2.9), 자율주택정비사업(사업신고/'21.1.2) 이 혼재된 구역	
		(지양) 현금청산대상 세대수 많은 구역	(해당없음 해당시 내용 기재)	
		(지양) 미선정사유 해소 안 된 구역	(해당없음 해당시 내용 기재)	
○ 구역 및 주변 현황			규모지 등 : 신청구역 면적이 과다시 구역지료 재개발을 추진하게 되더라도 높이 계획에 어려움이 있어 이에 대한 대책 필요 / 주변 현황 : 신청구역 북측이 1종일반주거지역으로 재개발을 추진하게 되면 1종일반주거지역계층 고려한 건축계획 필요	-
○ 기존 사업추진 현황 및 주민갈등 여부			신청구역은 공공재개발/민간재개발 추진주체가 상이하여 서로 반대민원을 지속 제기함 / 주거환경개선사업 추진구역으로 기존 사업 유지를 원해 재개발을 반대하는 민원 다수(15%)	
○ 부동산 가격 동향 : 최근 3년간 대비 최근 6개월간 부동산 가격 추이(변화율) 등 전반적인 가격 동향 등 (행정동+자치구 단위)			· 최근 3년간 주택가격 상승은 18%로 연평균 6% 상승, 최근 6개월간 7.5% 상승률을 보이고 있음 · ○○구역 매수세가 몰려 한달전 대비 호가 5천만원 상승 · 기타 분석 자료 제출	
○ 관계부서 등 협의 결과		✓ 市 재생소관부서 (도시재생지역등) ✗ 도시재생뉴딜사업 → 국토부 협회	· 협의부서(기관) : · 협의결과 : 구역계 조정 필요(~~) · 자치구 검토의견 : 구역계 일부 조정함	-
		✓ 市 도시계획과 (정책상 도시관리 및 보전 필요 지역)	· 협의결과 : 전용주거지역과 인접한 구역으로 ○○ 기준에 맞게 계획 높이 계획 및 반영 필요 · 자치구 검토의견 : 추후 후보지로 선정될 경우 의견을 반영하여 정비계획 수립 예정	
		✓ 市 문화재관리과, 문화재정책과, 문화재청(국가지정문화재) (보존계획에 따라 관리·보존 필요 지역) ✗ 문화재 보호구역 및 역사문화환경 보존지역 등	· 협의부서(기관) : ~~ · 협의결과 : ~~ · 자치구 검토의견 : ~~	
		✓ 區 지구단위계획 담당부서 (지구단위계획구역)	· 협의부서(기관) : · 협의결과 : ~~	
		✓ 기타 관계부서	· 협의부서(기관) : ~~ · 별도의견 없음	
○ 기 타				

※ 市 재생소관부서 : 도시재생활성화지역 및 주거환경개선사업(주거환경개선과, 도시정비과, 균형발전정책과 등), 골목길재생사업(균형발전정책과) *협의시 부서 확인 후 협의 진행

3-4 자치구 종합의견

□ **종합의견** *(신청구역의 재개발 추진 필요성 등 구체적 기술)*

```
○

 -
```

□ **추천 총괄표** *(정량적 평가점수 상위 4곳 이내 추천)*

순위	구 역 명	① 기본 검토사항			② 정량적 평가점수	③ 기타 구역 정보
		구역지정	구역계	생활권계획		
1	하하동 ○○-○○구역	○필수 충족 ○선택 2가지 충족 (과소필지, 노후 연면적)	○적정	○적정	88.5점	특이사항 없음
2	허허동 ○○-○○구역	○필수 충족 ○선택 1가지 충족 (노후 연면적)	○적정	○적정	90.5	구릉지로 2종 25층 계획에 어려움 예상됨
3	호호동 ○○-○○구역	○필수 충족 ○선택 2가지 충족 (노후 연면적 정도율)	○적정	○적정	80.2	특이사항 없음
4	히히동 ○○-○○구역	○필수 충족 ○선택 1가지 충족 (호수밀도)	○적정 (신청구역계 대비 일부 면적 제외) - 사유 : 도시재생지역으로 협의결과에 따라 ○○ 부분 제외	○적정	73.5	도시재생지역으로 협의결과 구역계 조정 의견 반영
(기타사항)						

IV. 자치구 여건 등

□ 자료 제출 여부 [자치구 제출자료]

구분	자료 내용	제출여부 (제출/미제출)	증빙자료
①	주택수급계획 수립 자료	제출	별첨
②	주택 가격상승률(지난 3년대비 최근 6개월)·이상거래 조사· 투기방지대책 실행 자료	제출	별첨
③	토지등소유자 명부 및 (반대)동의율 확인 자료 (관련 엑셀 자료 등)	제출	별첨
④	아파트 개발계획 수립 중인 구역 수(대상) 확인 자료	제출	별첨
⑤	생활SOC 현황 분포 및 분석자료 등 자료	제출	별첨
⑥	현금청산대상 세대수 확인을 위한 인허가 현황 등 관련 자료	제출	별첨

붙임6 주택재개발사업 추진을 위한 동의서 번호부여 요청 구역 공개 *(샘플)*

※ 아래 서식은 각 자치구에서 자치구별·구역별 현황에 맞게 수정·보완하여 활용 가능. 다만, 수정·보완
하여 사용시 동의서 징구의 투명성 제고 및 주민 알권리 강화 등 공개 목적에 부합해야 함

- 000구 00동 00번지 일대 -

주택재개발사업 추진을 위한 동의서 번호부여 요청 구역 공개

우리 구 00동 00-00 일대 주택재개발사업을 추진하려는 (가칭)추진주체에서
동의서 번호부여 요청이 있어 동의양식번호 부여 후 다음과 같이 **구역계 등을 공개**
하며, 추진여부에 대한 의견 제출을 위한 **관련 서식**((붙임2~4) 찬성동의서, 반대 동의서, 철회
동의서)도 함께 안내해 드리니 참고하시기 바랍니다.

반대 및 철회 의사가 있는 토지등소유자께서는 **후보지 추천(區→市)전까지** 제출된
반대 및 철회 동의서에 한해 인정됨을 알려드리니 이점 유의하셔서 의견을 제시해
주시기 바랍니다.

1. 구 역 계 : 00동 00-00 일대

※ 아래 구역계는 신청인이 제출한 구역계로 후보지 추천시 일부 변경·조정될 수 있음

구역계 첨부

2. 추진주체(번호부여 신청인)

※ (주의사항) 개인정보수집 및 이용동의서(별첨)에 성명 및 연락처 공개에 동의한 경우에 한해
공개하며, 미동의시 성명은 '성'만 공개(유〇〇)하고 연락처는 사무실 번호만 공개

○ 성 명 : 〇〇〇

○ 연락처 : 010-0000-0000 (사무실 : 02-000-0000)

3. 동의양식 번호 및 부여일자

○ 우리 구에서는 동의양식번호를 추진주체별 1개만 부여합니다. 동의양식
번호가 다른 경우에는 다른 추진주체임을 참고하셔서 동의여부를 신중히
판단하시기 바랍니다.

행정기관부여 동의양식번호	〇〇동 〇〇번지 일대 제 0 호
번호부여일자	2023. 00. 00
확인(인)	

4. 공개 장소

○ 〇〇구 홈페이지 〉 공고 or 게시판 or 재개발부서 자료실 등

○ 번호부여 신청구역의 동주민센터 게시판 등

5. 기타 안내사항 ※ 자치구별, 구역별 현황에 맞게 추가 안내사항 기재

○

○

○

〔별첨〕 개인정보 수집 및 이용 동의서(서식) (번호부여 신청인용)

개인정보 수집 및 이용 동의서

「개인정보보호법」등 관련 법규에 의거 각 자치구, 서울특별시에서는 신속통합기획 주택재개발사업 후보지 신청을 위한 동의서 번호부여 및 사업추진과 관련하여, 추진주체(신청인)의 개인정보 수집 및 이용에 대해 <개인정보 수집 및 이용 동의서>를 받고 있습니다. 주택재개발사업의 관련업무 추진을 위한 개인정보 수집 및 이용에 동의가 필요합니다.

 개인정보 제공자가 동의한 내용 외의 다른 목적으로 활용하지 않으며, 제공된 개인정보의 이용을 거부하고자 할 때에는 개인정보 관리책임자(해당 자치구 구역 담당)를 통해 열람, 정정, 삭제를 요구할 수 있습니다.

1. 개인정보 수집 및 이용 기관명 : 신청구역 관할 자치구 및 서울시 관련부서

2. 수집하는 개인정보 항목 : 동의서 번호부여 신청인의 성명, 생년월일, 주소, 연락처

3. 개인정보 수집 및 이용 목적 : 번호부여 신청 구역계 등 공개시 추진주체(신청인)의 성명, 연락처 공개 및 기타 주택재개발사업 업무 추진 관련
   • [문의전화] (해당 자치구 정비사업부서)
                (서울특별시 주거정비과, 재정비촉진사업과, 주거환경개선과등 市 소관부서)

4. 개인정보의 보유 및 이용기간 : 정비구역 지정까지 [단, 최대 후보지 선정 후 2년까지]
   • 후보지 미선정될 경우 발표 후 6개월까지

5. 동의를 거부할 권리 및 동의 거부에 따른 제약사항
   • 위 사항에 대하여 동의를 거부할 권리가 있으며, 거부할 경우 변동사항에 대한 안내, 후보지 신청 관련 검토 및 사업추진 등에 제약이 있을 수 있음을 알려드립니다.

본인은 개인정보 처리에 관하여 고지 받았으며,

☞ 위와 같이 개인정보를 수집·이용하는데 동의하십니까?   (예)

성   명 : _____   (서명 또는 인)

역세권 장기전세주택 건립 운영기준

제정 2008. 11. 18. 서울특별시 행정2부시장 방침 제542호

전문개정 2009. 6. 1. 서울특별시 행정2부시장 방침 제289호

전문개정 2010. 11. 5. 서울특별시 행정2부시장 방침 제362호

일부개정 2011. 5. 3. 서울특별시 행정2부시장 방침 제10009호

전문개정 2018. 4. 24. 서울특별시 행정2부시장 방침 제81호

일부개정 2019. 5. 13. 서울특별시 행정2부시장 방침 제138호

일부개정 2019. 9. 18. 서울특별시 행정2부시장 방침 제260호

전문개정 2020. 10. 13. 서울특별시 행정2부시장 방침 제270호

전문개정 2022. 6. 20. 서울특별시 행정2부시장 방침 제149호

일부개정 2023. 6. 30. 서울특별시 행정2부시장 방침 제162호

제 1 장 총 칙

제 1 절 목 적

1-1-1. 역세권 장기전세주택 건립 운영기준(이하 "이 기준"이라 한다)은 기반시설 용량 및 경관의 부담이 상대적으로 적은 역세권에서 주택공급 및 장기전세주택 건립을 위한 사업계획의 수립·운영에 필요한 사항을 규정함을 목적으로 한다.

제 2 절 적용범위 및 원칙

1-2-1. 이 기준은 역세권 안에서 장기전세주택 건립계획을 포함한 다음의 사업 방법으로 사업계획(지구단위계획 또는 정비계획을 말한다)을 수립하는 경우에 적용한다.

가. 「도시 및 주거환경정비법」에 따른 도시정비형 재개발

나. 「주택법」에 따른 사업계획승인

다. 「건축법」에 따른 건축허가

1-2-2. 사업계획 수립 시 다른 법령 등에 특별한 규정이 있는 경우를 제외하고는 이 기준에서
정하는 바에 따른다.

제 3 절 용어의 정의

이 기준에서 사용하는 용어의 뜻은 다음과 같다.

1-3-1. "공공주택"이란 「공공주택 특별법 시행령」 제2조제1항 제2호 내지 제4호의 국민임대
주택, 행복주택, 통합공공임대주택, 장기전세주택을 말한다.

1-3-2. "역세권"이란 지하철, 국철 및 경전철 등의 역(승강장 기준으로 개통이 예정된 역을 포
함한다)의 각 승강장 경계로부터 500m 이내의 일단의 지역을 말한다.

가. 1차 역세권은 역 승강장 경계로부터 250m 이내의 범위로 한다. 단, 주택공급 활성
화를 위해 '24년 12월 31일까지 한시적으로 1차 역세권은 역 승강장 경계로부터
350m 이내의 범위로 한다.

나. 2차 역세권은 역 승강장 경계로부터 250m에서 500m 이내의 범위로 한다.

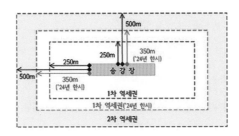

1-3-3. "사업계획"이란 「국토의 계획 및 이용에 관한 법률」 제52조에 의한 지구단위계획 또는 「도시 및 주거환경정비법」 제9조에 의한 정비계획, 「도시재정비 촉진을 위한 특별법」 제9조에 의한 재정비촉진계획으로 이 기준 제3장에 따라 작성된 계획을 말한다.

1-3-4. "기준용적률"이란 다음 각 호에 따른 용적률을 말한다.

　가. 지구단위계획의 경우 : 현재 용도지역에 대한 「서울특별시 도시계획 조례」 제55조에 따른 용적률

　나. 정비계획의 경우 : 「서울특별시 도시·주거환경정비 기본계획」에서 정한 기준용적률

1-3-5. "상한용적률"이란 이 기준에 따라 공공기여 제공시 적용되는 용적률로서 다음 각 호에 따른 용적률을 말한다.

　가. 지구단위계획의 경우 : 「국토의 계획 및 이용에 관한 법률 시행령」 제46조제11항 또는 「서울특별시 도시계획 조례」 제55조제4항 및 제16항에 따른 용적률 이내에서 관련 위원회를 거쳐 결정된 용적률

　나. 정비계획의 경우 : 「서울특별시 도시·주거환경정비 기본계획」에서 정한 상한용적률 이내에서 관련 위원회를 거쳐 결정된 용적률. 이 경우 상한용적률을 정비계획용적률로 본다.

1-3-6. "법적상한용적률"이란 도시정비형 재개발사업에 적용하는 용적률로 「도시 및 주거환경정비법」 제54조에 따라 적용되는 용적률을 말한다.

1-3-7. "공공기여율"이란 상한용적률을 적용받기 위하여 사업시행자가 「국토의 계획 및 이용에 관한 법률」 제52조의2 제1항에 따라 공공시설등을 제공하는 비율을 말한다.

1-3-8. "관련 위원회"란 다음 각 호를 말한다.

　가. 지구단위계획의 경우 : 「서울특별시 도시계획 조례」 제63조에 따른 공동위원회

　나. 정비계획의 경우 : 「서울특별시 도시계획 조례」 제56조에 따른 도시계획위원회

　다. 재정비촉진계획의 경우 : 「서울특별시 도시재정비 촉진을 위한 조례」 제21조에 따른 도시재정비위원회

1-3-9. "커뮤니티 지원시설"이란 「주택건설기준 등에 관한 규정」 및 「서울특별시 주택 조례」에 따른 주민공동시설 외에 지역사회 주민들이 공동으로 사용하거나 주민들의 일상생활을 지원하는 시설을 말한다.

제 2 장   사업대상지 및 절차

제 1 절   사업대상지

2-1-1. 사업대상지는 역세권 안에 포함되어야 하되, 하나의 사업대상지는 1차 역세권 또는 2차 역세권 각각의 역세권 범위에 사업대상지 전체가 포함되어야 한다.

2-1-2. 사업대상지는 「국토의 계획 및 이용에 관한 법률 시행령」 제30조에 따른 용도지역 중 다음 각 목의 지역으로 한다.

　　가. 주거지역 중 제2종일반주거지역(7층이하 포함), 제3종일반주거지역 및 준주거지역

　　나. 공업지역 중 준공업지역(공장비율 10% 미만인 주거기능 밀집지역)

　　다. 가목 또는 나목의 지역 중 「도시재정비 촉진을 위한 특별법」에 따른 존치관리구역

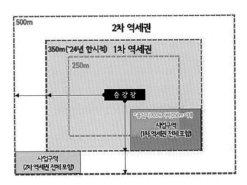

2-1-3. 사업대상지에 다음 지역은 양호한 저층 주거지 보호 등을 위해 제외하여야 한다.

　가. 성곽 주변 등 역사, 문화, 장소, 옛 정취 보전 등 입지 특성화 지역

　나. 전용주거지역, 제1종일반주거지역, 구릉지 연접부 등 양호한 저층주거지 보전과 자연
　　환경 보호가 필요한 지역

2-1-4. 사업대상지는 다음의 요건을 모두 충족하여야 한다.

　가. 대상지 면적 3천㎡(특별계획구역은 2,400㎡) 이상 2만㎡ 이하(관련 위원회가 인정하
　　는 경우에 한하여 3만㎡ 이하) 및 계획세대수 100세대 이상(공공주택 세대수 포함)

　나. 노후도

　　(1) 지구단위계획 : 「서울특별시 도시계획 조례 시행규칙」 [별표1] 제2호 라목에 따라
　　　사용검사 후 20년 이상 경과한 건축물이 사업대상지 내 전체 건축물 수의 2분의 1
　　　이상인 지역

　　(2) 정비계획 : 「서울특별시 도시 및 주거환경정비 기본계획」의 '정비구역 지정요건 검토
　　　기준'에 따라 다음의 기준을 만족하는 지역

　　　- 노후도 30년 이상 경과 건축물 비율 60% 이상

　　　- 과소 필지 150㎡ 미만 필지 비율 40% 이상 또는 저밀이용 2층 이하 건축물 비율
　　　　50% 이상

　　　- 10년 이내 신축 건축물 비율 15% 이상인 가로구역(가로구역은 건축법에 정한 정
　　　　의를 따른다) 제외

2-1-5. 2-1-1 내지 2-1-3은 주변 여건과 토지의 효율적 이용, 구역의 정형화, 주택 계획 등에
　　따라 필요하다고 관련 위원회가 인정하는 경우에 한하여 포함 및 완화할 수 있다.

제 2 절 절 차

2-2-1. 시장은 역세권 장기전세주택 사업의 대상지 선정 및 원활한 사업 추진을 위하여 사전
검토 제도를 운영한다.

　　가. 사전검토는 입안제안 전 다음 각 호의 동의율 이상 확보 후 입안하는 행정기관의 장
　　　　('입안권자'라 한다)에게 신청한다.

　　　　(1) 지구단위계획

　　　　　　- 지구단위계획 지정 동의에 따른 토지면적(국공유지 제외)의 50% 이상 또는 지역주택
　　　　　　　조합은 토지 사용권원의 50% 이상

　　　　(2) 정비계획

　　　　　　- 정비계획의 입안제안 동의에 따른 토지등소유자의 50% 이상

　　　　　　- 토지면적(국공유지 제외)의 40% 이상

　　　　　　- 20m 이상 도로변에 접하는 대지(대지는 건축법에 정한 정의를 따른다)의 토지등
　　　　　　　소유자의 2/3 이상

　　나. 입안권자는 사전검토가 접수되면 자치구 관련 위원회 자문을 통해 사업대상지 적정성,
　　　　공공기여계획 등 사업계획에 대하여 검토할 수 있다.

　　다. 사전검토는 서울시 주관부서에서 구성·운영하며 서울시 관련부서, 자치구 입안부서 및
　　　　관련 전문가(도시계획 관련 위원회 위원 등) 등이 참여하여 사전검토 가이드라인, 운
　　　　영기준 적용 등 관련 사항에 대해 검토한다.

　　라. 사전검토 후 사업계획을 변경하여 입안제안하려는 경우에는 사전검토를 다시 받아야
　　　　한다. 다만, 「국토의 계획 및 이용에 관한 법률 시행령」 제25조 제3항 및 제4항 또
　　　　는 「도시 및 주거환경정비법 시행령」 제13조 제4항에 해당하는 경미한 사항을 변경하
　　　　는 경우에는 제외한다.

　　마. 사전검토 후 2년 이내 지구단위계획 또는 정비계획 입안이 되지 않은 경우 사업대상

지에서 제외한다.

2-2-2. 사업 절차는 사업 방법 및 사업계획에 따라 다음 중 하나의 절차로 추진할 수 있다.

　가. 지구단위계획구역 지정 및 계획 수립 :「건축법」에 따른 건축허가,「주택법」에 따른 사업계획승인

　나. 지구단위계획 의제처리 : 용도지역 변경이 없는「주택법」제15조에 따른 사업계획승인

　다. 정비구역 지정 및 정비계획 수립 :「도시 및 주거환경정비법」에 따른 도시정비형 재개발 정비사업

2-2-3. 「국토의 계획 및 이용에 관한 법률 시행령」제46조 제11항에 따른 감정평가는 다음의 기준에 따라 추진한다.

　가. 1차 역세권 내 준주거지역(준주거지역으로 변경하는 경우 포함)에서 수립하는 지구단위계획 및「도시 및 주거환경정비법」제17조에 따른 정비계획에 적용한다.

　나. 서울시 관련 위원회의 심의 이전에 제안자 부담으로 시행한다.

　다. 감정평가업자는 서울시에서 선정한 2개 법인을 원칙으로 하되, 추가적인 감정평가업자의 선정이 필요하다고 공공과 민간이 합의한 경우에는 3개 법인으로 선정할 수 있다.

2-2-4. 「주택법」에 따른 지역주택조합으로 역세권 장기전세주택 사업을 추진하는 경우 다음 절차를 유의하여 추진한다.

　가. 사전검토 신청 전 입안권자에게 조합원 모집신고를 하여야 한다. 단,「국토의 계획 및 이용에 관한 법률 시행령」제19조의2에 따른 지구단위계획 입안의 제안을 선행할 경우에는 그에 따른다.

　나. 사전검토 또는 입안 제안서류 제출 시 다음 각 호의 자료를 함께 제출하여야 한다.

　　(1) 조합원 모집 시 설명자료

　　(2) 조합자금 관리의 주체 및 계획

[사업추진 절차]

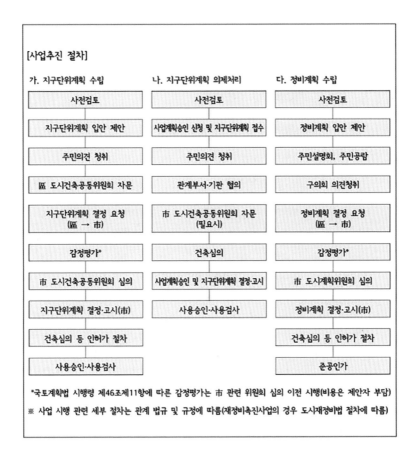

가. 지구단위계획 수립

사전검토
지구단위계획 입안 제안
주민의견 청취
區 도시건축공동위원회 자문
지구단위계획 결정 요청 (區 → 市)
감정평가*
市 도시건축공동위원회 심의
지구단위계획 결정·고시(市)
건축심의 등 인허가 절차
사용승인·사용검사

나. 지구단위계획 의제처리

사전검토
사업계획승인 신청 및 지구단위계획 접수
주민의견 청취
관계부서·기관 협의
市 도시건축공동위원회 자문 (필요시)
건축심의
사업계획승인 및 지구단위계획 결정·고시
사용승인·사용검사

다. 정비계획 수립

사전검토
정비계획 입안 제안
주민설명회, 주민공람
구의회 의견청취
정비계획 결정 요청 (區 → 市)
감정평가*
市 도시계획위원회 심의
정비계획 결정·고시(市)
건축심의 등 인허가 절차
준공인가

*국토계획법 시행령 제46조제11항에 따른 감정평가는 市 관련 위원회 심의 이전 시행(비용은 제안자 부담)

※ 사업 시행 관련 세부 절차는 관계 법규 및 규정에 따름(재정비촉진사업의 경우 도시재정비법 절차에 따름)

255

제 3 장   사업계획

제 1 절   용적률 적용체계 및 사업계획

3-1-1. 사업계획 수립을 위한 용적률 적용체계 등은 다음과 같다.

가. 지구단위계획의 경우

(단위 : % 이하)

구분	1차 역세권					2차 역세권		역세권
현재 용도지역	제2종 일반주거지역 (7층이하 포함)	제3종 일반주거지역	제2종 일반주거지역 (7층이하 포함)	제3종 일반주거지역	준주거지역	제3종 일반주거지역	준주거지역	준공업지역
변경 후 용도지역	제3종일반주거지역		준주거지역			제3종 일반주거지역	준주거지역	준공업지역
기준용적률	200	250	200	250	400	250	400	250
상한용적률	300		500(비중심지) ~ 700(중심지)*			300	500	300

나. 정비계획의 경우

(단위 : % 이하)

구분	1차 역세권					2차 역세권		역세권
현재 용도지역	제2종 일반주거지역 (7층이하 포함)	제3종 일반주거지역	제2종 일반주거지역 (7층이하 포함)	제3종 일반주거지역	준주거지역	제3종 일반주거지역	준주거지역	준공업지역
변경 후 용도지역	제3종일반주거지역		준주거지역			제3종 일반주거지역	준주거지역	준공업지역
기준용적률	190	210	190	210	300	210	300	210
상한(정비계획) 용적률	250	250	250	250	400	250	400	250
법적상한 용적률	300		500(비중심지) ~ 700(중심지)*			300	500	300

*중심지 역세권 중 지역중심 이상 및 승강장 경계 250m 이내는 700%, 지구중심 및 승강장 경계 250m 이내는 600% 이하, 비중심지 역세권 및 승강장 경계 350m 이내는 500% 이하

중심지 역세권: 도시기본계획 및 생활권계획상 도심·광역중심·지역중심·지구중심에 승강장이 포함된 역세권

다. 하나의 사업대상지 안에서 2개 이상의 용도지역이 혼재된 경우에는 「국토의 계획 및 이용

에 관한 법률」 제84조제1항에 따라 용적률을 적용한다.

라. 용적률 인센티브 적용은 [별표1] 기준을 따르며, 완화(상한용적률 - 기준용적률 또는 법적 상한용적률 - 상한용적률)된 용적률의 1/2 이상을 장기전세주택으로 공급하여야 한다.

마. 준공업지역은 「서울특별시 도시계획 조례」 제55조제4항제3호를 적용하며, 준공업지역 종합발전계획 기준을 준수하여야 한다.

3-1-2. 이 기준에 따른 공공기여 기준은 다음과 같다.

가. 공공기여율은 용도지역 변경 등으로 완화된 용적률의 1/2에 해당하는 용적률을 부지 면적 기준으로 환산 적용한다.

나. 공공기여는 장기전세주택으로 우선 제공하는 것을 원칙으로 한다.

다. 도시계획적으로 필요하거나 인안권자 또는 관련 위원회, 사전검토 가이드라인 등에서 필요하다고 판단한 공공시설등은 별도로 확보하게 할 수 있다.

라. 공공주택 이외의 공공시설등의 설치·제공은 공공성을 확보하여야 하며, 공공성이 없이 상한용적률 적용만을 위한 기부채납은 지양하여야 한다.

3-1-3. 용도지역 변경 검토기준, 건축물 높이계획, 비주거시설의 건축 등 사업계획은 [별표2]를 적용한다.

제 2 절   공공주택 계획

3-2-1. 사업계획에 따라 건설하는 공공주택은 전용 85제곱미터 이하 주택으로 계획하는 것을 원칙으로 한다. 다만, 사업대상지의 공동주택 규모 계획, 임대주택 공급정책방향 등을 감안하여 관련 위원회 또는 건축위원회에서 일부 조정할 수 있다.

3-2-2. 공공주택 단위세대는 임대주택 공급정책 방향, 지역수요, 사업대상지 주택계획 등을 고려하여 주관부서와 협의에 따라 계획하고, 대학가 인근, 청년밀집지역 등의 지역으로서 청년·신혼부부에게 공공주택 공급이 필요하다고 인정하는 경우 청년·신혼부부를 위한 공공주택으로 공급할 수 있다.

3-3-3. 공공주택의 매입가격은 「주택법」 제20조제3항 및 「도시 및 주거환경정비법」 제55조제2
항에 따른다.

3-3-4. 도시정비형 재개발사업의 경우 재개발구역 내 세입자 주거대책으로 건설하는 임대주택은
「정비사업의 임대주택 및 주택 규모별 건설비율(국토교통부 고시)」 및 서울시 고시 등
관련 규정에 따라 확보하여야 한다.

3-3-5. 공공주택 입주자에게 차별 또는 이용상 불편 문제가 발생하지 않도록 사회혼합(social
mixing)을 반드시 계획하여야 하며, 사회혼합에 대한 별도 운영기준이 수립된 경우 이에
따라 계획하여야 한다.

3-3-6. 공공주택의 규모, 비율, 위치 등은 관련 위원회의 심의(또는 자문) 및 사업계획승인(사업
시행인가) 전에 협의하여야 한다.

제 4 장   행정사항

제 1 절   시행일 및 경과규정

4-1-1. 일반적 경과조치는 다음과 같다

가. 이 기준은 시행일부터 적용한다. 다만, 시행일 전에 2-2-1의 사전검토를 입안권자에
게 신청한 경우에는 종전 기준과 이 기준 중 선택하여 적용할 수 있으며, 2-2-1 라
목에 해당하는 경우에는 사전검토를 받아야 한다.

나. 종전 기준에 따라 사전검토를 신청하였으나 2-2-1 마목에 해당하는 경우 이 기준을
적용하여야 한다.

다. 가목에도 불구하고 사업계획승인(또는 사업시행인가)을 받은 경우에는 종전 기준을
따른다.

4-1-2. 1-3-2(역세권의 정의)의 1차 역세권 범위(350m 이내) 개정규정은 이 기준 시행일로부터 2024년 12월 31일이 되는 날까지 지구단위계획 입안 제안, 사업계획 승인신청 또는 정비구역 지정 입안 제안된 경우에 한하여 적용한다.

4-1-3. 시장 또는 구청장은 제3장에 따라 결정된 사업계획이 다음 각 호의 어느 하나에 해당하는 경우에는 지구단위계획 결정의 실효를 고시하거나 정비구역을 해제하여야 한다.

　　가. 「국토의 계획 및 이용에 관한 법률」 제53조 제2항에 해당하는 경우

　　나. 「도시 및 주거환경정비법」 제20조 제1항 각 호의 어느 하나에 해당하는 경우

4-1-4. 4-1-3.에 따라 지구단위계획 결정의 효력이 상실되거나, 정비구역이 해제된 경우에는 「국토의 계획 및 이용에 관한 법률」에 따른 용도지역·지구단위계획 등 도시관리계획은 사업계획 결정 이전의 상태로 환원된 것으로 본다.

4-1-5. 이 기준에 따라 사업계획을 제안하는 자와 입안권자는 이 기준에 적합하게 계획을 수립하여야 하며, 입안권자는 별지 서식에 의한 사업계획 수립기준 검토서를 작성·제출하여야 한다.

[별표1] 용적률 인센티브 적용기준

1. 기본원칙

1-1. 이 기준에 따른 사업계획 수립 시 다음 각 호에 따른 용적률 체계를 적용하며, 용적률 인센티브 적용을 위한 구체적 기준을 준수하여 계획을 수립한다.

　가. 지구단위계획의 경우 : 기준용적률 – 상한용적률

　나. 정비계획의 경우 : 기준용적률 – 상한(정비계획)용적률 – 법적상한용적률

1-2. 본 적용기준은 상한용적률 또는 법적상한용적률 인센티브 달성을 위한 필수 및 권장항목 으로 서울형 주거환경정책을 이행하여야 한다. 단, 역사문화 보전은 해당되는 대상지에 한한다.

2. 용적률 체계

2-1. 상한용적률 또는 법적상한용적률 인센티브는 장기전세주택 공급 및 서울형 주거환경 정책 준수 시 부여한다.

2-2. 상한용적률 또는 법적상한용적률을 적용하여 완화된 용적률의 1/2 이상은 장기전세주택 으로 공급하는 것을 원칙으로 한다.

　가. 지구단위계획의 경우

< 용적률 체계 개념도 >

상한용적률 인센티브	장기전세주택 공급	완화된 용적률 [상한용적률 – 기준용적률] × 1/2 이상 장기전세주택 공급
	서울형 주거환경 정책	① 지속가능형 공동주택 ② 친환경 건축물 ③ 역사문화 보전 ④ 커뮤니티 지원시설 설치(권장)
	공공시설등 설치·제공	공공주택 이외의 공공시설등
기준용적률		조례 용적률 (변경 전 용도지역 포함)

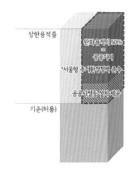

나. 정비계획의 경우

< 용적률 체계 개념도 >

법적상한 용적률 인센티브	장기전세주택 공급	완화된 용적률 [법적상한용적률 - 상한용적률] × 1/2 이상
	서울형 주거환경 정책	① 지속가능형 공동주택 ② 친환경 건축물 ③ 역사문화 보전 ④ 커뮤니티 지원시설 설치(권장)
상한용적률 인센티브	공공시설등 설치·제공	기준용적률 × (1 + 1.3 × 가중치 × $\alpha_{도시}$ + 1.2 × $\alpha_{건축물}$ + 1.0 × $\alpha_{수급}$)
기준용적률		서울특별시 도시·주거환경정비 기본계획상 기준용적률

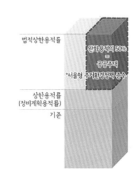

3. 서울형 주거환경 정책

3-1. "서울형 주거환경 정책"이란 역세권에 공급되는 건축물의 주거환경을 미래지향적으로 조성하기 위하여 서울시에서 중요하게 추진 중인 정책으로서 필수항목(① 지속가능형 공동주택 ② 친환경 건축물 ③ 역사문화 보전)과 권장항목(③ 커뮤니티 지원시설 설치)을 말한다.

3-2. "지속가능형 공동주택"은 건축물의 노후화 억제, 기능향상 등을 통해 건축물의 내구연한을 증대시켜 자원의 절약 및 건설폐기물 최소화 등 친환경성을 지속적으로 유지하기 위하여 「건축법」 제8조에 의한 "리모델링이 쉬운 구조"인 공동주택 또는 「주택법」 제38조에 의한 "장수명 주택"으로 계획하여야 하며, 적합 여부는 「서울특별시 건축물 심의기준」을 참조하여 건축위원회에서 결정한다.

3-3. "친환경 건축물"은 녹색건축물 활성화 도모를 위한 것으로 「서울특별시 녹색건축물 설계기준(서울특별시 고시)」을 다음과 같이 적용한다.

(1) 「서울특별시 녹색건축물 설계기준(서울특별시 고시)」에 의한 해당 적용대상의 구분을 적용하여 ㉠ 환경성능부문 ㉡ 에너지성능부문 ㉢ 에너지관리부문 ㉣ 신·재생에너지부문 중 2가지 이상을 적용대상의 구분에서 상향단계를 적용한다.

(예시 : 나기준 → 가기준으로 ㉠~㉣중 2가지이상 적용)

※ 「서울특별시 녹색건축물 설계기준(서울특별시 고시)」 : 적용대상의 구분

구분	주 거	비 주 거
㉮	1,000세대 이상	연면적 합계 10만㎡ 이상
㉯	300세대 이상 ~ 1,000세대 미만	연면적 합계 1만㎡ 이상 ~ 10만㎡ 미만
㉰	30세대 이상 ~ 300세대 미만	연면적 합계 3천㎡ 이상 ~ 1만㎡ 미만
㉱	30세대 미만	연면적 합계 3천㎡ 미만

단, 「서울특별시 녹색건축물 설계기준(서울특별시 고시)」 적용대상의 구분이 최상일 경우 ㉮는 해당 적용대상의 구분과 동일 고시의 녹색건축물 인센티브의 제로에너지 건축물 인증 등급 5등급을 추가 적용한다.

(2) 친환경 건축물의 적용은 사업시행계획인가, 사업계획승인 또는 건축허가 시 계획내용을 제출·확인하고 착공 전까지 예비인증을 받아야 하며, 사용승인 시 인증받아야 한다.

3-4. "역사문화 보전"은 사업대상지에 「문화재 보호법」에 따른 지정 및 등록문화재 또는 역사·생활 문화유산이 포함된 경우 보전계획을 준수하여 사업계획 수립 및 건축계획에 반영하여야 하며 관련 위원회 또는 건축위원회에서 인정하는 경우 이행한 것으로 본다.

※ 지정 및 등록문화재 - 역사문화재과, 역사·생활문화 유산 - 주거정비과

3-5. "커뮤니티 지원시설 설치"는 공동주택 거주자와 더불어 지역사회 주민들이 공동으로 사용하거나 주민들의 일상생활을 지원하는 시설을 확보하기 위한 것으로, 다음의 기준을 적용하여 계획한다.

(1) 규모 : 「주택건설기준 등에 관한 규정」 및 「서울특별시 주택 조례」에 따른 주민공동시설 이외 전체 공동주택 세대수에 따라 아래 기준 면적 이상으로 설치를 권장한다.

공동주택 세대수	설 치 규 모	비 고
300세대 미만	공공임대주택 포함 지상층 공동주택 연면적의 3%(최소 300㎡) 이상	공급면적
300세대 이상	공공임대주택 포함 지상층 공동주택 연면적의 2%(최소 450㎡) 이상	기준

(2) 용도 : 주변 입지여건, 거주민 특성 등을 고려하여 입안권자와 서울시가 협의 후 결정하여 사업자가 설치토록 하고, 추후 커뮤니티 지원시설 용도가 적정하지 않다고 판단될 경우

주민 설문조사 등을 통해 수요에 맞춰 용도를 변경할 수 있으며, 용도변경 시 서울시와 사전 협의를 이행하여야 한다. 용도 계획 시 운영재원 마련을 위해 최소한의 수익시설 설치를 할 수 있다.

(3) 입지 : 생활공유가로변 등 접근이 편리한 위치에 설치하여야 한다.

(4) 운영 및 관리 : 커뮤니티 지원시설은 지역주민에게 개방하고 비영리재단(사회적 기업, 협동단체 등) 및 전문기업, 민간기업, 공공 등 입안권자 또는 서울시가 인정하는 운영자와 사용대차계약을 통해 운영 및 관리될 수 있도록 하여야 한다.

3-6. 상기 필수항목 및 권장항목 외에 지하철과 인접하는 대상지의 경우 지하광장, 지하보행통로, 지하철 관련시설(연결통로, 출입구, 환기시설 등) 등의 설치를 우선 검토한다. 다만, 관련부서(기관) 협의 등을 통해 구조 및 현장 특성 등 설치가 어렵다고 인정되는 경우에는 적용하지 않을 수 있다.

3-7. 주요 정책사항의 반영여부는 사업시행계획인가, 사업계획승인 또는 건축허가 및 사용승인 시 이행 여부를 확인한 후 처리한다.

[별표2] 역세권 장기전세주택을 포함한 사업계획 수립기준

1. 용도지역 변경 검토기준

1-1. 사업대상지의 용도지역을 변경하려는 경우 관련 위원회에서 일반주거지역을 제3종일반주거지역 또는 준주거지역으로 다음 각 기준에 따라 변경할 수 있다. 다만, 주변 여건과 토지의 효율적 이용 등의 이유로 위원회에서 부득이하다고 인정하는 경우 제한적으로 변경할 수 있다.

    (1) 1차 역세권의 대상지는 준주거지역까지 변경할 수 있다.

    (2) 2차 역세권의 대상지는 현행 용도지역 유지를 원칙으로 하되, 인접지역 현황 등을 고려하여 관련 위원회의 심의를 통해 제2종일반주거지역(7층이하)를 제2종일반주거지역으로 완화 적용할 수 있다.

    (3) 도시자연공원구역, 근린공원, 자연경관지구, 최고고도지구 및 전용주거지역 등과 접한 경우 용도지역 변경은 원칙적으로 제한한다.

2. 건축물의 높이계획

2-1. 서울특별시 지구단위계획 수립기준에 의한 높이 적용을 원칙으로 하되, 관련 위원회 인정 시 완화 적용할 수 있다.

2-2. 1차 역세권 내 준주거지역(준주거지역으로 변경하는 경우 포함)은 채광방향 이격거리 및 인동간격을 용적률과 연계하여 다음과 같이 차등 완화 적용할 수 있다.

상한용적률	400% 미만	400~500%	500~600%	600% 이상
완화비율	-	1.2배 이내	1.5배 이내	2배 이내

2-3. 채광방향 이격거리 및 인동간격을 완화 적용받기 위해서는 경관시뮬레이션 및 일조 분석을 통해 주변 지역의 일조, 경관 등을 종합적으로 검토하여야 하고, 우수한 건축디자인을 위하여 특별건축구역으로 지정을 검토하여야 한다.

3. 비주거 시설의 건축

3-1. 준주거지역으로 계획 시에는 역세권 가로활성화 등을 위하여 지상층 연면적의 5% 이상을
비주거 시설(오피스텔 등 준주택 및 생활숙박시설 제외)로 지상층에 건축하여야 한다. 다만,
지형 여건, 지하철 연결통로 및 지하상가 활성화 등이 가능할 경우 관련 위원회의 판단에
따라 위치를 변경할 수 있다.

3-2. 서울시와 사업시행자가 협의하여 비주거 시설을 공공임대상가 등으로 기부채납하는 것으로
계획 할 수 있다.

제정 2019.06.20.
개정 2020.04.23.
개정 2021.06.28.
개정 2022.03.10.
개정 2022.06.30.
개정 2023.08.04.
개정 2024.03.05.

서울특별시 역세권 활성화사업 운영기준

제1장 총칙

제1절 목적

1-1-1. 이 기준은 컴팩트시티의 도시공간구조를 지향하기 위하여 「국토의 계획 및 이용에 관한 법률」(이하 「국토계획법」이라 한다.) 제51조제1항제8의2호 및 「서울특별시 역세권 활성화사업 운영 및 지원에 관한 조례」에 따라 역세권등을 복합 개발하여 대중교통 및 시민활동 중심으로 활성화하면서 공공임대시설(주택, 상가 등) 및 생활서비스시설 등 지역필요시설을 건립하기 위한 사업(이하 "역세권 활성화사업"이라고 한다.) 계획의 수립·운영에 필요한 사항을 규정함을 목적으로 한다.

제2절 원칙 및 적용

1-2-1. "역세권 활성화사업"을 시행하기 위한 계획 수립 시 「국토계획법」, 「도시 및 주거환경정비법」(이하 「도시정비법」이라 한다.), 「공공주택 특별법」, 「주택법」, 「건축법」, 「서울특별시 도시계획조례」(이하 「도시계획조례」라 한다.) 및 다른 법령 등에 특별한 규정이 있는 경우를 제외하고 이 기준이 정하는 바에 따른다.

1-2-2. 역세권등에 수립된 지구단위계획 등 관련계획의 내용 및 주변 지역과의 연계성을 고려하여 체계적·계획적으로 역세권 활성화사업이 추진되도록 사업계획을 수립하여야 한다.

제3절 용어 정의

1-3-1. "역세권등"이란 대중교통의 편리한 이용이 가능한 지역으로서 보행으로 쉽게
　　　 접근할 수 있어 도시활동이 집중되었거나 집중시킬 필요가 있는 일단의 가로구역
　　　 으로 다음 각 목 어느 하나를 말한다.

　　 가. 역세권 : 지하철, 국철 및 경전철 등의 역(사업계획 또는 실시계획 승인 받아
　　　　 개통이 예정된 역을 포함한다)의 승강장 경계로부터 직각으로 아래에 해당하는
　　　　 거리 이내 지역을 중심으로 한 가로구역

　　　　 1) 도심 및 광역·지역중심 범역 내 역[1] 또는 2개 노선 이상이 교차하는 환승역 : 350m

　　　　 2) 지구중심 및 비중심지 범역 내 역(환승역 제외) : 250m

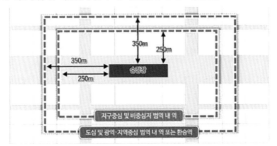

　　 ※ 승강장 경계는 행정안전부에서 제공하는 주소기반산업지원서비스의
　　　　 주소정보제공-제공하는 주소-기타자료-기타자료활용- '지하철역사' 참고

　　 나. 간선도로변 : 가목의 '역세권' 외 도로변에 띠 모양으로 지정된 상업지역(이하
　　　　 "노선형 상업지역"이라 한다)을 포함한 가로구역

1-3-2. "역세권 활성화사업 계획"이란 역세권 활성화사업을 시행하기 위한 계획을 말한다.

1-3-3. "지구단위계획"이란 「국토계획법」 제2조제5호에 의한 지구단위계획을 말한다.

1-3-4. "정비계획"이란 「도시정비법」 제9조에 의한 정비계획을 말한다.

1-3-5. "기준(허용)용적률"이란 용도지역이 변경되는 경우 변경 전 용도지역에 대한
　　　 「도시계획조례」 제55조에 따른 용적률(지구단위계획구역 내의 경우에는 지구
　　　 단위계획으로 결정되어 있는 허용용적률)을 말한다.

---

1) 역과 사업 대상지 모두가 중심지 범역 내 입지하는 경우를 말한다.

1-3-6. **"상한용적률"**이란 용도지역이 변경되는 경우 본 운영기준에서 정하는 공공기여 제공 시 적용되는 용적률로 변경 후 용도지역에 대한 「도시계획조례」 제55조에 따른 용적률을 말한다.

1-3-7. **"계획용적률"**이란 상한용적률 이하에서 해당 위원회에서 별도로 결정된 사업 계획 용적률을 말한다.

1-3-8. **"공공기여"**란 용도지역 변경에 따른 용적률 증가분에 대하여 사업시행자가 공공 시설등의 부지를 제공하거나 설치 제공 또는 공공시설등 설치를 위한 비용을 납부 하는 것을 말한다.

1-3-9. **"공공기여율"**이란 본 기준에 따라 사업시행자가 부담하는 공공기여 비율을 말한다.

1-3-10. **"공공시설등"**이란 「국토계획법」 제52조의2제1항에 의한 "공공시설등"을 말한다.

1-3-11. **"공공시설등 설치비용"**이란 사업시행자가 「국토계획법」 제52조의2제2항에 따라 해당 지구단위계획구역 안의 공공시설등이 충분한 것으로 인정될 때 해당 지구단위계획구역 밖의 공공시설등 설치 사업을 위해 납부하는 비용을 말한다.

1-3-12. **"가로구역"**이란 도로 또는 시설(공용주차장·광장·공원·녹지·공공공지·하천·철도· 학교)로 둘러싸인 일단의 지역을 말한다.

제2장 역세권 활성화사업 시행 기준 등

제1절 사업 유형 및 대상지 기준

2-1-1. 역세권 활성화사업은 역세권 활성화사업 계획을 수립하여 도시관리계획 결정(변경) 또는 정비계획 결정(변경)을 통해 아래 사업 유형으로 시행할 수 있다.

　가. 「건축법」 제11조에 따른 건축허가

　나. 「주택법」 제15조에 따른 사업계획승인

　(개별법에 따라 건축허가 및 사업계획승인이 의제되는 경우를 포함한다.)

　다. 「도시정비법」 제50조에 따른 사업시행계획인가

2-1-2. 사업 대상지는 역세권등에 해당하는 가로구역 중 다음 각 목의 어느 하나에 해당하는 정형화된 일단의 지역을 말한다.

　가. 역세권 : 승강장 경계로부터 1-3-1에서 정한 거리 이내 지역이 가로구역의 1/2 이상이 걸치는 경우에는 가로구역 전체 또는 일부를 사업 대상지로 보며, 가로구역의 1/2 미만(일부)이 걸치는 경우에는 간선가로(폭 20m 이상 도로)에 접한 경우나 구역 정형화 등의 필요성이 인정되는 경우에 한하여 위원회 심의를 통해 사업 대상지로 볼 수 있다.

　나. 간선도로변 : 가목의 역세권 외 노선형 상업지역을 포함하는 가로구역 전체 또는 일부를 사업대상지로 본다. 단, 사업 대상지에 노선형 상업지역을 포함하지 않는 경우는 제외한다.

<사업 대상지 예시(역세권)>

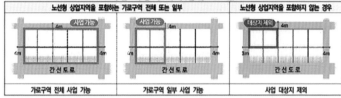

<사업 대상지 예시(간선도로변)>

2-1-3. 사업 대상지는 「국토계획법 시행령」 제30조에 따른 용도지역 중 다음 각 목의 지역으로 한다.

가. 주거지역 중 제2종일반주거지역(7층이하 포함), 제3종일반주거지역 및 준주거지역

나. 상업지역 중 근린상업지역 및 일반상업지역

다. 가목 혹은 나목에 해당하는 지역 중 다음에 해당하는 대상지는 제외

    1) 「서울특별시 역사도심 기본계획」상 특성관리지구

    2) 「도시정비법」에 의한 정비구역 및 정비예정구역(다만, 정비예정구역 중 「서울특별시 도시 및 주거환경정비조례」 제3조제2호에 따른 도시정비형 재개발사업의 정비예정 구역은 예외로 한다.)

    3) 「국토계획법」 제2조제1항제7호에 의한 도시·군계획시설(다만, 시설계획(관리) 부서에서 시설의 조정(복합 또는 해제)이 가능한 것으로 검토된 시설부지 제외)

    4) 「도시재정비 촉진을 위한 특별법」에 따른 재정비촉진지구(다만, 존치관리구역 및 정비구역 해제 지역은 예외로 한다.)

    5) 「빈집 및 소규모주택 정비에 관한 특례법」에 따른 소규모주택정비사업의 시행을 위해 주민합의체 구성 또는 조합설립인가를 받은 지역

2-1-4. 사업 대상지는 아래 요건을 모두 충족하여야 한다.

가. 도로 요건

    · 원활한 차량 진출입이 가능한 도로로서, 2면 이상이 폭 4m 이상 도로에 접하면서 최소 한 면은 폭 8m 이상 도로에 접할 것

나. 면적 요건

    · 1,500㎡ 이상 10,000㎡ 이하

    (다만, 위 면적 요건 외 대상지(도시정비형 재개발사업으로 추진하는 경우 30,000㎡ 이하)는 대상지 선정을 위한 지원 자문단 회의에서 인정하는 경우 사업 대상지로 볼 수 있으며, 「서울특별시 도시계획변경 사전협상 운영에 관한 조례」 및

「도시계획변경 사전협상 운영지침」2)에 따른 5,000㎡ 이상의 협상 대상지요건을 갖춘 지역은 사업 대상지에서 제외한다.)

다. 노후도 요건

· 사업유형별 각각의 노후건축물 기준을 따른다.

(지구단위계획으로 추진하는 경우 「도시계획조례 시행규칙」 별표 1을 따르며, 도시 정비형 재개발사업으로 추진하는 경우 「도시정비법 시행령」 별표1과 「서울특별시 도시 및 주거환경 정비조례」 제4조, 제6조 및 별표1에 따른다. 사업방식 변경 시 변경된 사업별 노후도 요건을 적용한다.)

제2절 사업 절차 등

2-2-1. 역세권 활성화사업의 추진절차는 다음과 같다.

<사업유형별 추진절차 예시>

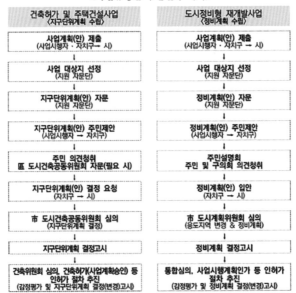

※ 지구단위계획 수립 : 필요 시 시장이 직접 입안 가능

---

2) 서울특별시 행정2부시장 방침 제182호 (2023.7.14.)

2-2-2. 역세권 활성화사업의 목적에 부합하는 사업 대상지를 선정하고 신속한 사업추진 지원을 위해 시장은 관련 전문가(도시계획 관련 위원회 위원 등)가 참여하는 '역세권 활성화사업 지원 자문단'을 운영할 수 있다.

2-2-3. 사업 대상지 선정 신청 시 동의요건은 다음과 같다.

 가. 지구단위계획으로 추진하는 경우, 대상 토지면적의 3분의2 이상 토지소유자 의 동의를 받아야 한다. 다만, 「주택법」에 따른 주택조합이 주택건설사업을 시행할 때에는 주택조합설립인가를 받은 이후 대상지 선정 신청을 할 수 있다.

 나. 도시정비형 재개발사업으로 추진하는 경우, 토지 등 소유자의 50% 이상의 동의를 받아야 한다.

 다. 대상지 선정 이후 사업방식 변경 시, 변경된 사업방식의 동의를 받아야 한다.

2-2-4. 도시정비형 재개발사업으로 추진하는 경우, 대상지 선정 시 아래 각 목에 부합 하여야 한다. 다만, 도시·주거환경정비기본계획에 따라 역세권 활성화사업의 공급 요건 및 부문별 계획은 본 기준을 따른다.

 가. 「도시정비법」 및 「서울특별시 도시 및 주거환경정비 조례」에 따른 재개발사업 및 도시정비형 재개발사업 목적과의 정합성

 나. 「도시정비법 시행령」 별표1에 따른 정비계획의 입안대상지역 요건

 다. 「2030 서울특별시 도시·주거환경정비기본계획」의 정비구역 지정 요건에 따른 다음의 기준을 모두 만족하는 지역

  1) 30년 이상 경과 건축물 비율 60% 이상

  2) 150㎡ 미만 필지 비율 40% 이상 또는 2층 이하 건축물 비율 50% 이상

  3) 10년 이내 신축 건축물 비율 15% 이상 지역 제외

2-2-5. 역세권 활성화사업은 사업 대상지로 선정되어 통보받은 날로부터 도시관리계획 제안(접수)하는 날까지 소유권 변동이 발생하는 경우에는 소유권이 변동되기 전 입안권자 및 결정권자에게 그 사유와 변경계획을 서면으로 통보하여야 한다. 다만, 도시정비형 재개발사업으로 추진하는 경우에는 「도시정비법」등 관련 규정에 따른다.

2-2-6. 역세권 활성화사업은 사업 대상지로 선정되어 통보받은 날로부터 12개월 이내 주민제안서를 제출하는 것을 원칙으로 하며, 부득이한 경우로서 사업시행자

또는 자치구가 서울특별시에 요청하는 경우 기간을 연장할 수 있다.

2-2-7. 결정된 사업계획이 아래 각 호에 해당하는 경우 입안권자는 지구단위계획 결정의 실효를 고시하거나, 정비구역을 해제하여야 한다.

가. 「국토계획법」 제53조제2항에 해당하는 경우

나. 「도시정비법」 제20조제1항 각 호의 어느 하나에 해당하는 경우

2-2-8. 지구단위계획 또는 정비계획 결정 이후 사업계획을 변경하려는 경우, 지원 자문단 자문을 거쳐 사업계획 변경 절차를 이행하여야 한다. 단, 경미한 사항을 변경하는 경우에는 서울특별시 역세권 활성화사업 주관부서와 협의하여 지원 자문단 자문을 생략할 수 있다.

제3장 역세권 활성화사업 계획 수립기준

제1절 용도지역 변경 기준

3-1-1. 용도지역의 변경은 해당 역세권등 및 사업 대상지의 아래의 사항을 고려하여 정한다.
　　가. 중심지 체계
　　　　- 서울특별시 도시기본계획 및 생활권계획에서 설정한 중심지 체계로서 도심, 광역중심,
　　　　 지역중심, 지구중심, 비중심지로 구분
　　나. 사업 대상지 입지 특성
　　　　- 역 인접부(승강장 연접부) : 역 승강장 경계에 1m 이상 접하는 가로구역 블록 및 필지
　　　　- 간선가로 연접부 : 폭 20m 이상 도로에 접한 가로구역 블록 및 필지

<사업 대상지 입지 특성 예시>

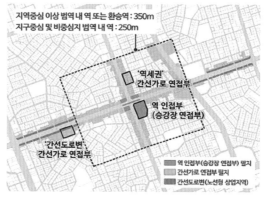

　　다. 도입 기능
　　　　- 복합용도 : 전체 용적률의 50% 이상 업무시설(오피스텔 제외) 또는 관광숙박시설3) 설치

3-1-2. '역세권'에서의 용도지역 변경 기준은 아래 표의 용도지역 변경 범위 이내에서 다음
　　　 각 목의 기준에 따른다.

---
3) 「관광진흥법 시행령」 제2조제1항제2호 가목 및 다목의 관광호텔업, 한국전통호텔업을 위한 관광숙박시설

가. 지역 균형 발전, 지역별 사업여건 등을 고려하여 위원회 심의를 통해 최대 2단계까지 변경할 수 있다.

나. 역세권 활성화를 위한 기능 확보 및 공공기여시설 설치의 필요성 등 3단계 상향의 당위성을 사업시행자가 제시하고 관련 위원회에서 인정하는 경우 최대 3단계까지 변경할 수 있다.

다. '역 인접부' 또는 '간선가로 연접부'에 해당하는 경우로서 '복합용도' 기준을 준수하는 경우, 위원회 심의를 통해 최대 4단계까지 변경할 수 있다.

중심지 체계	최대 용도지역변경 범위	역 인접부·간선가로 연접부 해당 시
도 심	일반상업지역 이내	심의를 통해 중심상업지역까지 허용
광역중심	일반상업지역 이내	심의를 통해 중심상업지역까지 허용
지역중심	일반상업지역 이내	-
지구중심	근린상업지역 이내	심의를 통해 일반상업지역까지 허용
비중심지	준주거지역 이내	심의를 통해 근린상업지역까지 허용

3-1-3. '간선도로변'에서의 용도지역 변경 기준은 아래와 같다.

가. 아래 표의 용도지역 변경 범위 이내에서 지역 균형 발전, 지역별 사업여건 등을 고려하여 위원회 심의를 통해 하나의 용도지역으로 변경할 수 있다.

나. 가목에도 불구하고 위원회 심의를 통해 예외적으로 아래의 기준을 적용할 수 있다.
  - 기존 노선형 상업지역 : 일반상업지역 유지 가능
  - 일반·근린상업지역 연접지역 : 연접한 지역과 같은 용도지역으로 변경 가능
  - 간선가로(폭 20m 이상 도로)를 사이에 두고 마주 보는 블록 : 최대 용도지역 변경 범위가 높은 블록의 기준 적용 가능

다. '간선도로변'에서 가목 및 나목에 따라 일반상업지역으로 상향하려는 경우, '복합용도' 기준을 반드시 준수하여야 한다.

중심지 체계	최대 용도지역 변경 범위	복합용도 해당 시
도 심	일반상업지역 이내	-
광역중심	일반상업지역 이내	-
지역중심	일반상업지역 이내	-
지구중심	준주거지역 이내	심의를 통해 근린상업지역까지 허용
비중심지	준주거지역 이내	심의를 통해 근린상업지역까지 허용

3-1-4. 역세권 활성화사업에 따른 상업지역 지정은 「2030 서울 생활권계획」에서 규정한 상업지역 배분물량을 고려하여 해당 위원회에서 결정한다.

제2절 용적률 기준

3-2-1. 역세권 활성화사업에서의 용적률 기준은 아래와 같다.

〈용적률 기준〉

용도지역		기준(허용)용적률	상한용적률
변경 전	변경 후		
제2종일반주거지역(7층이하) 제2종일반주거지역	제3종일반주거지역	200% 이하	250% 이하
제2종일반주거지역(7층이하) 제2종일반주거지역	준주거지역	200% 이하	400% 이하
제3종일반주거지역		250% 이하	
제2종일반주거지역(7층이하) 제2종일반주거지역	근린상업지역	200% 이하	600% 이하 (역사도심 500% 이하)
제3종일반주거지역		250% 이하	
준주거지역		400% 이하	
제2종일반주거지역(7층이하) 제2종일반주거지역	일반상업지역	200% 이하	800% 이하 (역사도심 600% 이하)
제3종일반주거지역		250% 이하	
준주거지역		400% 이하	
근린상업지역		600% 이하	
제3종일반주거지역	중심상업지역	250% 이하	1,000% 이하 (역사도심 800% 이하)
준주거지역		400% 이하	
근린상업지역		600% 이하	
일반상업지역		800% 이하	

3-2-2. 아래의 항목을 적용하여 용적률을 완화받는 경우, 상한용적률에 가산할 수 있다. 단, 두 개 이상의 항목을 중첩하여 완화 받으려는 경우 지원 자문단 자문을 통해 적정성을 인정받아야 한다.

　　가. 「도시·건축 디자인 혁신 추진계획」[4]에 따라 창의·혁신 디자인 건축물 유도를 위해 특별건축구역 지정으로 용적률을 완화받는 경우

　　나. 「도시계획조례」 제55조에 따라 「관광진흥법 시행령」 제2조제1항제2호 가목 및 다목의 관광호텔업, 한국전통호텔업을 위한 관광숙박시설을 건축하여 용적률을 완화받는 경우. 이 경우 상한용적률(계획용적률을 별도로 정하는 경우 계획용적률)의 1.2배 이하의 범위 안에서 용적률을 완화 가능하다.

　　다. 「녹색건축물 조성 지원법」 제15조 및 「서울특별시 녹색건축물 설계기준」[5]에서 정한 ZEB 인증, 녹색건축 및 건축물에너지효율 인증 기준을 초과 획득하여 용적률을 완화받는 경우. 이 경우, ZEB 인증에 따른 용적률 완화를 우선 검토한다.

---

4) 서울특별시 도시공간기획담당관-2217 (2023.3.3.)
5) 서울특별시고시 제2023-555호 (2023.12.14.)

    라. 「건축법」 제65조의2 및 「지능형건축물 인증기준」에서 정한 지능형건축
       물의 인증을 통해 용적률을 완화받는 경우. 단, 다목의 ZEB 인증을 받은
       경우에 한하여 지능형건축물 인증에 따른 용적률 완화 적용이 가능하며,
       ZEB 인증과 지능형 건축물 인증에 따른 용적률 완화량의 합은 기준(허용)
       용적률의 15%를 초과할 수 없다.

    ※ 용적률 인센티브 적용과 관련된 사항은 나목의 경우 용적률 완화 세부기준은
      「서울특별시 지구단위계획 수립기준·관리운영기준 및 매뉴얼」의 'Ⅱ.
      4-3-2. 개발사업형의 (7)관광숙박시설 건립 시 용적률 완화기준'을 준용하고,
      다목과 라목의 경우 'Ⅱ. 3-8-3. 상한용적률 인센티브'를 준용한다.

제3절 건축계획 기준

3-3-1. 역세권 활성화사업으로 공급하는 공공주택은 전용면적 85㎡ 이하로 계획하여야
       하며, 구체적인 면적별 배분비율은 「공공주택 사전검토 신속 추진계획」[6]의 '공공
       임대주택 권장기준'에 따른다.

3-3-2. 역세권 활성화사업으로 건설하는 주택은 도시형 생활주택으로 설치할 수 없다.

3-3-3. 역세권등의 가로활성화를 도모하기 위하여 지상 1층은 비주거시설을 설치
       (가로에서 직접 출입이 가능한 경우에는 지하 1층 설치 허용)하여야 한다.

3-3-4. 비주거 용도 비율은 「도시계획조례」 별표3 및 「서울특별시 지구단위계획 수립
       기준」을 적용하여 상업지역은 용적률 10% 이상, 연면적 20% 이상을 준수하여야
       하며, 준주거지역은 용적률 10% 이상을 준수하여야 한다.(단, 비주거 용도에서
       준주택과 생활형 숙박시설은 제외한다.)

---

6) 서울특별시 주택정책과-2673 (2023.2.13.)

3-3-5. 높이계획은 「서울특별시 지구단위계획 수립기준」을 준용한다. 다만, 위원회 심의를 통해 역세권등의 입지적 특성 및 경관, 주변지역 일조영향 등을 종합적으로 고려하여 지구단위계획 수립기준에 따라 산출된 최고높이의 20% 범위 내에서 가감하여 적용할 수 있다. 이 경우 「서울특별시 도시기본계획」 등 서울특별시 높이관리기준 범위를 준수하여야 한다.

3-3-6. 사업시행자는 아래의 항목을 준수하여야 하며, 역사문화 보전은 해당되는 대상지에 한한다.

　가. 지속가능형 공동주택 : 「건축법」 제8조에 의한 리모델링이 쉬운 구조인 공동주택 또는 「주택법」 제38조에 의한 장수명 주택으로 계획하여야 하며, 적합 여부는 「서울특별시 건축물 심의기준」을 참조하여 건축위원회에서 결정한다.

　나. 친환경 건축물 : 「서울특별시 녹색건축물 설계기준」에 의한 해당 적용대상의 구분을 적용하여 ㉠ 환경성능부문 ㉡ 에너지성능부문 ㉢ 에너지관리부문 ㉣ 신·재생에너지부문 중 2가지 이상을 적용대상의 구분에서 상향단계를 적용한다. (예시 : ㉰기준 → ㉮기준으로 ㉠~㉣중 2가지 이상 적용)

「서울특별시 녹색건축물 설계기준(서울특별시 고시)」 적용대상의 구분

구분	주거	비주거
㉮	1,000세대 이상	연면적 합계 10만㎡ 이상
㉯	300세대 이상 ~ 1,000세대 미만	연면적 합계 1만㎡ 이상 ~ 10만㎡ 미만
㉰	30세대 이상 ~ 300세대 미만	연면적 합계 3천㎡ 이상 ~ 1만㎡ 미만
㉱	30세대 미만	연면적 합계 3천㎡ 미만

단, 「서울특별시 녹색건축물 설계기준」 적용대상의 구분이 최상일 경우(㉮)는 해당 적용대상의 구분과 동일 고시의 녹색건축물 인센티브의 제로에너지 건축물 인증 등급 5등급을 추가 적용한다.

　다. 역사문화 보전 : 사업 대상지에 「문화재보호법」에 따른 지정 및 등록문화재 또는 역사·생활 문화유산이 포함된 경우 보전계획을 준수하여 사업계획 수립 및 건축계획에 반영하여야 하며, 관련 위원회 또는 건축위원회 심의에서 인정하는 경우 이행한 것으로 본다.

3-3-7. 주택(준주택 포함)을 건설하는 경우로서 「주택건설기준 등에 관한 규정」 및 「서울특별시 주택 조례」에 따른 주민공동시설 설치대상이 아닌 경우, 주민공동체 활성화를 위하여 100㎡ 이상의 주민공동시설을 입주자들의 사용이 편리한 위치에 설치하여야 한다.

3-3-8. 사업시행자는 동일 단지 및 건축물 안에 공공주택과 민간분양주택을 함께 계획하는 경우에 상호 간에 차별화된 구조와 동선체계로 하거나 주민공동시설 사용상의 분리 등으로 인한 차별 및 불편 문제가 발생하지 않도록 사회혼합 (social mixing)을 고려한 건축계획을 수립하여야 한다. 특히 공공주택 선정 시 민간분양주택을 포함한 전체 주택을 대상으로 한 추첨을 통해 선정하여 동별·동내·층별로 적극적 사회혼합을 실현하여야 한다.

3-3-9. 도시정비형 재개발사업에서의 임대주택 및 주택규모별 건설비율은 「재개발사업의 임대주택 및 주택규모별 건설비율」[7]에 따른다.

3-3-10. 도시정비형 재개발사업에서 개방형녹지를 조성하는 경우, 조성기준은 「녹지생태도심 개방형녹지 심의기준」[8]을 준용하되, 용적률 및 높이 완화에 대한 사항은 본 기준을 따른다.

3-3-11. 역세권 활성화사업으로 건축하는 모든 용도의 건축물에서는 「서울특별시 건축 조례」 제26조제1항제2호에 따른 연면적 별 공개공지등 설치면적을 의무적으로 설치하여야 한다. 공개공지등의 설치 및 관리에 관한 사항은 「서울특별시 건축 조례」 제26조 제2항을 준용하되, 「건축법」 제42조 및 「서울특별시 건축 조례」 제24조에 따른 대지의 조경 면적은 공개공지등에 포함하지 않을 수 있다.

「서울특별시 건축 조례」 제26조제1항제2호에 따른 공개공지등 설치면적

> 가. 연면적 합계가 5천㎡ 이상 1만㎡ 미만 : 대지면적의 5% 이상 공개공지등 설치
> 나. 연면적 합계가 1만㎡ 이상 3만㎡ 미만 : 대지면적의 7% 이상 공개공지등 설치
> 다. 연면적 합계가 3만㎡ 이상 : 대지면적의 10% 이상 공개공지등 설치

3-3-12. 그밖에 건축계획 기준 관련 사항은 관련 법령 및 서울특별시 조례 등을 따른다.

---

7) 서울특별시고시 제2022-493호 (2022.12.12.)
8) 서울특별시 도심재창조과-2065 (2023.3.3.)

제4장 역세권 활성화사업의 공공기여 기준

제1절 공공기여율 및 공공시설등 설치기준

4-1-1. 역세권 활성화사업의 공공기여율은 아래와 같다.

〈공공기여율〉 - 증가용적률의 50%를 부지면적으로 환산

용도지역		공공기여율 (증가용적률의 50%를 환산 예시)
변경 전	변경 후	
제2종일반주거지역(7층이하) 제2종일반주거지역	제3종일반주거지역	10% 이상
제2종일반주거지역(7층이하) 제2종일반주거지역	준주거지역	25% 이상
제3종일반주거지역		19% 이상
제2종일반주거지역(7층이하) 제2종일반주거지역	근린상업지역	33% 이상
제3종일반주거지역		29% 이상
준주거지역		17% 이상
제2종일반주거지역(7층이하) 제2종일반주거지역	일반상업지역	38% 이상
제3종일반주거지역		34% 이상
준주거지역		25% 이상
근린상업지역		13% 이상
제3종일반주거지역	중심상업지역	38% 이상
준주거지역		30% 이상
근린상업지역		20% 이상
일반상업지역		10% 이상

가. 공공기여율은 부지면적 기준으로 산정하되 증가용적률의 50%에 해당하는 용적률을 부지면적 기준으로 환산 적용한다.

나. 대상지 여건상 위 공공기여율을 적용하는 것이 곤란하다고 위원회에서 인정하는 경우 위 공공기여율에서 최대 20% 범위까지 낮추어 적용할 수 있다.

다. 증가용적률은 기준(허용)용적률과 상한용적률의 차이로 적용하는 것이 원칙이며, 부지 여건, 특성 등으로 위원회에서 인정 시 계획용적률과 기준(허용)용적률의 차이로 적용할 수 있다.

라. 공공주택의 경우 토지는 기부채납, 건축물은 표준건축비로 매입하며, 그 외 공공기여시설(기반시설 포함)은 토지, 건물 모두 기부채납 하되 필요한 경우 건축물을 매입할 수 있다.(기부채납만 공공기여율로 산정)

마. 도시계획시설을 폐지하는 경우에는 「도시계획시설 폐지·복합화에 따른 공공기여 기준안 개선」[9]을 준용하여 공공기여율을 별도로 추가 적용한다.

4-1-2. 역세권 활성화사업의 공공시설등 설치기준은 다음과 같다.

  가. 공공시설등은 중심지 체계, 사업 대상지 입지 특성, 주변지역의 수요 등을 고려하여 위원회 심의를 통해 결정하되, 사업 시행을 위해 반드시 필요한 기반시설 또는 사업부지 내 입주자 편익시설로 사용될 가능성이 큰 시설 등은 공공기여율에 포함하지 않을 수 있다.

  나. 전체 공공기여량 중 공공임대주택은 30% 이상 설치를 권장하고, 한가지 유형의 시설은 50%를 초과하여 설치하지 않는 것을 권장한다.

  다. 공공기여시설은 「공공시설 등 기부채납 용적률 인센티브 운영기준」을 준용하되, 공공주택을 제외한 공공기여시설은 지상층 저층부 설치를 원칙으로 한다. 다만, 사용자 이용 등을 위해 도시계획 관련 위원회에서 인정하는 경우에는 그러하지 아니한다.

   예시) 수영장, 공연장 등 기부채납시설의 성격과 사용목적을 위해 필요한 경우 등

  라. 공공기여계획 중 공공기여 총량 범위 내 공공기여시설의 용도, 규모 등의 변경은 역세권 활성화사업의 목적 및 계획 수립 취지, 관련 규정 및 기타 행정지침, 해당 도시관리계획에 부합하는 범위 내에서 도시관리계획 결정권자(서울특별시 역세권 활성화사업 주관부서)가 동의하는 경우 '구 도시건축공동위원회 또는 구 도시계획위원회' 심의(자문)를 통해 경미한 사항으로 변경 가능하도록 계획할 수 있다.

4-1-3. 사업시행자는 공공시설등을 설치하기 위하여 구체적인 사업계획을 수립하여 도시관리계획 입안 제안 전에 도시관리계획 입안 및 결정권자(서울특별시 역세권 활성화사업 주관부서)에 공공시설등의 수요조사를 요청할 수 있다. 이때 주관부서는 사업 대상지 주변 지역필요시설의 수요조사를 위해 관계부서와 협의하여야 한다.

4-1-4. 사업시행자는 도시관리계획 결정권자의 정책 실현 등을 위해 필요하다고 서울특별시 역세권 활성화사업 주관부서가 인정하는 시설을 공공기여 계획에 우선 반영한다.

4-1-5. 사업시행자는 서울특별시 도시건축공동위원회에서 해당 지구단위계획구역 내에 공공시설등이 충분하다고 인정하는 경우에는 공공기여를 지구단위계획구역 밖에 공공시설등 설치비용으로 납부할 수 있으며, 공공시설등 설치비용의 제공기준은 다음과 같다.

---

9) 서울특별시 시설계획과-24877 (2022. 8. 9.)

가. 사업시행자는 공공시설등 설치비용을 착공신고 수리일까지에 납부하되,
「국토계획법 시행령」 제46조의2 및 「도시계획조례」 제19조의3에 따라
건축허가 등 이전에 설치비용 협약을 체결할 시에 분할 또는 지연 납부하는
경우 「민법」 제379조를 준용하여 착공신고 수리일로부터 납부일까지의
법정이율을 적용한 보정금을 가산하는 내용을 포함한다.

나. 가목 외의 공공시설등이 충분한 경우의 인정 기준, 설치비용의 제공방법 및
범위, 산정 및 감정평가 기준 등은 본 운영기준에 명시된 사항 외에는
「서울특별시 공공시설등 설치비용 관리·운영기준」 10) 및 「공공시설 등
기부채납 용적률 인센티브 운영기준」 11)등 관련 규정에 따른다.

---

10) 서울특별시 공공자산담당관-3072 (2022.12.14.)
11) 서울특별시 도시계획과-25711 (2022.10.24.)

제5장 감정평가 기준

5-1-1. 사업시행자는 건축심의 전에 서울특별시 역세권 활성화사업 주관부서에 「국토계획법」 제52조의2에 따른 토지가치 상승분 및 공공시설등 설치비용, 「도시계획조례」 제19조의2에 따른 공공시설등 부지가액산정을 위한 감정평가 시행을 요청하여야 하며, 서울특별시 역세권 활성화사업 주관부서는 사업시행자와 협의를 거쳐 감정평가를 시행한다.

5-1-2. 사업시행자는 감정평가 결과를 반영하여 공공기여 계획을 다시 수립한 후 건축허가 또는 사업계획 승인 전까지 지구단위계획 또는 정비계획을 결정(변경)하기 위한 절차를 이행하여야 한다.

5-1-3. 감정평가 절차는 다음과 같다.

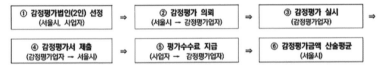

5-1-4. 도시계획 변경 이전 토지가치의 감정평가(종전 감정평가) 기준시점은 대상지 선정 신청 이전 시점으로 하며, 도시계획 변경 이후 토지가치의 감정평가(종후 감정평가) 기준시점은 지구단위계획 또는 정비계획 결정(변경) 고시일로 한다.

5-1-5. 감정평가업자는 국토교통부장관이 선정·공고한 당해 표준지공시지가 조사·평가에 참여한 서울시 소재 감정평가업체 중 공공 및 민간 입회하에 추첨을 통하여 선정한 총 2인을 원칙으로 한다.

5-1-6. 최종 감정평가서 제출 전 사전 검토를 추진할 수 있다. 이때 각 평가업자간 평가 가격 차이가 10%를 초과할 경우, 필요에 따라 관련 전문가 자문 등을 거쳐 평가 결과에 영향을 미치는 각 요인을 비교 분석하도록 하며, 감정평가업자는 이를 반영하여 수정된 토지가를 최종 감정평가서로 제출할 수 있다.

5-1-7. 감정평가를 완료한 이후 다음에 해당하는 사유가 발생하는 경우 재감정평가를 실시하여야 하며, 그 결과 공공기여 계획의 변경이 필요한 경우 지구단위계획 또는 정비계획을 결정(변경) 고시하여야 한다.

가. 감정평가 당시 종후 감정평가 기준시점(지구단위계획 또는 정비계획 결정(변경) 고시 예정일)로부터 2년 이내에 지구단위계획 또는 정비계획을 결정(변경) 고시하지 않는 경우

나. 「건축법」 제11조제10항에 따라 건축위원회 심의를 다시 받아야 하는 경우

다. 건축허가(사업계획 승인)을 받은 날로부터 3년 이내에 공사에 착수하지 않은 경우 또는 도시정비형 재개발사업의 사업시행계획인가를 받은 날로부터 3년 이내에 관리처분계획인가를 신청하지 아니한 경우

라. 서울특별시 역세권 활성화사업 주관부서가 부동산 가치의 급격한 등락 등 특별한 사유의 발생으로 인해 감정평가 결과의 적용이 현저히 불합리하다고 판단하는 경우

5-1-8. 감정평가 의뢰 및 실시, 수수료 지급에 관한 사항, 감정평가 전 부지 가액 산정 등은 「공공시설 등 기부채납 용적률 인센티브 운영기준」[12]에 따른다.

---

12) 서울특별시 도시계획과-25711 (2022.10.24.)

제6장 역세권 활성화사업의 지원 등

제1절 역세권 활성화사업의 사업시행자 지정 및 지원 등

6-1-1. 서울주택도시공사는 「도시정비법」 제25조 및 제26조에 따라 주민(토지등소유자 등)이
요청하는 경우, 역세권 활성화사업의 사업시행자(공동 또는 공공)로 지정되어 사업을
추진할 수 있다.

6-1-2. 서울주택도시공사는 도시정비형 재개발사업의 정비계획 수립을 위해 주민(토지등
소유자 등)이 요청하는 경우, 지원기구로서 다음의 역할을 지원할 수 있다.

　　가. 역세권 활성화사업 대상지 선정을 위한 사전검토(타당성 및 사업성 등)

　　나. 토지소유자를 대상으로 한 사업 컨설팅 및 교육 등

　　다. 역세권 활성화사업을 통하여 제공·설치되는 공공임대시설의 임대 및 유지·
　　　　관리 업무

　　라. 그 밖에 역세권 활성화사업 추진에 필요하다고 인정되는 업무

6-1-3. 역세권 활성화사업의 지속적 실현 및 효과 증진을 위하여 서울연구원은 전문
연구기관으로서 다음의 역할을 할 수 있다.

　　가. 사업구역 지정 및 사업계획에 대한 검토 자문

　　나. 역세권 활성화사업 등 각종 역세권 정책 추진에 따른 역세권 지역의 변화 모니터링

　　다. 시장상황 및 여건변화를 반영, 역세권 활성화사업의 데이터 분석을 통한
　　　　역세권 활성화사업 운영기준 보완

제7장 행정사항

7-1-1. 본 기준은 방침일로부터 시행한다.

7-1-2. 방침일 이전 사업 대상지로 선정된 경우 종전 기준을 적용할 수 있다. 단, 사업 대상지 요건은 대상지 선정 신청일을 기준으로 하며, 5-1-7은 본 기준을 적용한다.

7-1-3. 향후 관련 법령 및 지침이 제·개정되는 경우, 변경된 법령 및 지침을 따른다.

7-1-4. 2023년 8월 4일 개정된 3-3-6에 대해 개정일 이전 주민 열람 또는 공람 절차를 이행한 경우 종전 기준을 적용할 수 있다.

00 역세권 활성화사업 대상지 신청서

☐ 대상지 현황 및 특성

역세권 또는 간선도로변		
위치 / 면적		
신 청 인		소 유 자	
대상지 특성	중심지	☐ 도심　　☐ 광역중심　　☐ 지역중심　　☐ 지구중심　　☐ 비중심지
	입지특성	☐ 역세권 내 역 인접부(승강장 연접부)　　☐ 역세권 내 간선가로 연접부 ☐ 간선도로변 간선가로 연접부(노선형 상업지역)　　☐ 그 외 지역
용도지역		
사업유형		☐ 건축허가/주택건설사업(지구단위계획)　　☐ 도시정비형 재개발사업(정비계획)
소유권 확보 관련사항		
운영 기준 검토	대상지 요건	역세권등	☐ 적합　　☐ 부적합	
		도로	☐ 적합　　☐ 부적합	
		면적	☐ 적합　　☐ 부적합	
		노후도	☐ 적합　　☐ 부적합	
		기본계획상 정비구역 지정요건 (도시정비형 재개발)	☐ 적합　　☐ 부적합 ☐ 해당 없음	
	토지보유 요건		☐ 적합　　☐ 부적합	

☐ 상위 및 관련계획 검토

구분	내용

☐ 위치도

(위 치 도)

☐ 도시관리계획 현황도

(도시관리계획 현황도)

☐ **용도지역도**

(용도지역도)

☐ **주변지역 교통현황도**

(주변지역 교통현황도)

□ 사업계획(안)

구분			내용			비고
용도지역 변경			00지역 → 00지역			0단계 상향
용 적 률			기준(허용) : 000%이하 / 상한 : 000%이하			
공공기여	비율(기준 / 계획)		00% 이상		00%	
	구분		부지환산면적(㎡)	비율(%)	연면적(㎡)	
	항목	공공임대주택				
		공공임대산업시설				
		공공임대상가				
		공공임대업무시설				
		지역필요시설				
		기타				공공청사, 기반시설 등
		공공시설등 설치비용				
		계		100%		
주택공급	분양		총 세대(전용 ㎡ 세대)			
	임대		총 세대(전용 ㎡ 세대)			
	계		총 세대(전용 ㎡ 세대)			
주거용도	용적률		000%			
비주거용도	연면적 / 비율		000㎡	연면적의 00%		
	용적률 / 비율		000%	용적률의 00%		
	주요 도입용도					
	복합용도		□ 도입(0000시설 / 용적률의 00%) □ 미도입			
공개공지	면적 / 비율		000㎡	대지면적의 00%		
역세권등 활성화 방안 ※역세권 내 도입이 필요한 기능 확충 방안 또는 보행환경 개선 방안 등						

☐ 자치구 검토의견(자치구 작성분)

자치구(부서)	검토의견
00구 0000과	[계획(안)의 적정성] ○ [지역활성화 효과] ○ [사업추진 의사 및 여건] ○ [우선순위(다수 후보지 신청 시 작성)] ○

☐ 신청서 작성요령

○ 대상지 현황 및 특성

- 중심지

  - 서울특별시 도시기본계획 및 생활권계획을 통해 결정된 중심지 해당여부 체크

  ※ 서울도시계획포털[1])에서 확인 가능, 중심지 내 속하지 않는 경우 비중심지에 체크

- 소유권 확보 관련사항

  - 사업대상지 선정 신청 시 대상 토지면적의 3분의2 이상 토지소유자의 동의를 받아야
    함. 다만, 도시정비형 재개발사업 방식은 토지 등 소유자의 50%이상의 동의를 받아야
    하며, 대상지 선정 이후 사업방식 변경 시 변경된 사업방식의 동의를 받아야 함

- 운영기준 검토

- 역세권등

  1) 역세권 : 도심 및 광역·지역중심 범역 내 역[2]) 또는 2개 노선 이상이 교차하는 환승역 : 350m,
     지구중심 및 비중심지 범역 내 역(환승역 제외) : 250m

  ※ 승강장 경계로부터 위에서 정한 거리 이내 지역이 가로구역의 1/2 이상이 걸치는 경우에는
    가로구역 전체를 사업 대상지로 보며, 가로구역의 1/2 미만(일부)이 걸치는 경우에는 간선가로(폭
    20m 이상 도로)에 접한 경우나 구역 정형화 등의 필요성이 인정되는 경우에 한하여 위원회에서
    인정 시 사업 대상지로 볼 수 있음

  ※ 가로구역 : 도로 또는 (공용주차장·광장·공원·녹지·공공공지·하천·철도·학교)로 둘러싸인 일단의 지역

  2) 간선도로변 : 역세권 외 도로변에 떠모양으로 지정된 상업지역(노선상업지역)을 포함한
     가로구역

  ※ 역세권 외 노선형 상업지역을 포함하는 가로구역 전체 또는 일부를 사업대상지로 봄. 단, 사업
    대상지에 노선형 상업지역을 포함하지 않는 경우는 제외함

  - 도로 : 원활한 차량 진출입이 가능한 도로로서, 2면 이상이 폭 4m이상 도로에
    접한 블록(필지)으로서 최소 한 면은 폭 8m 이상 도로에 접할 것

  - 면적 : 가로구역의 1/2 이상으로서 1,500㎡ 이상 10,000㎡

  ※ 다만, 위 면적 요건 외 대상지(도시정비형 재개발사업으로 추진하는 경우 30,000㎡ 이하)는
    대상지 선정을 위한 지원 자문단 회의에서 인정하는 경우 사업 대상지로 볼 수 있으며,
    「서울특별시 도시계획변경 사전협상 운영에 관한 조례」 및 「도시계획변경 사전협상
    운영지침」에 따른 5,000㎡ 이상의 협상 대상지 요건을 갖춘 지역은 사업 대상지에서 제외함

---

1) 서울도시계획포털 : https://urban.seoul.go.kr
2) 역과 사업대상지 모두가 중심지 범역 내 입지하는 경우를 말한다.

- 노후도 : 지구단위계획으로 추진하는 경우 「서울시 도시계획 조례 시행규칙」 별표1을
  따르며, 도시정비형 재개발사업으로 추진하는 경우 「도시 및 주거환경
  정비법 시행령」 별표1과 「서울특별시 도시 및 주거환경 정비조례」 제4조,
  제6조 및 별표1에 따름. 사업방식 변경 시 변경된 사업별 노후도 요건을 적용함
- 기본계획 상 정비구역 지정요건
  : 도시정비형 재개발사업으로 추진하는 경우 「2030 서울특별시 도시·주거환경
  정비기본계획」의 정비구역 지정 요건에 따른 다음의 기준을 모두 만족하여야 함
  ※ 30년 이상 경과 건축물 비율 60% 이상
  ※ 150㎡ 미만 필지 비율 40% 이상 또는 2층 이하 건축물 비율 50% 이상
  ※ 10년 이내 신축 건축물 비율 15% 이상 지역 제외
- 토지보유 : 사업대상지로 선정되어 통보받은 날로부터 도시관리계획 제안(접수)하는 날까지
  소유권 변동이 발생하는 경우에는 소유권이 변동되기 전 입안권자 및 결정권자에게
  그 사유와 변경계획을 서면으로 통보하여야 함. 다만, 도시정비형
  재개발사업으로 추진하는 경우에는 도시정비법 등 관련 규정에 따름

○ 상위 및 관련계획 검토

서울특별시 도시기본계획, 2030 서울 생활권계획[3], 자치구 발전계획[4],
지구단위계획[5] 등 상위 및 관련계획상 대상지와 관련되어 육성방향, 도입 필요기능,
필요·부족 생활서비스시설 등 사업추진의 필요성이 잘 나타나도록 작성

○ 위치도 및 도시관리계획 현황도

· 위치도 : 대상지를 중심으로 역 승강장 경계 및 역세권등 해당 여부, 주변 주요시설,
  도로여건 등 현황이 확인 가능하도록 도면 작성
· 도시관리계획 현황 : 대상지 주변 용도지역, 역세권등 해당 여부 등 대상 부지가
  사업대상지 기준을 만족하는 사항이 잘 표현되도록 도면 작성

○ 사업계획(안)

· 「서울특별시 역세권 활성화사업 운영기준」을 준수하여 작성

---

3) 서울도시계획포털(https://urban.seoul.go.kr) 내 지도서비스를 통해 2030 서울 생활권계획 정보 확인 가능
4) 각 자치구별 홈페이지 참고
5) 서울도시계획포털(https://urban.seoul.go.kr) 내 지도서비스를 통해 지구단위계획 정보 확인 가능

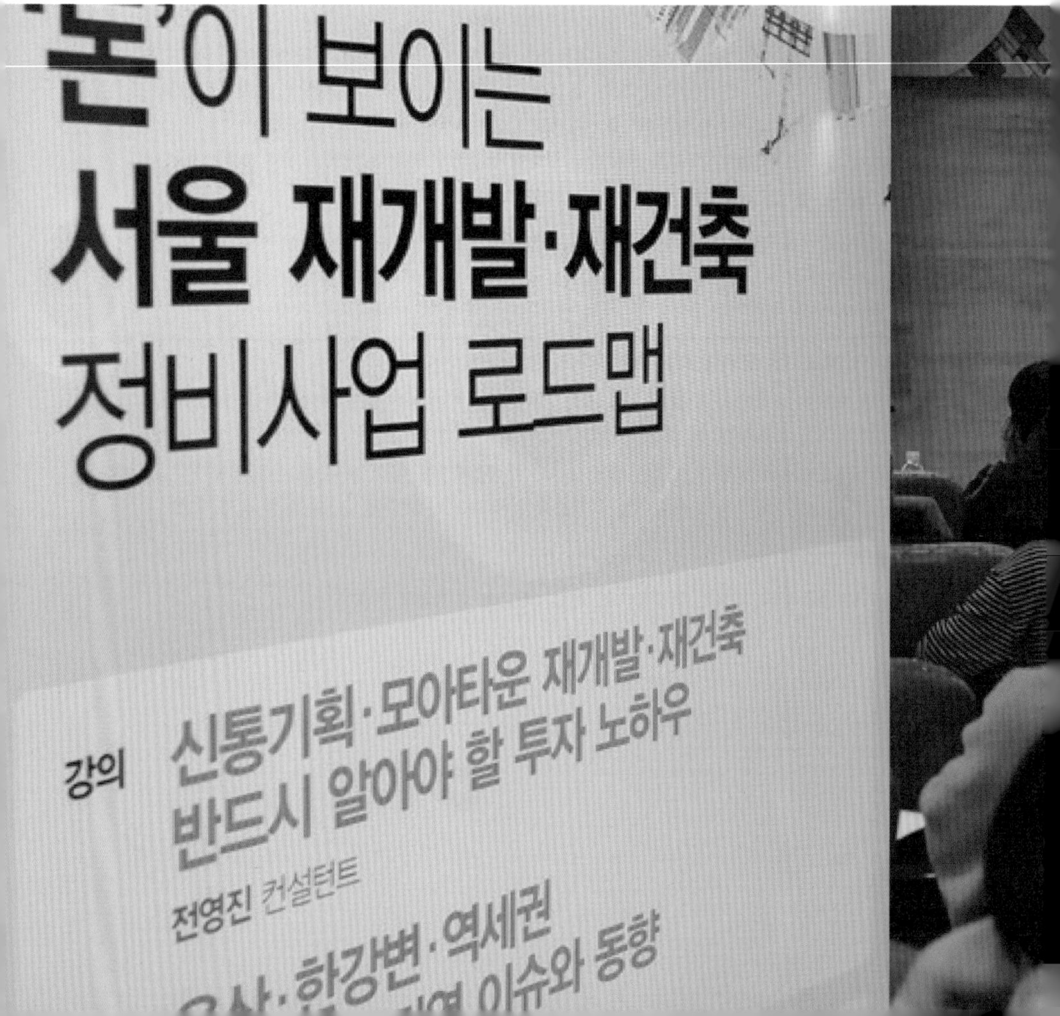

'돈'이 보이는
서울 재개발·재건축
정비사업 로드맵

강의   신통기획·모아타운 재개발·재건축
반드시 알아야 할 투자 노하우

전영진 컨설턴트

~~~~~·한강변·역세권
~~~~ 이슈와 동향

다시보기

Money**S** 머니**톡** 콘서트
MONEY TALK CONCERT

부콘TV
부동산콘서트홀
LIVE

방청신청하기

네이버 뉴스에서 머니S 기사를 구독하여
부동산 지식을 매일매일 쌓아보세요

재개발연구회에서 다양한 교육을 받아 보세요

부콘TV | bucon.tv